MANUEL

DE POLITIQUE.

IMPRIMERIE DE J. BELIN-LEPRIEUR FILS, RUE DE LA MONNAIE, 11.

MANUEL

DE

POLITIQUE

PAR

V. GUICHARD.

> Ce qu'on doit faire dépend beaucoup
> de ce qu'on doit croire.
> (Rousseau. 3e *Promenade*.)

PARIS

PAULIN, ÉDITEUR,

RUE DE SEINE, 33.

—

1842

A L'ACADÉMIE

DES SCIENCES MORALES ET POLITIQUES.

Un foule d'institutions, de fonctions publiques ont pour cause ou pour prétexte la protection des intérêts matériels de la société, tandis que le législateur semble avoir perdu le souvenir qu'il est dans la société un autre interêt : l'intérêt moral.

La pensée n'a-t-elle donc pas une influence suprême sur la destinée de l'homme? toujours elle parvient à dominer le fait matériel. La doctrine chrétienne fermentant parmi des hommes obscurs, prépara la chute de l'empire romain et l'affranchissement individuel de l'homme, de même que l'esprit philosophique rejetant, il y a trois siècles, l'autorité de la tradition pour fonder la liberté d'examen, minait le principe féodal et conduisait à l'affranchissement collectif de la Société.

Comment donc abandonner sans direction la pensée humaine, cette faculté source de la moralité et de l'intime satisfaction de l'homme, cette puissance qui efface les empires et transforme les sociétés. Toutes les époques nous présentent des institutions morales en harmonie avec leur civilisation ; pourquoi sous ce rapport une si grande lacune dans notre organisation sociale? Depuis que le gouvernement par soi-même est devenu le seul principe d'autorité dans l'ordre intellectuel comme dans l'ordre politique, l'opinion semble être devenue pour le pouvoir une force rivale, qu'il cherche à priver des moyens de se discipliner, oubliant que combattre la société par ses écarts est une politique non moins fatale à ceux qui l'emploient qu'à ceux contre lesquels on la dirige.

Il est cependant une institution appelée à exercer une grande influence sur l'esprit public. L'Académie des Sciences morales et politiques n'est en contact aujourd'hui qu'avec des idées individuelles ; faute de relations larges et populaires, elle ne peut ni recueillir la pensée du public, ni lui transmettre ses enseignements. Mais lorsque la liberté d'association acquise enfin par le pays, viendra exciter l'activité intellectuelle, mûrir et grouper les idées, alors placée au-dessus des associations diverses qui auront ainsi préparé l'opinion, l'Académie des Sciences morales présidera au travail intellectuel de la société, en recueillera la pensée pour l'élaborer, la perfectionner et la répandre avec l'autorité de la science qui ramène les esprits à la conviction et à l'unité.

La liberté individuelle après avoir tranché les liens que resserraient le principe féodal, les communautés religieuses, le régime provincial et les corporations, inspirait la crainte de voir la société livrée à une complète dissolution ; la centralisation a conjuré le danger et donné à la puissance publique, sous le régime de la liberté individuelle, une promptitude, une énergie d'action jusque alors inconnues. Ce que la centralisation est à la liberté individuelle, l'Académie des Sciences morales, née aussi de la révolution, doit l'être à la liberté intellectuelle et au droit d'association.

Le plus beau titre des écrivains qui brillent au premier rang parmi vous, c'est d'avoir défendu la cause morale de la révolution et la gloire qui s'attache à ses héroïques efforts. Une autre tâche non moins importante, c'est de mettre en lumière son génie créateur qui avait embrassé tous les besoins matériels et moraux de notre époque.

Puisse ma sympathie pour la cause qu'il vous est donné de servir avec éclat, et à laquelle vous rattachent vos plus glorieux travaux, votre origine et votre avenir, vous faire accueillir avec bienveillance mon hommage respectueux.

V. GUICHARD.

15 juin 1842.

PRÉFACE.

La politique a pour objet la recherche des institutions et des actes les plus favorables au développement du bonheur public. Mais en quoi consiste le bonheur de l'homme, pourquoi l'étudier et s'y dévouer?

La comparaison des institutions, la critique des faits historiques, ne sont que des chapitres de la science politique. Cette science est incomplète, elle reste vague et impuissante tant qu'étrangère à l'étude de l'homme et de sa destinée morale, elle ne procède pas d'une idée arrêtée sur les besoins qu'elle se propose de satisfaire, et sur la valeur des obligations qui relient les hommes entre eux. Un ouvrage élémentaire de politique doit aborder ce sujet de méditation, où gît le véritable principe de la science qu'il tend à populariser. Nous n'avons pas reculé devant cette nécessité de notre œuvre.

Aux époques où des doctrines acceptées par le grand nombre donnent une solution officielle aux questions sur la destinée et la moralité humaines, il n'appartient peut-être qu'aux hommes supérieurs de ne pas s'y soumettre. Mais lorsqu'il n'existe plus de tradition à la hauteur de l'intelligence publique, loin d'accuser de présomption, il faut excuser les plus obscurs mêmes, s'ils cherchent une croyance qui satisfasse au plus impérieux besoin de leur esprit.

L'écrit que nous publions ne contient pas d'idées nouvelles, celles qu'il exprime sont partout : dans les livres, dans les esprits les moins doctes et les moins méditatifs. Mais plusieurs de ces idées communes, vulgaires, se rencontrent souvent isolées, contradictoires. L'enchaînement, l'unité que nous avons entrevus entre elles, ont transformé nos opinions en conviction, nos hésitations en règle de conduite. Sous ce rapport nous avons cru que la publication de notre travail pourrait n'être pas inutile à d'autres.

Que l'on daigne ne pas fermer le livre dès les premières pages, lorsqu'on verra placer le principe de la vérité politique dans la pensée religieuse : la politique n'est que la morale sur une grande échelle, et jamais règle morale n'a pu être établie, sans remonter aux besoins, aux affections de notre nature intellectuelle, ainsi qu'aux vérités sur lesquelles repose la sanction du devoir.

TABLE.

                                                      Pages

A L'ACADÉMIE DES SCIENCES MORALES ET POLITIQUES.   V

PRÉFACE.   VII

CHAPITRE 1er. — DESTINÉE MORALE DE L'HOMME. — Manifestation de l'intelligence divine dans l'ordre physique. — L'ordre moral placé sous l'empire de la même intelligence. — Éléments, pour l'homme, d'existence, de félicité en dehors de la vie actuelle. — Le perfectionnement intellectuel, fin unique de la nature.   1

CHAPITRE II. — DESTINÉE POLITIQUE DE L'HOMME. — Le bonheur humain tient à des conditions morales encore plus qu'à des conditions matérielles. — Nécessité du progrès social. — Le but de la société est invariable, les moyens sont transitoires. — L'égalité et la liberté, moyens de notre époque.   16

CHAPITRE III. — DE L'ÉGALITÉ. — Définition. — L'égalité, principe actuel de l'autorité sociale.   33

CHAPITRE IV. — DE LA PROPRIÉTÉ. — Pas de société sans travail. — Pas de travail libre sans la propriété. — Rousseau condamne la propriété parce qu'il la regarde comme le véritable fondement de la société.   40

CHAPITRE V. — DIVISION DE LA PROPRIÉTÉ. — Avantages de la petite propriété. — Opinion de M. Mathieu de Dombasle. — Grande propriété en Angleterre. — Influence de la division de la propriété sur le bien-être, la richesse, la moralité et la puissance de la société.   46

CHAPITRE VI. — MOYENS DE FAVORISER LA DIVISION DE LA PROPRIÉTÉ. — Liberté de transmission. — Partage facultatif des biens communaux. — Application non moins productive mais plus intelligente des droits fiscaux. — Colonies agricoles, ouvriers des manufactures, propriétaires, meilleure association communale. — Encouragements directs à la division de la propriété.   64

CHAPITRE VII. — DROIT DE SUCCESSION. — Impossibilité de porter atteinte à la succession même collatérale. — Excellence de la loi française. — C'est à son exécution sincère et non à sa réforme qu'il faut travailler.   89

Pages

CHAPITRE VIII. — ÉGALITÉ POLITIQUE. — Gloire passée de la noblesse française.—Absurdité de toute prétention actuelle à l'aristocratie. — Il n'est qu'une seule famille grande et supérieure à toutes les autres. — Lien entre l'égalité politique et l'égalité sociale.   98

CHAPITRE IX. — CONDITIONS DE L'ÉGALITÉ POLITIQUE. — DE L'ESPRIT MILITAIRE EN FRANCE — La France démocratique obligée d'être militaire pour sauver son indépendance. — La France militaire obligée d'être démocratique pour sauver sa liberté.   108

CHAPITRE X. — DE LA LIBERTÉ. — Définition. — L'obéissance à des lois non consenties n'est pas la liberté.   124

CHAPITRE XI. — LIBERTÉ DE PENSER ET D'EXPRIMER SA PENSÉE. — Le progrès de l'intelligence fait une loi de la liberté de penser. — Les idées les plus avancées sont toujours une pensée de minorité. — De la taxe sur la publication de la pensée.   127

CHAPITRE XII. — LIBERTÉ D'ASSOCIATION ET D'ASSEMBLÉE. — Les besoins intellectuels sont un fait ineffaçable. — La liberté d'association et d'assemblée est dans l'ordre intellectuel l'application du gouvernement par soi-même. — Remède contre l'esprit d'émeute et le dévouement égaré.—Différence entre les associations publiques et les sociétés secrètes. — Associations en Angleterre.— Garanties contre les abus de la liberté d'association. — Modes d'application. — Sans association point d'enseignement public ni de liberté religieuse.   132

CHAPITRE XIII.—LIBERTÉ DE PENSER, PRINCIPE DE PAIX ET D'UNION. — L'unité de croyance fondée sur la contrainte est un principe d'anarchie. — Motifs qui rattachent la France au clergé catholique. — Motifs qui l'en éloignent. — La révolution c'est la France. — L'avenir du catholicisme dépend de son adhésion à la liberté.   159

CHAPITRE XIV. — LA LIBERTÉ PRINCIPE DE PROSPÉRITÉ ET DE RICHESSE PUBLIQUE. — Le progrès de la richesse publique suit le progrès de la liberté. — La liberté individuelle est le meilleur système d'organisation.   177

CHAPITRE XV. — LIBERTÉ D'INDUSTRIE. — L''emploi du travail est un devoir de la société vis-à-vis des individus. — Restrictions nécessaires.—Garanties qui doivent accompagner ces restrictions. — Livrer l'industrie privée à l'arbitraire de l'administration c'est propager l'esprit de servitude ou l'esprit d'oisiveté.   184

CHAPITRE XVI. — LIBERTÉ COMMERCIALE — Restrictions nécessaires. — Elles doivent être inspirées par la pensée de protéger le

TABLE. XI

Pages

bien-être et la moralité du public. — Une liberté commerciale illimitée pourrait placer l'ordre social et politique d'une nation sous
l'influence de gouvernements étrangers.   187

CHAPITRE XVII. — LIBERTÉ POLITIQUE. — Définition. — Éléments
de l'intérêt social. — Rapport entre la civilisation et la liberté ; —
Entre la liberté et les gouvernements. — La liberté politique est
plus une question de fait qu'une question de logique.   191

CHAPITRE XVIII. — DE LA LIBERTÉ POLITIQUE EN FRANCE. — Du
droit de suffrage dans d'autres pays. — Le suffrage universel
et le droit d'assemblée publique pour délibérer sur les affaires de
l'État sont l'ancien droit de la France. — Citations de l'ancienne
législation. — Droit actuel d'élection.—Ses conséquences.—L'exagération d'une réclamation n'autorise pas à rejeter ce qui est dû.
— Ce qui rend la réforme électorale inévitable.   199

CHAPITRE XIX. — DU GOUVERNEMENT. — Trois principes de gouvernement : la force, le droit divin, la souveraineté du peuple. —
Le gouvernement est fait pour la société. — Les lois doivent avoir
pour objet non la fondation ou la conservation d'une forme de
gouvernement, mais le bien public.—Pas de monarchie sans noblesse héréditaire. — La majorité des amis de la monarchie ne
veut pas de priviléges héréditaires. — Gouvernements de transition. — Serment politique. — Les gouvernements passent, les
nations leur survivent. — Prétendant dont l'opposition et le pays
ne doivent jamais oublier la puissance et les droits. — Solidarité
de la société avec les gouvernements. — Les reproches contre la
révolution française ne prouvent rien contre les institutions
démocratiques.   212

CHAPITRE XX. — LIMITE MORALE DU POUVOIR POLITIQUE. — OBÉIS-
SANCE AUX LOIS. — Pas de droit ni de pouvoir absolu. — Du point
de vue de l'obéissance passive, quel serait l'homme irréprochable ?
Bossuet cité et commenté par M. Royer-Collard. — La loi providentielle ne dispense pas l'homme de délibérer.   231

CHAPITRE XXI. — EXÉCUTION DE LA LOI. — L'exécution de la loi,
comme sa confection, ne doit avoir d'autre but que le bien public.—La barbarie dans l'exécution de la loi en devient une odieuse
infraction. — Les gouvernements doivent être d'autant plus forts
que le public est plus libre. — De la part de tous les gouvernements l'erreur, l'injustice est inévitable, il faut qu'elle ne soit pas
irrémédiable — Peine de mort en matière politique. — Ne peut
être abolie qu'en l'abolissant en toute matière criminelle.   241

Pages

CHAPITRE XXII — DE LA NATIONALITÉ. — L'amour de la patrie est l'affection la plus large que les lois aient sanctionnée. — La concentration est pour les peuples comme pour les individus une condition de force. — Corrélation entre l'humanité et la patrie. — Recomposition des familles primitives de l'Europe —Assistance mutuelle des peuples.—De l'union des citoyens lorsque la patrie est en danger.—Motifs et obstacles à cette union.— Intime liaison entre la puissance militaire et la politique intérieure. — Où est la force vitale de la France. — L'intérêt matériel ne motive pas l'abnégation. — De l'honneur national et de la religion.   254

CHAPITRE XXIII. — MORALITÉ POLITIQUE. — Nécessité, accident, volonté. — L'empire, le comité de salut public, la révocation de l'édit de Nantes. — La volonté ou la moralité d'une nation fait sa fortune.—La politique est placée sous l'empire de la loi morale. — Napoléon, Louis XI. — Quelle main invisible châtie ou élève les peuples.   273

CHAPITRE XXIV. — MORALITÉ PRIVÉE. — Influence de la moralité privée sur la moralité politique. — Mœurs de la jeunesse. — Mariage, s'il est une institution de servitude ou de liberté. — Si la vertu doit se mesurer à la violence des passions. — Différente opinion des anciens et des modernes sur le mariage, origine de cette différence.—De l'esprit de travail et de conservation. — Du courage. — Le devoir et l'intérêt moral sont une seule et même chose.—Citations, de Jésus-Christ, de saint Paul, de saint Augustin, de Pascal, de Bossuet et de Rousseau. — Déception inévitable de l'homme qui cherche le bonheur ailleurs que dans le devoir.   287

CHAPITRE XXV. — AUTORITÉ DU BON SENS. — Fondement de notre certitude. — Scepticisme. — Sensualisme. — Sentiment intellectuel. — Raison. — Le bon sens est le sentiment intellectuel contrôlé par la raison. — La foi est le contraire du sentiment intellectuel. — Impossibilité de la foi. — Réprobation exagérée du xviiie siècle et condescendance trop grande de notre époque à l'égard du culte.—Danger d'associer les vérités religieuses et morales à une mythologie. — Le véritable fondement de ces vérités c'est le bon sens.   315

FIN DE LA TABLE.

MANUEL DE POLITIQUE.

CHAPITRE Ier

DESTINÉE MORALE DE L'HOMME.

Manifestation de l'intelligence divine dans l'ordre physique. — L'ordre
moral placé sous l'empire de la même intelligence. — Éléments, pour
l'homme, d'existence, de félicité en dehors de la vie actuelle. — Le
perfectionnement intellectuel, fin unique de la nature.

Les vapeurs qu'argentait l'astre du jour s'embra-
sent aux flammes de l'horizon ; les collines et les bois
se dessinent sur un ciel de feu ; les longues ombres
projetées par le soleil à son déclin viennent de s'éva-
nouir ; l'azur des cieux perd son éclat, et le voile léger
du soir laisse poindre la lueur incertaine des premières étoiles ; le laboureur et ses chevaux fatigués ra-
mènent la charrue ; le nuage de poussière soulevé par
le troupeau se rapproche du bercail ; le vigneron sous
le faix de ses outils regagne son foyer où l'attendent
un modeste repas et une famille joyeuse ; les hôtes
timides de la forêt quittent leur retraite ; une douce
rosée répand partout sa fraîcheur et son parfum..

Pourquoi ces larmes qui mouillent ma paupière et

coulent sur mes joues? Pourquoi cette joie ravissante qui me transporte bien au delà des peines et des plaisirs ordinaires de la vie?

Serait-ce que la contemplation de l'univers nous met en rapport avec une intelligence supérieure, et qu'il nous est donné d'entrevoir notre destinée future à travers l'admirable harmonie du monde physique?

Nous sommes entourés d'objets qui attestent l'action d'une intelligence régulatrice. La plante a des racines et des feuilles qui la nourrissent des sucs de la terre ou des vapeurs de l'air, des fleurs où s'élabore la fécondation de sa semence, des fruits ou des graines qui assurent sa reproduction. Qui croira qu'il n'y a rien d'intentionnel entre ces différentes parties de la plante et les fonctions qu'elles accomplissent? Notre bouche n'est-elle pas faite pour manger, notre oreille pour entendre, nos jambes pour marcher, et le merveilleux artifice de nos yeux n'est-il pas fait pour voir? L'instinct que possèdent les oiseaux de bâtir un nid n'est-il pas en vue de fournir un refuge à leurs petits? Est-il livré au hasard le cours des astres qui, projetés en nombre infini dans l'espace, ne s'entre-choquent pas et accomplissent leurs révolutions avec une immuable précision? Tous ces phénomènes ne sont pas le résultat d'une combinaison aveugle; ils attestent manifestement une fin, une intention, une intelligence. L'homme ne doute pas de sa propre intelligence, et il ne reconnaîtrait pas une intelligence dans les œuvres de la nature si merveilleusement supérieures aux siennes, ni dans l'ordre de l'univers dont il n'est qu'un atome impalpable.

L'intelligence qui préside au monde est-elle matérielle ou immatérielle? Est-elle en dehors du monde ou en fait-elle partie, répandue dans chaque molécule de la matière, ou bien attachée à l'univers comme notre âme l'est au corps? Laissons ce dédale; depuis tant de siècles l'esprit humain cherche vainement à s'y frayer une route. C'est dans ses œuvres seulement qu'il peut nous être donné d'étudier l'intelligence suprême.

Tout dans l'ordre physique porte le caractère de la sagesse et de la grandeur. Que notre imagination prenne son essor, qu'elle entasse merveilles sur merveilles, elle restera toujours au dessous de la réalité. Élevez-vous sur la cime des montagnes : les vallées, les coteaux s'aplanissent devant vous; les prairies, les champs et les moissons se déroulent en un vaste damier qu'entrecoupe le cours verdoyant des rivières et des fleuves; l'œil distingue les villes opulentes, embrasse les provinces; cette plaine, sans autres bornes que la confusion de notre vue, n'est qu'un point de notre globe; ces montagnes aux sommets couverts de neiges et de glaces, aux flancs chargés de nuages, aux vallées profondes creusées par les torrents, ne sont qu'un défaut de poli dans sa surface.

La terre si vaste n'est plus qu'un grain de sable auprès du soleil, et son orbite de 200 millions de lieues autour de cet astre n'approche pas des espaces parcourus par d'autres planètes. Multiplions toute cette immensité du monde visible qui confond notre intelligence par la plus haute série de nombres que nous puissions enfanter, et nous n'arriverons pas même à une quantité proportionnelle du monde réel, car au delà du monde et de l'espace toujours le monde et l'espace. « C'est une sphère infinie dont le centre est partout, la circonférence nulle part. » (Pascal.)

Rien n'égale la grandeur de la nature que la sagesse de ses œuvres. Depuis l'immuable régularité du globe terrestre dans le double mouvement qui marque l'année, les saisons et les jours; depuis la lumière qui en un clin d'œil remplit notre monde de son éclatante projection, tout, jusqu'au faible bouton que nous voyons, après la chute des feuilles, garder contre l'hiver le germe d'une verdure nouvelle, tout dépose de la prévoyance d'une intelligence inépuisable.

La nature, admirable de sagesse dans l'ordre physique, ne saurait être dans l'ordre moral capricieuse et insensée. La vie intellectuelle dans la succession de ses phénomènes ne manque ni d'enchaînement ni d'harmonie; devant elle s'ouvre aussi la carrière sans bornes de l'infini.

Les limites étroites de cette vie ne sont pas celles de notre existence; à la mort du corps tout n'est pas accompli; au delà nous poursuivons toujours la voie de perfectionnement qu'il nous est donné de parcourir sans jamais arriver à son terme.

Rien ne meurt, et dans le tourbillon universel des choses et des êtres tout ne fait que changer de face et de modification. La couleur, disent les physiciens, n'est pas dans les objets, elle est dans nos yeux soumis à l'action de la lumière; de même pour la mort elle est seulement dans l'impression de nos sens et de notre esprit trop peu subtils pour suivre la succession infinie des transformations de la nature.

Si la vie de l'homme était renfermée tout entière dans ses impressions physiques, si ses peines et ses plaisirs, ses craintes et ses espérances, si toutes ses affections se rapportaient à des sensations et à une fin purement corporelles, la mort du corps serait le terme; à notre dernier souffle, la vie morale dans laquelle réside l'individualité humaine n'aurait plus d'objet, elle s'évanouirait faute d'éléments. La harpe agitait les cœurs d'émotions douces ou tristes, tendres ou impétueuses; une fois brisée, elle n'est plus qu'un peu de matière dénuée d'harmonie et de puissance; mais c'était un instrument étranger aux sentiments qu'il exprimait; langage de la pensée, il a servi au commerce des intelligences; muet et anéanti, la pensée et l'intelligence lui survivent.

La vie de l'homme développée par les rapports que lui créent les sens avec le monde physique et le monde intellectuel réside essentiellement dans un ordre d'idées et d'affections étranger aux sensations corporelles; pourquoi donc ne se prolongerait-elle pas au delà du terme où finissent ces mêmes sensations?

Le juste marche au supplice; le fer, le feu et le magistrat servile, le plus cruel comme le plus odieux des instruments, s'acharnent contre lui. Ses membres brisés, déchirés sont livrés aux horreurs d'une lente agonie. Un mot, un signe du martyr terminerait ses tortures; mais fidèle à ses amis, à sa foi, on détruit son corps, on n'ébranle pas son âme. Le principe de cette volonté est-il dans la chair? Y puise-t-il sa force? lui qui étouffe l'instinct et le cri de la chair. Si la volonté triomphe de la nature physique, elle ne lui est pas assujettie; il lui est donné d'être hors d'elle et sans elle.

Socrate boit la ciguë. Le poison et la mort circulent dans ses veines sans altérer la sérénité de son âme. Il étouffe au cœur de ses amis le ressentiment de l'injustice dont il meurt victime; il les fortifie dans l'amour de l'humanité et le culte de la vertu; il leur montre au delà des amères déceptions et des vicissitudes de

la vie présente un avenir de grandeur et de félicité.
Le sage expire; mais son intelligence qui embrassait
le monde, l'avenir et la science n'est pas attachée à
une organisation matérielle dont la sensibilité est li-
mitée au contact des sens; cette puissante sympathie
qui agrandissait le cercle de son existence ne s'éteint
pas avec une sensibilité égoïste qu'elle combattait et
qui entravait son essor; elle recèle tous les éléments
d'une vie et plus vaste et plus pure. Le sage vit toujours dans l'humanité, dans le magique enchaînement
des phénomènes de la nature, dans l'intelligence suprême, dans le perfectionnement de son être.

L'idée du néant fuit ou assiége notre imagination
selon l'aspect sous lequel la mort vient à frapper nos
regards. Un homme est plein de forces; il pense, il
médite; que de souvenirs et de projets, que d'affections passionnent son esprit; le glaive brille et tout serait fini; après une goutte de sang, un soupir étouffé,
plus rien de tant de vie et de pensée, qu'un froid ca-
davre, pâture prochaine d'une hideuse décomposi-
tion. Une telle transition révolte notre imagination.

Mais voyez un homme sous l'atteinte du mal, des
infirmités; sa vie ne sort pas du cercle étroit de quelques instincts grossiers, il n'obéit plus qu'à des appétits d'automate dont l'énergie suit la pulsation de
ses artères. Le désordre de ses organes affaiblit, dégrade son intelligence; et leur complète dissolution la

ferait naître à de vives .lumières pour l'élancer dans les sublimes régions de l'immortalité et de la contemplation. Au milieu des tristes réalités qui accompagnent une lente agonie, une si glorieuse apothéose paraît chimérique; l'imagination se défend mal contre la pensée que l'homme meurt tout entier.

Mais l'impression de l'imagination doit s'effacer sous l'empire de la raison. Quoi! ce qui est grand, généreux dans l'humanité ne reposerait que sur une fiction! La seule explication morale de l'univers ne serait qu'un rêve. Les hommes isolés par leur égoïsme, sans devoirs, ni but, ni avenir, poursuivant à tout prix une jouissance matérielle, voilà l'humanité selon la Providence. Les hommes vivant les uns pour les autres, plaçant les lois, les sciences, les arts, leur vie et tout ce qui est sous une pensée d'unité, d'ordre et de moralité, c'est l'humanité d'une imagination égarée. Quoi! le résultat chétif, pitoyable, incohérent serait l'œuvre de la Providence, tandis que les sentiments, la pensée, qui seuls peuvent donner une morale et un avenir à l'humanité, un sens et un but au monde, seraient l'œuvre de l'homme. Comment tout à la fois tant ravaler sa destinée et tant exalter son intelligence!

Le monde n'est dénué ni de sens ni de motif. Le perfectionnement de l'intelligence; telle est la fin de toutes choses, du monde physique comme du monde moral. Alors tout s'explique, tout s'enchaîne; il y a une moralité commune dans l'homme, son activité et sa vie, dans l'existence des peuples et leurs révolutions, dans le monde entier qui apparaît comme la sphère infinie où s'exerce l'intelligence avec une grandeur et une durée également infinies.

Tout est vanité, dit l'Ecclésiaste; tout est vanité, tel est le dernier mot de la philosophie sensualiste. Selon nous, rien n'est vanité que le vice. Depuis l'acte le plus simple d'industrie, depuis le moindre effort d'intelligence qui tourne au perfectionnement de l'espèce ou de l'individu, jusqu'à la conception la plus sublime, jusqu'au dévouement le plus héroïque, rien n'est vain, tout est réel, tout a son prix et vient prendre rang dans la chaîne infinie des êtres, des temps et des mondes.

De quel côté est donc la vérité? avec ceux qui n'expliquent rien et concluent que ce monde est une absurdité, ou avec ceux qui lisent en eux-mêmes et dans les phénomènes de la nature la preuve manifeste d'une intelligence régulatrice, voient les détails répondre à une fin, et croient que l'ensemble répond aussi à une fin, au perfectionnement de l'intelligence.

C'est dans le sentiment moral de l'homme que réside le germe de son perfectionnement. Le bonheur est le but constant des actions et des pensées humaines. Mais l'homme est touché de ce qui affecte ses semblables, il sent dans les autres et quelquefois plus vivement qu'en lui-même, il est heureux ou malheureux de leur bonheur ou de leur malheur. Une mère se précipitant dans les flots ou dans les flammes pour en sauver son enfant choisit le moindre mal à ses yeux. Combien d'hommes, sûrs d'un oubli profond, n'hésiteraient pas au prix du sort le plus cruel à racheter leur patrie d'un désastre même éloigné. Non seulement l'exaltation de la passion, mais nos sentiments de chaque moment, le désir de l'estime, la crainte du mépris, le besoin de société, l'orgueil et la vanité, tous ces sentiments qui occupent une si large part de notre vie, nous montrent jusque dans leurs écarts les impressions d'autrui jouant un plus grand rôle dans notre existence que les impressions qui nous sont exclusivement personnelles.

Les uns ne voient dans l'homme que de l'égoïsme, d'autres y voient en contradiction avec l'égoïsme la faculté de se dévouer et la puissance de l'abnégation. L'une et l'autre thèses sont vraies, mais incomplètement. L'homme en satisfaisant aux besoins de son organisation sympathique qui le lie intimement aux impressions d'autrui fait tout à la fois de l'égoïsme et de l'abnégation : de l'égoïsme, car il poursuit en tout son propre bonheur ; de l'abnégation, car il puise le bonheur ou le malheur dans des affections étrangères aux affections matérielles. L'homme ne vit pas seulement en lui-même, il vit dans ses proches, dans ses semblables, dans l'humanité entière ; il vit dans des êtres d'un autre ordre, et les scènes de la nature, les révélations de la science, les pensées qui l'élèvent vers l'intelligence suprême sont pour lui la source inépuisable de ses plus profondes émotions.

Quel indicible état que celui de l'homme lorsqu'il vit absorbé dans la vie des objets extérieurs : dans la feuille qu'agite ou qu'emporte le souffle des vents ; dans le flot qui roule, bouillonne et s'écoule ; dans le nuage qui fuit sur les cieux ; dans l'oiseau qui plane du haut des airs ; dans cet océan de lumière d'où jaillissent en traits de flamme la nature, ses créatures et ses trésors. Ce n'est pas de la pensée ni de la réflexion sur un si vaste tableau, c'est une impression qui semble commune à tous les êtres sensibles. De son rocher l'oiseau de mer immobile se plaît de longues heures à la brise et au bruit des vagues ; l'oiseau des forêts se plaît balancé sur un faîte élevé ; l'animal sauvage se plaît recueilli dans son gîte ; arraché au spectacle des campagnes, à ses courses vagabondes, il languit et meurt entre les grilles de sa prison ; depuis l'insecte qui dore ses ailes frémissantes aux rayons du soleil jusqu'à l'homme inculte, jusqu'à l'homme de génie, la nature est une source commune de joies étrangères à la sensation physique, qui attestent chez tout ce qui est animé le germe d'une vie purement intellectuelle.

La sympathie expansive de l'homme est la source de tous ses progrès dans la voie du perfectionnement. L'homme doué de sentiments élevés, généreux, captivé par des idées d'ordre moral, qui sent puissamment en dehors de son individualité, et cherche son bonheur dans celui de ses semblables, le trouvera dans l'élévation de son intelligence et de son âme, dans le sentiment de sa force ; dégagé des passions qui tendent à des résultats matériels et exclusifs, il porte en lui la révélation de ses destinées futures et toutes les conditions d'une existence plus intime avec la nature et l'intelligence suprême.

Il ne s'agit pour lui ni de jugement, ni de grâce, ni de punition ; les peines et les récompenses sont d'institution humaine. Les machines qui reçoivent les toisons de nos troupeaux les rejettent en de douces et somptueuses étoffes sans que le génie de l'inventeur ni la main de l'ouvrier se soient occupés de déterminer la place prise par tel ou tel fil ; il en est ainsi des individualités dans l'univers où tout découle de la force même des choses, combinée dans une fin morale. Les mêmes facultés, la même manière de sentir qui font l'homme de bien sont en même temps la source du bonheur en ce monde et de l'existence intellectuelle au delà des bornes de la vie présente. Par cela même qu'un homme est bon, il est, il sera heureux. Cela est dans l'ordre, comme il est dans l'ordre que la graine porte un germe qui développé reproduit son espèce; cela est dans l'ordre, parce qu'autrement tout ce que nous voyons d'admirable, de profondément sage ne serait qu'une absurdité.

Malheur! nous ne nions pas tes coups. Les maladies, l'air étouffant des cachots, la misère et la proscription, la mort qui dérobe au milieu de notre sécurité ou éteint dans une agonie les objets de notre plus chère affection, les maux et la honte de notre patrie sont des atteintes trop rudes pour que le cœur le mieux trempé n'en soit pas brisé. Mais si nous redressant sous la foudre, nous luttons avec courage contre la destinée, des forces inconnues naissent de la grandeur même de notre résolution. L'âme du juste s'épure sous les coups de l'adversité. Lorsque blessée, déchirée dans toutes les affections qui l'attachent à la terre, livrée à elle-même, elle se maintient pleine de force et d'énergie, alors l'excellence de sa nature et son aptitude à une autre vie lui apparaissent dans toute leur clarté.

Nous ne méconnaissons ni tes charmes ni ton empire, volupté! Volupté! amie toujours fidèle du juste quelle que soit sa fortune; à son lit de mort, à l'échafaud, sur le sol qu'il baigne de son sang, sur le fragile débris qui le dispute aux flots, tu écartes loin de lui les fantômes de la terreur, tu l'entoures de ses bonnes actions, images riantes et parées de fleurs qui embellissent son dernier soupir. Fortune, gloire, amour, non vous n'êtes pas des biens chimériques, vous répondez aux besoins de notre nature, vous donnez du ressort à notre âme; mais dès qu'il faut vous acheter par le crime ou le vice, vos plaisirs s'évanouissent, votre douceur devient amertume.

Il est un tourment plus affreux que les maladies qui assiégent l'humanité, plus accablant qu'une prison sans terme, plus déchirant que tous les supplices enfantés par l'imagination vindicative et implacable de l'homme, plus désespérant que la perte de l'enfant chéri sur lequel reposaient tant et de si douces espérances; ce tourment, c'est l'oppression étouffante du cœur sous le sentiment de son infériorité morale, c'est le mépris de soi-même, auquel ne peut se soustraire le lâche ou l'égoïste qui sacrifie le bien et la dignité des hommes pour s'enfoncer dans de grossières jouissances, se repaître de la satiété de ses passions et du malheur de ses semblables.

Il n'y a pas d'opposition entre l'honnête et l'utile; tout ce qui est honnête est utile; il n'y a rien d'utile que ce qui est honnête. Quelque chose qui arrive, ce qui est bien il faut le faire, ce qui est mal il faut l'éviter; là est le comble de l'habileté pour être heureux.

Agissons donc; l'homme n'est pas fait pour rêver,

Loin de nous le quiétisme de l'homme découragé ; parce que le monde ne s'est pas arrangé selon les ambitieuses illusions de sa jeunesse, il n'y voit plus rien qui soit digne de son intérêt, et il s'assoupit auprès d'un progrès à conquérir, d'une infortune à soulager.

Et toi, jeune insensé, détourne l'arme de ton sein, ne te précipite pas dans des entreprises désespérées. Va, grandis ton âme et toutes ses facultés, fortifie ton cœur et ton bras pour te jeter tout entier et à propos dans la balance où se pèse la cause de l'humanité.

Parmi les glands dont le chêne jonche le sol des forêts, presque tous portent le germe d'un arbre grand et majestueux; mais combien sont étouffés par l'herbe ou la mousse, combien sont la pâture des oiseaux et des insectes, combien lèvent pour vivre étiolés et rampants, puis mourir faute d'air et de soleil. Tel n'est pas le sort définitif de l'homme; qu'il affermisse son cœur, devant lui s'ouvre un horizon où il possèdera largement toutes les conditions de la vie et de la grandeur.

Au dessus des menaces et des dangers, sans plus de crainte du néant que des monstres chimériques de la superstition, pleins de confiance dans l'ordre moral de l'univers, forts de la pureté de notre vie, soyons inébranlables dans nos efforts vers le perfectionnement, véritable fin de l'homme, de sa vie intellectuelle et collective, de chacun de ses moments et de son éternité; fin unique de la nature entière.

CHAPITRE II.

DESTINÉE POLITIQUE DE L'HOMME.

Le bonheur humain tient à des conditions morales encore plus qu'à des conditions matérielles. — Nécessité du progrès social. — Le but de la société est invariable, les moyens sont transitoires. — L'égalité et la liberté, moyens de notre époque.

Des routes, des canaux, des machines, les progrès de l'agriculture et de l'industrie peuvent décupler les produits destinés à satisfaire les besoins humains, et la division de la propriété centupler la somme du bien-être obtenue; mais ce n'est pas là le bonheur de l'humanité, ce n'est qu'une de ses conditions. Voyons-nous les plus largement pourvus des dons de la fortune porter les signes d'un bonheur plus grand que celui des autres hommes? Tout concourt à leur bien-être physique : de vastes maisons, d'agréables jardins, une table abondante, du loisir, une complète liberté de prendre de l'exercice et du repos entretiennent leur santé; malades, la science et l'empressement veillent à leur chevet; ils peuvent sans fatigue aller chercher l'hiver ou l'été selon la prescription du médecin. Certes on ne peut espérer que l'aisance de tous puisse jamais atteindre un aussi haut degré d'opulence, et pourtant cette fortune ne semble pas faire le bonheur de ceux qui en jouissent. Leurs repas ne sont pas plus joyeux, leurs nuits plus tranquilles, leurs affections plus exemptes de troubles. Tourmentée de craintes, d'espérances, de passions et d'ennuis, leur vie ne s'élève pas au dessus de la destinée commune.

Si l'homme doué de toutes les conditions du bien-être matériel ploie sous le faix des déceptions, du dégoût et des adversités qui s'élèvent contre lui de son propre cœur; s'il dépérit et se dessèche au milieu de l'accomplissement des désirs qui ont pour objet ses jouissances personnelles, c'est que le bonheur de l'homme tient plus à des conditions morales qu'à des conditions physiques.

L'homme est un corps et une pensée. Son bonheur dépend de ce qui affecte l'une ou l'autre de ces deux parties constitutives de son être. Ainsi deux intérêts en lui souvent d'accord et quelquefois en opposition : l'intérêt matériel qui tend au bien-être, l'intérêt moral qui tend à la satisfaction d'affections telles que l'estime de soi-même, le désir de la considération, l'amour de la famille, celui de la patrie, le sentiment religieux le plus impérissable, le plus puissant de tous les intérêts intellectuels. S'il y a erreur chez l'homme privé qui ne tient aucun compte de la principale partie de son être et ne vise qu'au bien-être matériel, l'erreur n'est pas moins grande de la part du législateur ou du moraliste qui, oubliant aussi la nature intellectuelle de l'homme, cherche uniquement le bonheur général dans des résultats matériels. Le bonheur individuel est de toute nécessité l'élément du bonheur de tous. La richesse qui seule ne rend pas un homme heureux ne peut donc rendre l'humanité heureuse, et le perfectionnement moral est le but principal de la société humaine, puisque c'est en lui surtout que réside le bonheur de l'homme.

Il ne faut pas toutefois spiritualiser l'homme plus que sa nature ne le comporte. Le bien-être physique a plus d'influence sur le bonheur social que sur le bonheur individuel : l'individu assiégé par la misère peut atteindre la plus grande hauteur morale, parce que l'intelligence, fruit de la civilisation, est en quelque sorte dans le domaine commun. Mais pour la société humaine il n'y a pas de développement moral avant qu'un certain degré de prospérité matérielle ait rendu possibles la méditation, l'étude d'idées étrangères à la satisfaction immédiate des besoins physiques. Le perfectionnement moral et le bien-être matériel, éléments du bonheur individuel et social, tel est le but constant, invariable de la société.

Ce but parfois doit paraître chimérique. La vie de l'homme et sa vue sont courtes, il n'embrasse qu'un étroit espace de la vie sociale; plus sensible aux maux présents qu'à ceux des générations passées, il tient peu de compte des avantages dont il jouit, parce qu'il n'a pas connu l'état contraire. Puis l'histoire humaine vue de près offre un triste tableau : toujours un cercle fatal d'erreurs et de vicissitudes, des individualités rétrécies, les grandes facultés rares et trop souvent au service de passions mesquines, l'égoïsme, le sot orgueil, la folie des chefs, le vertige du peuple pétrissant, moulant l'idole aux pieds de laquelle il se prosterne et sacrifie les siens.

Le mouvement progressif de la société échappera donc facilement à l'appréciation des hommes, surtout aux époques de crise où le sort des générations présentes semble sacrifié à l'avenir. Cependant ceux qui, d'un point de vue supérieur aux émotions du moment, savent apercevoir le développement du genre humain et comparer son état à plusieurs siècles de distance, voient clairement se manifester le progrès, la tendance au perfectionnement. Egoïste, ignorant, servile, l'homme a des moments d'inspiration où son intérêt personnel dominé par son enthousiasme obéit à des conceptions plus élevées, à des sentiments d'ordre et de sympathie. Que d'utopies chaque siècle fait passer dans l'ordre des réalités ! Et si beaucoup se sont perdus pour avoir estimé trop les hommes, combien aussi ont trouvé le juste châtiment de leur mépris.

Un poëte ancien a dit : « Que n'altère pas le temps?

Nous valons moins que nos pères qui valaient moins que nos aïeux, et notre postérité vaudra moins que nous. » Cela peut être vrai d'une cité, d'un peuple, mais cela est faux pour l'ensemble de l'humanité qui ne rétrograde jamais et avance toujours dans la carrière de la civilisation.

Sans fermer les yeux sur tous les progrès qu'il laisse à désirer, comparons le temps actuel au siècle précédent. Notre industrie, nos lois, nos idées, nos mœurs nous élèvent au dessus du xviiie siècle qui ne pouvait, sans une lutte terrible, rejeter loin de lui les préjugés et l'oppression du principe féodal. Et le xviiie siècle avec son mouvement philosophique, ses efforts pour propager les idées d'examen, de liberté et de réforme, n'est-il pas supérieur au xviie siècle qui vit la révocation de l'édit de Nantes, les dragonnades et l'humble soumission de la nation au despotisme d'un roi qui dans son fol orgueil disait : « l'Etat, c'est moi ! » Remontons le cours des siècles et nous arrivons à une conclusion tout opposée aux paroles que nous citions plus haut ; nous pouvons dire avec assurance : le temps perfectionne la société, nous valons mieux que nos pères qui valaient mieux que nos aïeux, et notre postérité vaudra mieux que nous.

Cependant il est une époque dans l'histoire où la société au premier coup d'œil paraît rétrograder et retomber des lumières de la civilisation dans les ténèbres de la barbarie. C'est lorsque l'agriculture, les arts, les lettres, les lois disparurent à la chute de l'empire romain sous l'invasion des barbares qui débordèrent du nord de l'Europe. Réfléchissons aux conséquences de cette grande catastrophe et nous verrons que les calamités qui l'accompagnèrent n'étaient que les épisodes d'une crise terrible, mais nécessaire aux progrès de la civilisation.

La société antique reposait entièrement sur l'esclavage domestique. Athènes, Rome, qui nous apparaissent comme la terre classique de la liberté, comptaient à peine deux hommes libres pour cent esclaves. Les hommes libres composant exclusivement la cité n'étaient pas aussi nombreux relativement aux esclaves que les nobles, sous le régime féodal, relativement aux bourgeois et aux vilains. Quelques affranchis soumis à mille avanies, quelquefois plus dures que la servitude, tenaient la place qu'occupa plus tard la bourgeoisie. Les esclaves c'étaient les cultivateurs, les artisans, les artistes, les marchands, en un mot l'immense masse de la population. Et cet esclavage qui pesait sur la presque totalité de la population surpassait en cruauté tout ce que nous pouvons imaginer. Le maître infligeait à sa fantaisie les supplices et la mort à l'esclave, pour lequel il n'existait ni propriété, ni mariage, ni enfants, ni famille; la loi le retranchait du nombre des créatures humaines, il n'était qu'une chose. Les mœurs, les idées de ce temps étaient si loin d'adoucir la cruauté de la loi, que les plus hardis novateurs de l'époque, que les philosophes qui enseignaient la morale la plus saine ne firent jamais de l'esclavage le sujet d'une objection. Ce n'était donc pas la persuasion seule qui pouvait amener l'abolition de l'esclavage ; la nécessité devait contribuer à ce grand résultat, et cette nécessité, préparée, aidée par le christianisme, naquit de l'invasion des barbares. Ces peuples durs, étrangers au luxe et aux superfluités de Rome, et qui préféraient l'habitation des champs au séjour des villes, n'avaient pas besoin d'esclaves attachés au service de leur personne. Les hommes n'avaient de valeur à leurs yeux que pour cultiver la terre ou garder les troupeaux ; et à l'esclavage domestique succéda la servitude de la glèbe, qui attachait l'homme à la terre comme accessoire du domaine. Tel fut le degré intermédiaire qui devait conduire la population de l'esclavage domestique à l'affranchissement complet, à la liberté.

Ainsi, aux époques même où la société parait ensevelie sous les ruines des états, des arts, des sciences, nous la trouvons toujours en voie de progrès, moins brillante qu'en des temps plus polis, mais jetant alors les bases d'un ordre social plus large, plus généreux.

Les eaux qui coulent avec majesté entre les rives du fleuve ou roulent avec violence dans le lit du torrent, celles du faible ruisseau qui suinte du rocher ou s'infiltre dans la terre, et celles du lac uni et calme qui mine sourdement ses digues, tendent toutes à la mer ; de même l'humanité, qu'elle semble sommeiller ou qu'elle s'agite, tend au progrès par une pente continue et irrésistible. Chaque génération a pour point de départ le terme où aboutissent les efforts des générations précédentes, et aux forces du passé elle ajoute celles qui lui sont propres.

Une autre nécessité également inévitable assure l'empire des idées progressives. Il faut en effet que tout pouvoir à la tête d'une société cède ou résiste au mouvement qui la porte à développer ses forces intellectuelles et physiques. S'il cède, sa puissance augmentera avec les forces de la société qu'il régit ; mais si la liberté amène le développement des forces sociales, celles-ci conduisent bientôt la société à désirer et à conquérir plus de liberté. L'histoire de tous les affranchissements se ressemble : déterminé par son intérêt ou la nécessité, le maître, pour augmenter des forces qu'il exploite, donne du relâche au sujet qui devenu plus libre devient plus fort, et qui devenu plus fort veut devenir plus libre encore. Les seigneurs du moyen âge cédèrent de la terre et des priviléges aux serfs et aux communes, parce que les concessions leur rapportaient plus que la possession d'un sol cultivé à regret par des bras asservis ; ils ta-

vorisèrent ainsi le développement de ce tiers-état destiné à étouffer leur puissance.

Louis XIV dut sa grandeur à un mouvement intellectuel qui conduisait à renverser sa dynastie. En 89
la monarchie aux abois, obligée de revenir aux états-
généraux, après une interruption de 175 années, suc-
comba sous l'assemblée constituante ; c'est toujours
l'histoire vraie ou allégorique de Guillaume Tell que
la tradition nous représente enchaîné sur la barque
de Gessler ; le tyran assailli par la tempête fait tomber les fers de son prisonnier pour lui confier l'aviron
et le gouvernail, mais le bras qui le sauve du naufrage le frappe du trait vengeur.

Si le pouvoir, au contraire, parvient à dominer la
tendance progressive de la société, il prolongera son
autorité, mais aux dépens des forces sociales, et il
sera obligé de subir la supériorité des sociétés dont
la force et les facultés auront pu se développer plus
librement. Dans le choc des nations l'histoire nous
montre toujours la victoire définitive restant aux
peuples les plus intelligents, les plus libres, et leurs
idées, leur civilisation et leurs lois s'imposant aux
populations restées sous le joug.

Comment donc échapper aux progrès de la société ?
Si le pouvoir cède, ses sujets conquièrent toujours
plus de civilisation et de liberté ; s'il résiste, la civilisation et la liberté conquièrent ses sujets. Dans cette

nécessité du progrès humain, l'homme qui sent le besoin de consacrer sa vie, trouve quelque chose de grand, d'impérissable et se sent attiré, enchaîné à la cause de l'humanité.

La société tend à son but invariable par des moyens transitoires. L'esclavage et la liberté, la superstition et la religion, le despotisme et le règne des lois, l'égalité et le privilége sont des moyens de progrès aux différents âges de la société. Simples spectateurs de la scène du monde, nous pourrions sans motif de préférence suivre l'action de ces différents modes de la vie humaine, ou leur mesurer notre sympathie selon les degrés de civilisation auxquels ils appartiennent. Mais acteurs obligés du drame social, nous devons, laissant toute vaine spéculation, combattre à notre rang contre les idées et les faits qui ont cessé d'être une cause de progrès et sont devenus des obstacles, pour fonder les idées et les faits qui servent les intérêts actuels de la société et préparent les progrès de l'avenir.

La société dans sa progression change de moyens et de formes. Après des siècles de tradition et d'autorité l'esprit humain voué au perfectionnement sort d'un système épuisé pour tenter des voies nouvelles. Le premier âge d'une autre ère, c'est de remonter à l'origine des choses et d'en expliquer le principe selon les connaissances de l'époque. Après la métaphysique, c'est la poésie, ensuite la philosophie, et enfin arrive le siècle de l'application. Toutes les ères de la civilisation présentent les mêmes phases. Dans la Grèce, Thalès, Bias, Epicure précèdent le siècle de Périclès, d'Aristophane, d'Euripide; ensuite vient le siècle de Platon, d'Aristote, puis le travail intellectuel accompli, Alexandre *sème la Grèce à travers les nations barbares.*

Rome, d'un seul trait, puise dans la Grèce sa métaphysique, sa littérature et sa philosophie; elle doit nous présenter plus confuse la succession de ces trois ordres d'idées. Mais ce qui nous frappe, c'est l'immense développement intellectuel suivi de la plus grande application de l'esprit civilisateur de l'homme, l'universalité de l'empire romain.

Les peuples, dans le développement de leur existence, semblent suivre quelque chose d'analogue à la loi qui gouverne tous les êtres; ils naissent, grandissent, fleurissent, portent leurs fruits et meurent, laissant après eux des semences que le cours ordinaire des choses et souvent la tempête dispersent par toute la terre : leur pensée ne meurt pas; au milieu de tant de vicissitudes, elle brille ou s'obscurcit. Mais après des siècles de léthargie, qu'un rayon favorable vienne à tomber sur elle, alors se révèle la vie de la précieuse semence qui reverdit, s'élance et couvre la terre de ses féconds rameaux.

Quelle puissante impulsion l'apparition au milieu du xvᵉ siècle des chefs-d'œuvre littéraires de l'antiquité n'imprime-t-elle pas à l'esprit humain ! Les discussions religieuses du xvɪᵉ siècle, les aperçus d'esprits supérieurs sur les voies de la certitude, les inspirations de la poésie entremêlant à l'étude profonde des passions humaines des modèles de grandeur et de vertu propres à exalter le cœur, les attaques de la philosophie contre l'ordre établi, ses efforts pour amener un ordre meilleur, toutes les œuvres qui, depuis trois siècles, portent l'empreinte du génie, forment les anneaux d'une même chaîne qui traîne après elle son ère d'application.

Ainsi, nous voyons toujours l'origine, le but et la nécessité du mouvement politique résider dans le mouvement intellectuel; la raison en est simple, elle est dans la puissance de la volonté sur les actions. La volonté générale a bien plus de puissance sur la destinée générale que la volonté individuelle sur la destinée de l'individu : la volonté d'un homme rencontre pour obstacle la nature et d'autres volontés; la volonté des hommes n'a d'autre obstacle que la nature.

Tandis que la volonté générale domine les volontés individuelles, celles-ci ne produisent que des accidents dans le développement de la vie sociale; il n'est pas donné, même aux plus grands hommes, d'en changer le cours, car c'est seulement avec la volonté générale

et pour la servir qu'il est donné de faire de grandes
choses. La nature, qui impose des limites au pouvoir
des hommes, produit encore des accidents dans la
sphère réservée à ce pouvoir : quelques degrés de chaud
ou de froid, le débordement d'un ruisseau, le vent qui
change ou le grain de gravelle dont Pascal nous parle,
peuvent décider du sort d'une bataille et d'autres
graves événements ; mais le résultat et le cours général des choses dépendent uniquement de la volonté
des hommes, engendrée elle-même par leurs idées.
C'est pourquoi l'idée qui se révèle, se répand, et par
des progrès continus s'achemine vers l'empire intellectuel, marche aussi à la possession certaine de l'ordre social et politique. Or, les idées d'égalité et de
liberté sont, de notre temps, celles qui, dans tous les
pays, dans tous les esprits, et sous toutes les formes,
captivent la pensée : le génie moderne n'est que leur
auxiliaire. La pensée de Bacon et de Descartes, comme
celle de Milton, les saillies de Voltaire, les méditations
de Montesquieu, les inspirations de Corneille, la
raillerie de Molière, l'enthousiasme de Rousseau, les
facéties de Rabelais et les vues sublimes de Bossuet
tendent au même but : détruire tout principe qui
suppose que l'homme est susceptible d'être possédé
légitimement, ne reconnaître d'autre fin aux institutions sociales que le bonheur des hommes.

Les sciences même les plus étrangères aux problèmes de l'organisation sociale font tomber devant les progrès humains des barrières jusque alors infranchissables. A une époque où la connaissance des affaires publiques ne pouvait se transmettre que de vive voix, et où la nature des armes de guerre donnait à l'homme exercé une supériorité irrésistible, l'immense majorité, dont la destinée sera toujours de travailler, était dépourvue d'intelligence et de force, et par cela même incapable de liberté; mais aujourd'hui que par l'imprimerie le travail possède l'intelligence, et que par les armes à feu l'intelligence possède la force; aujourd'hui que la fréquence et la rapidité des relations donnent à une grande nation autant d'unité que pouvait en avoir autrefois le territoire d'une seule ville, les conditions de la liberté et de l'égalité sont acquises pour tous les membres de la société, les institutions et les préjugés qui forment un obstacle ne sont plus que des effets survivant à leur cause et destinés comme elle à disparaître.

Aussi tout ce que le génie antique burinait dans le cœur des hommes de grandeur d'ame, d'amour pour la patrie et la liberté, nous le recueillons, et des limites étroites d'une cité renfermant une tribu de maîtres et un peuple d'esclaves, nous le transportons à notre immense communauté nationale.

La révolution américaine et sa prospérité, la révolution française, ses réformes, ses prodiges et son

***

influence universelle; la sympathie des peuples pour le développement de leur commune civilisation; une génération mettant le culte, non plus dans des pratiques indifférentes, mais dans le dévouement à l'humanité et à la grandeur sociale; voilà des applications qui démontrent la puissance et l'avenir des idées d'égalité et de liberté.

Où sont les idées capables d'entrer en lutte avec une volonté qui se manifeste de toutes parts avec tant de suite et d'énergie, dans la littérature, les sciences et les arts, dans les mœurs et dans les faits? Tout ce qui faisait autrefois autorité parmi les hommes, affaibli, miné depuis trois siècles, s'écroule de toutes parts emporté par un courant irrésistible.

Les idées d'égalité et de liberté formulées par la révolution française présentent les moyens et les formes les plus en rapport pour notre époque avec le but permanent de la société; un jour ces idées ne seront plus qu'une transition pour arriver à de nouveaux progrès; mais d'abord il faut obtenir leur complète application. La révolution française, conséquence du mouvement intellectuel depuis trois siècles, est un progrès nécessaire, inévitable, que doivent subir le regret du passé et l'impatience de l'avenir.

Parmi les plus sincères amis de la révolution il en est qui méconnaissent sa portée. Frappés des injustices, des souffrances qu'elle n'a pu détruire encore, ils doutent de sa mission; ses limites leur apparaissent trop étroites, et ils veulent les franchir pour s'élancer vers l'avenir. Deux fois grande est leur erreur; ils tentent l'impossible, et ils n'apprécient pas les ressources de l'état actuel.

Les révolutions politiques ne sont qu'un moyen d'appliquer des idées. Lorsqu'une société est dominée, entraînée par des idées à l'application desquelles se rattache la satisfaction de grands intérêts et de convictions profondes, si les formes de son état politique ne se prêtent pas à ses nouveaux besoins, alors une révolution devient inévitable. En 89 et en 92, les changements politiques, pour lesquels la nation se passionnait avec une énergie irrésistible, n'étaient pas seulement les conséquences abstraites d'un principe, ils se présentaient surtout comme le moyen nécessaire pour arriver à l'application d'une foule d'idées théoriques ou positives d'un grand et immédiat intérêt. L'unité de législation et de territoire, l'égalité civile, la liberté religieuse et politique, la mise en circulation des biens ecclésiastiques, la suppression des priviléges onéreux et humiliants étaient l'objet des vœux presque universels d'une société fortement imbue des théories philosophiques. Ces idées, secondées plus tard par le sentiment profond de la nationalité, valaient bien une révolution.

Aujourd'hui le dénûment des populations agglo-

mérées dans les villes manufacturières, les privations
des populations agricoles, les crises qui viennent pé-
riodiquement ébranler le commerce, l'encombrement
simultané des produits de la culture et de ceux de l'industrie, qui sont cependant, les uns pour les autres,
des moyens naturels d'échange et de débouché, l'extension des droits politiques et surtout de la capacité
qui devrait présider à leur exercice, l'indépendance de
la France solidement affermie, un système d'instruction publique enseignant les enfants et moralisant les
hommes, sont des problèmes sociaux du plus haut
intérêt, qui ne sauraient cependant mener à une révolution nouvelle, parce qu'aucune théorie ne répond
mieux à leur solution que l'accomplissement de la
révolution française et l'application de ses principes.

La révolution est un édifice excellent; mais, achevé
dans son ensemble et non dans ses détails, encore
embarrassé de décombres, de matériaux et de barrières, il manque son effet, ne pouvant satisfaire ni par
son usage, ni par son aspect. Faudrait-il donc le détruire pour entreprendre la construction d'un autre
édifice? Non, il faut y mettre la dernière main.....
Que d'efforts d'industrie pour faire une simple épin-
gle; tandis qu'il est un moment où la machine qu'a-
nime la vapeur ne demande plus qu'un coup de lime
pour défier les vents et fendre les mers. C'est ainsi que
l'histoire des institutions nous montre, selon les cir-

constances, la moindre amélioration exiger des boule-
versements, et de simples modifications réaliser d'im
menses bienfaits.

CHAPITRE III.

DE L'ÉGALITÉ.

Définition. — L'égalité, principe actuel de l'autorité sociale.

L'association multiplie les forces humaines dans
une incalculable progression. L'homme isolé n'est
rien; celui qui nous paraît le plus heureusement
doué, si son intelligence et ses forces n'avaient pas
été fécondées par les pensées et les travaux de ses
semblables, s'il était réduit à lui-même et qu'on pût
lui enlever tout ce qu'il doit à la société, serait moins
qu'un sauvage. C'est la société qui fait de l'homme
quelque chose de grand et le digne objet de notre dévouement.

Byron, dans ses vers, trace le tableau des calamités
qui détruiraient les hommes, si le soleil, source de
lumière et de chaleur, venait à s'éteindre. Quelle catastrophe plus terrible encore, si, au milieu de la foule
humaine, il n'y avait plus de puissance sociale; quelle
éruption de passions brûlantes, si tout à coup cha-

cun pouvait se livrer à son avidité, à sa haine, à sa convoitise, à son orgueil, sans avoir rien à redouter qu'une résistance individuelle! Dans le triomphe et l'ivresse d'une révolution, c'est un pouvoir qui détruit et remplace un autre pouvoir; dans le sac d'une ville mise à feu et à sang, il y a du moins un parti vainqueur; mais la civilisation abandonnée sans frein à toutes ses excitations serait un duel universel dont les vainqueurs s'entre-dévoreraient.

La puissance, ou l'autorité, est la base constante de toute société, mais le principe de l'autorité est variable. A l'état sauvage c'est la force et l'adresse; dans l'antiquité ce fut de maître à esclave la supériorité physique et intellectuelle, ou la conquête, et de citoyen à citoyen la liberté comprimée par l'inégalité de caste. Au moyen âge, dans une société où dominait la théocratie, le principe de l'autorité était la force et la possession modérées par le droit divin. De nos jours, parmi des hommes où les classes ne présentent plus de différence essentielle et où l'intelligence n'admet plus d'inégalité de race, ni de possession par la grâce de Dieu, il n'est qu'un principe possible de subordination et d'autorité; ce principe c'est l'égalité.

La force, l'esprit, le courage, la vertu présentent des inégalités naturelles; la fortune, le pouvoir présentent des inégalités civiles. Chacun frappé de ces inégalités les accepte comme le fait inévitable de la nature ou de la société, et cependant réclame encore l'égalité.

Qu'est-ce donc que l'égalité? Quelle idée gît sous ce mot pour passionner le monde?

L'égalité, objet de l'ardente affection des hommes, est dans le sentiment que le bien et le mal de tout homme sans distinction sont proportionnellement le bien et le mal de la société entière. Le bonheur de tout homme considéré individuellement est une simple unité de même valeur que le bonheur de tout autre homme.

Ainsi comprise, l'égalité est de nos jours la première condition de l'ordre parmi les hommes. Quel est le principe de la puissance publique? Ceux qui l'exercent nous diront-ils encore que c'est la grâce de Dieu? Nous leur répondrons : Tâchez de le prouver; nous diront-ils que c'est la force? Nous leur répondrons : La force n'a pas de lendemain. S'ils nous disent que c'est l'intérêt général, alors nous sommes d'accord. Mais pourquoi l'intérêt général impose-t-il aux hommes des lois, des devoirs? C'est évidemment parce que tous les hommes sont égaux, et qu'entre unités de même valeur le nombre emporte la préférence.

L'intérêt général, la souveraineté de la majorité ne sont la base des lois, de l'ordre public qu'en vertu de l'égalité, et dans un temps où il n'est plus possible de montrer à une foule crédule le doigt de Dieu sur le front du chef, il faut ou nier tout droit, toute justice et proclamer l'empire brutal de la force, ou bien proclamer et appliquer le principe de l'égalité.

L'égalité consacre toutes les différences conformes au bien général, elle condamne toutes celles qui lui sont contraires. Le crime est puni, et les services sont récompensés; le magistrat et les lois sont forts; la propriété est respectée; tout cela est de l'égalité dans la limite du bien général. Le soldat subit la faim, la fatigue et la mort aux ordres de son chef, sans cesser d'être son égal; parce que l'intérêt général veut qu'il obéisse, parce qu'il n'est pas subordonné à un intérêt privé, mais à l'intérêt de tous. L'inégalité ne commence que là où se rencontre une différence qui n'est pas justifiée par l'intérêt public.

A ce titre le plus humble citoyen doit être l'égal du chef suprême de l'état. Il peut avoir pour lui force, courage, intelligence, vertu, satisfaction du cœur, et l'autre n'être que rachitique, imbécile et vicieux. Sous le point de vue des avantages naturels la supériorité n'est pas douteuse, mais sous le point de vue du droit social il y a égalité. Le bonheur de l'un et celui de l'autre ne sont que deux unités de même valeur dans la somme du bien général. Le sort de l'un est entouré de puissance et d'honneurs. S'il en est ainsi à cause du bien public, il ne cesse pas d'y avoir égalité puisque c'est dans l'intérêt de tous et non dans le sien que la différence existe. Si ses prérogatives sont contraires au bien public, il n'y a plus qu'une usurpation, l'égalité a disparu du fait mais elle reste ineffaçable dans le droit. Et que de circonstances inséparables de la condition humaine viennent la rétablir jusque dans la réalité matérielle : les tourments, les passions, les angoisses et la mort, la mort, vengeresse de l'égalité outragée, qui confond toutes les misères et toutes les gloires de ce monde dans la même poussière, qui confond le riche et le pauvre, le fort et le faible, l'humble et le superbe, mais qui ne confond pas le brave et le lâche, l'égoïste et le généreux, le bon et le pervers, car la vertu emporte avec elle les conditions de sa félicité.

Les inégalités que présente la société ne prouvent rien contre l'égalité sociale, pas plus que les rapines et l'esclavage ne prouvent contre la propriété et la liberté. Il n'est pas de droit dont la jouissance ne soit troublée ; le progrès de la civilisation étend sans cesse l'application du droit d'égalité comme celle de tous les autres droits.

Pendant une longue suite de siècles, la propriété, la liberté individuelle furent des droits bien plus éloignés de l'application que l'égalité ne l'est aujourd'hui parmi nous. Dans l'antiquité, la multitude

naissait esclave, l'homme libre devenait esclave en
tombant entre les mains de l'ennemi; souvent tous
les habitants d'une ville éprouvaient le même sort,
lorsque succombait l'indépendance de la cité. Qu'était-
ce alors que le droit de propriété et de liberté individuelle?

Au temps de la féodalité, les fiefs ou domaines con-
cédés aux hommes libres n'étaient accordés, dans l'o-
rigine, que pour un temps limité. La multitude était
comme un cheptel garnissant le domaine pour son
exploitation. Les fiefs devinrent viagers, puis inamo-
vibles et héréditaires comme les biens allodiaux; mais
la foule resta sous le joug de la main-morte. Le cul-
tivateur attaché à la glèbe ne pouvait ni vendre, ni
donner, ni léguer son champ, qui devait, à sa mort,
revenir au seigneur. Si le serf se dérobait au joug, le
seigneur avait droit de suite et sur le serf et sur ce
qu'il avait pu acquérir loin de sa domination. Cette
dure servitude s'est prolongée, parmi nous, jusqu'à
la fin du XVIIIe siècle. L'édit du mois d'août 1779 abo-
lit la main-morte seulement dans les domaines privés
du roi. Ce n'est qu'au 4 août 1789 qu'elle fut abolie
dans toute la France, par l'assemblée nationale.

La propriété, la liberté individuelle sont des conquêtes récentes de notre civilisation, et encore bien
peu étendues, puisque le régime féodal gouverne plus
de la moitié de l'Europe et presque entièrement les

autres parties de l'ancien monde. Cependant, nous ne
regardons pas la propriété et la liberté individuelle
comme des chimères, nous les adoptons, avec raison,
comme articles de notre foi politique; pourquoi donc
les infractions à l'égalité seraient-elles plus con-
cluantes? L'égalité sociale est aussi un fruit de la civilisation non moins réel, quoique plus tardif.

L'état primitif nous offre une inégalité et un abus
de la force qui tendent sans cesse à s'effacer devant
les progrès humains. L'homme, à l'origine des sociétés comme dans sa première enfance, ne peut être
qu'opprimé ou oppresseur. C'est la notion du droit et
du devoir, développée par la civilisation, qui lui en-
seigne à ne vouloir être ni sujet, ni maître, et qui l'é-
lève jusqu'à l'égalité.

L'égalité n'est pas une chimère. Envers soi c'est le
sentiment de sa dignité, envers la force le sentiment
de son droit, envers tous et surtout envers les faibles, le sentiment de son devoir. Lorsque des hommes
généreux, brisant le joug, font entendre le mot *égalité*, voyez quel long frémissement leur répond du
sein de tous les peuples, ce que peut seul expliquer le
sentiment profond de la justice et de la vérité.

CHAPITRE IV.

DE LA PROPRIÉTÉ.

Pas de société sans travail. — Pas de travail libre sans la propriété. — Rousseau condamne la propriété parce qu'il la regarde comme le véritable fondement de la société.

La somme de bien-être que la propriété procure aux hommes dépend à un haut degré de sa répartition. La ration de dix répartie de telle sorte qu'un seul absorbe autant que les neuf autres, produit certainement moins de force, de santé et de contentement que s'il y avait égalité de partage. Cette considération devait frapper dans tous les temps, et plus d'une secte en a fait la base de ses projets de réforme. Mais toutes les tentatives d'application sont restées vaines et ont toujours apparu avec le caractère d'une impossibilité déraisonnable, parce que la répartition de la propriété, malgré toute son importance, est dominée par une considération d'un ordre qui lui est supérieur.

Si les biens appropriés aux besoins de l'homme tombaient comme la manne, il n'y aurait peut-être pas d'objection contre l'égalité de répartition. Mais ces biens ne se produisent qu'à force de génie, de soins et de fatigues. Il n'est pas de société sans travail, et il ne peut exister que deux sortes de travail : celui de l'esclave, déterminé par la crainte de la peine, et celui de l'homme libre, déterminé par l'attrait de la récompense qui naît de la propriété. Ainsi respect inviolable au droit de propriété sans lequel les hommes ne peuvent vivre que dans la servitude ou la barbarie.

Dans une société d'hommes libres, s'il était possible de porter une atteinte profonde, mortelle au droit de propriété ; du même coup on détruirait l'industrie, la richesse nationale, la liberté et l'égalité. Pourquoi créer, pourquoi conserver si l'on ne doit pas jouir du fruit de sa peine et de son économie, si après soi on ne peut transmettre à ses enfants, aux objets de son affection : comment même aurait-on la faculté de produire, si le capital, ce grand agent de la production, était soustrait à l'homme laborieux qui l'a créé pour être livré à l'oisiveté ou à la dissipation ? On verrait bientôt la richesse mobilière empressée de fuir, s'échapper par toutes les issues pour trouver une terre plus protectrice ; la richesse immobilière deviendrait stérile faute de capitaux pour féconder son exploitation. D'ailleurs, qui consentirait à immobiliser un capital en améliorations foncières, lorsque la forme mobilière serait la seule qui pourrait se dérober à la spoliation; alors nécessairement, ou la servitude reviendrait pour contraindre l'homme au travail, ou la société qui ne subsiste que par le travail se dissoudrait et l'homme retombant à l'état de barbarie subirait la plus cruelle des inégalités.

Telle est l'impossibilité de trouver hors de la propriété une base à la liberté et à l'égalité sociales, que tous les écrivains qui ont voulu systématiser des vues contraires à la propriété ont été contraints, soit de préconiser l'état sauvage, c'est-à-dire le triomphe de la force brutale, soit de revenir à la communauté monacale du moyen âge où l'homme n'était que l'instrument d'un maître qui commandait à ses croyances et à ses forces.

On ne peut abolir la propriété privée sans être conduit forcément à l'abolition des institutions qui constituent la société.

Sous le régime de la propriété privée, les familles les moins nombreuses, les plus actives, les plus économes et les plus favorisées du sort, deviennent plus riches que les familles placées dans d'autres conditions.

Pour éviter ce résultat, supposons la propriété privée abolie et la communauté de propriété établie. Dès lors la famille n'a plus à se livrer à un travail ni à des soins qui lui soient propres, son travail est acquis à la communauté. Mais cette communauté pour conduire ses travaux et gérer ses affaires a d'autant plus besoin de gérants et de chefs que l'intérêt privé serait supprimé, souvent même en contradiction avec l'intérêt de la communauté. Les chefs et les hommes les plus habiles ne donneraient-ils pas à leurs enfants une éducation supérieure qui tendrait à transmettre le pouvoir et la suprématie dans les mêmes familles.

Pour échapper à ce danger les rapports des pères aux enfants sont abolis. L'éducation commune est rendue obligatoire; d'ailleurs l'éducation des enfants est une charge qui doit être partagée comme tout le reste. La propriété abolie, l'éducation privée est une injustice et une menace contre l'égalité.

Mais le mariage n'a pas seulement pour objet de vivre avec une personne préférée, car le mariage d'après nos lois subsiste toujours, lors même que la préférence a cessé d'exister. Le mariage a pour objet encore de se livrer à des travaux communs, à l'éducation des enfants. Si le mari et la femme ne sont plus liés par les soins d'une industrie, d'une fortune communes, ni par l'éducation de leurs enfants; s'ils n'ont d'autre motif d'être ensemble que la satisfaction d'une affection; cette affection est désormais leur seule loi, et il serait absurde de leur imposer une contrainte dépourvue de tout motif.

Ainsi, abolition de la propriété privée, et plus de

travail, plus de mariage, plus de famille, anéantissement des conditions matérielles et morales de la société.

« Le premier, dit Rousseau, qui ayant enclos un jardin s'avisa de dire : ceci est à moi, et trouva des gens assez simples pour le croire, fut le vrai fondateur de *la société civile*. Que de crimes, de guerres, de meurtres, que de misères et d'horreurs n'eût point épargnés au genre humain celui qui arrachant les pieux ou comblant le fossé, eût crié à ses semblables : Gardez-vous d'écouter cet imposteur; vous êtes perdus, si vous oubliez que les fruits sont à. tous et que la terre n'est à personne! »

Rousseau reconnaît que la propriété est le fondement de la société; à ce titre il la condamne, parce que pour lui la civilisation est une dégénération funeste de l'humanité, et la cause de l'inégalité, de la misère qui affligent les hommes. Nous devons un tribut de reconnaissance et de vénération au philosophe dont les pages respirent tant de sympathie pour le peuple, tant d'âpre indignation contre les abus de l'état social. L'erreur de Rousseau sur l'influence de la civilisation fut d'ailleurs entre ses mains une arme consacrée au triomphe de la vérité. Aux superstitions, à l'oppression du siècle, à tous les prestiges d'une société vouée à la vanité et aux plaisirs son génie opposait l'autorité d'une époque imaginaire où la liberté, l'égalité apparaissaient comme l'état naturel et l'apanage imprescriptible de l'homme. C'est ainsi qu'il allumait dans le cœur de la génération qui grandissait à ses mâles leçons la ferveur et la foi nécessaires à l'accomplissement d'une bienfaisante révolution.

Mais aujourd'hui les triomphes mêmes dus à cette philosophie qui confondait dans ses attaques la civilisation et ses abus, ne nous permettent plus de mettre en doute les bienfaits et l'avenir de la civilisation. A nos yeux, comme à ceux de Rousseau, la propriété est le fondement de la société civile, et c'est pour cela qu'adorateurs de cette société dont il fut le détracteur pour mieux la servir, nous devons voir dans la propriété la source de la liberté et de l'égalité parmi les hommes.

Respect inviolable au droit de propriété sans lequel il n'est point de société ni de droit. Mais le droit de propriété existe pour tous; celui qui possède a le droit de conserver; celui qui ne possède pas a le droit d'acquérir, et tout doit tendre à la division de la propriété dans les limites de son inviolabilité.

Ainsi le veut le bien général, base de tous les droits; ainsi le veut l'égalité, principe de tout l'ordre social.

L'inviolabilité avant tout, puis la division sont les deux principes qui gouvernent le droit de propriété.

CHAPITRE V.

DIVISION DE LA PROPRIÉTÉ.

Avantages de la petite propriété. — Opinion de M. Mathieu de Dombasle. — Grande propriété en Angleterre. — Influence de la division de la propriété sur le bien-être, la richesse, la moralité et la puissance de la société.

La division de la propriété n'est pas son morcellement. Dans un canton où la terre est fractionnée en beaucoup de pièces possédées par un grand nombre de propriétaires, la propriété est morcelée et non divisée ; au contraire elle est divisée dans les cantons où il existe beaucoup de propriétaires dont la propriété est réunie en quelques pièces ou en une seule.

Le morcellement est la multiplicité des parcelles, la division, la multiplicité des propriétaires. Le morcellement ne présente ni avantages ni inconvénients civils, il n'est qu'un inconvénient industriel : il rend la culture des terres plus dispendieuse, quelquefois même impossible pour certaines productions.

La division de la propriété produit des avantages industriels et politiques de la plus haute importance.

L'entière liberté des aliénations foncières, l'égalité dans les successions, la modération des droits fiscaux, le partage des biens indivis, de sages encouragements à l'industrie et à l'épargne, enfin tous les moyens légitimes qui peuvent mettre un citoyen à même d'acquérir pour son avantage et celui du propriétaire qui consent à lui vendre, opèrent cette division de la propriété, qu'il faut considérer comme une condition et une conséquence indispensables des progrès de la société.

Les adversaires de la division de la propriété sont avec eux-mêmes en singulière contradiction ; ils n'admettent d'intelligence, de mérite, d'amour de l'ordre que chez ceux qui possèdent une propriété foncière d'une grande valeur, à tel point qu'ils regardent comme frappé justement d'interdiction politique quiconque ne possède pas de biens-fonds. Ces mêmes hommes se proclamant amis de leurs semblables, amis de l'ordre surtout, on devrait croire qu'ils n'ont rien de plus à cœur que de favoriser la division de la propriété, c'est-à-dire de propager ce qui est la condition, suivant eux, de la moralité, du dévouement à la chose publique. Loin de là, ceux qui professent qu'en dehors de la propriété il n'existe aucune garantie de capacité ni de vertu sont précisément les hommes les plus opposés à la division de la propriété.

Admirable logique ! « Les hommes ne peuvent être amis de l'ordre et du bien public que s'ils sont propriétaires, empêchons donc qu'ils ne le deviennent, de peur que l'ordre et le bien public n'aient à souffrir. » Une telle inconséquence ne tombe pas dans l'esprit d'hommes qui jouissent de leurs facultés. Ou vous croyez et avec raison que sans la propriété, sans l'indépendance et le bien-être qu'elle procure, l'homme est moins capable d'opinions éclairées, d'efforts prolongés en matière d'intérêts généraux, et alors vous devez tout faire, au nom de l'ordre et de l'humanité, pour amener l'homme à devenir propriétaire ; ou bien vous partagez l'opinion de ceux qui pensent que le prolétaire possède assez de lumière pour être investi de tous les droits sociaux, et alors vous devez les lui accorder. Entre ces deux conséquences que vous repoussez, il faut opter pour être logique, sinon le masque dont vous vous couvrez tombe, et nous laisse voir clairement que l'ordre public que vous soutenez n'est pas l'ordre favorable à tous, mais une position favorable à vos intérêts, à vos préjugés de vanité, à vos prétentions aristocratiques.

La division de la propriété contribue au bonheur de la société en favorisant tout à la fois et le développement et l'action bienfaisante de la richesse publique.

La propriété est le stimulant le plus actif de l'in-

dustrie humaine. Epuisez toutes les combinaisons
possibles pour proportionner le salaire de l'ouvrier
à la quantité et à la bonne confection de son ouvrage ;
ne vous relâchez pas d'une surveillance minutieuse
plus fatigante pour celui qui l'exerce que pour celui
qui en est l'objet ; et vous resterez toujours beaucoup
au dessous de cette combinaison si simple : La propriété par laquelle le gain de l'ouvrier, ou du moins les
chances de gain, se proportionnent rigoureusement
avec sa peine, son intelligence et ses soins.

Pour le grand propriétaire, toute main - d'œuvre
est une dépense réelle ; pour le petit propriétaire
la main-d'œuvre n'est la plupart du temps qu'une
occasion d'occuper les bras de sa femme, de ses enfants, quelquefois même les siens, dont il n'a pas
l'emploi. Pour lui il n'est point de forces ni de
moments perdus ; l'heure ou le jour du repos arrivé,
si la circonstance l'exige, il fait, dispos et de bon
cœur, un travail au dessus de ses forces, si ses forces
n'étaient soutenues par la pensée d'une récolte qui
sera sienne.

Ce que le grand propriétaire n'entreprend pas,
parce que le produit ne rendrait pas le salaire, le petit propriétaire le fait avec bénéfice. Une foule de
choses perdues et même nuisibles pour un autre lui
tournent à profit.

Les bras de la population sont sous le point de vue

industriel une portion majeure du capital national;
par la division de la propriété, tout ce capital reçoit
de l'emploi, et un emploi plus énergique, plus intelligent que ne pourrait l'obtenir le surveillant le plus
actif. Ne nous étonnons donc pas des résultats que
présente la division de la propriété. Partout où elle a
poussé racines, mise en concurrence avec la grande
propriété, elle achète le sol à un prix que celle-ci ne
peut atteindre, et après avoir acquis, elle trouve
moyen de réparer, de bâtir, d'améliorer et d'acquérir
de nouveau. Il faut bien que le petit propriétaire tire
du sol plus que le grand propriétaire, puisqu'il peut
l'acheter plus cher et s'y maintenir.

L'heureuse influence de la division de la propriété
se manifeste aux moins clairvoyants. Parcourez une
campagne où il existait autrefois quelque grand domaine actuellement divisé, et faites-vous faire l'historique des champs que vous apercevez au loin. Ces
collines couvertes de bois ou de vignes étaient des
friches ou des bruyères; les terres dans le vallon, les
plus riches du pays, étaient un parc d'où le gibier
sortait pour ravager la plaine; la grange du domaine,
toutes les récoltes rentrées, n'était pas remplie. Vingt
granges se sont élevées, et la moitié des récoltes reste
encore en meules se groupant autour des habitations ou éparses dans les champs. Le château n'est
plus; mais les masures de chaume, sans air ni lu-

mière, ont disparu avec lui, remplacées par des maisons neuves, couvertes de tuiles, élevées, éclairées, accompagnées de granges et d'étables mieux bâties et plus saines que ne l'était autrefois la demeure des hommes.

La supériorité de production obtenue par la petite propriété nous paraît un fait hors de doute. Cependant, nous ne saurions nous empêcher de rendre cette vérité plus manifeste par un témoignage auquel se rattache une grande autorité, c'est celui d'un homme dont l'esprit, parmi ses rares mérites, possède au plus haut degré la faculté d'une rigoureuse observation.

« Il est bien certain, dit M. de Dombasle, que dans les dix-neuf vingtièmes de la France les terres cultivées avec le plus de soin et de perfection sont celles qui appartiennent à de petits propriétaires qui les exploitent eux-mêmes.

« Si nous portons nos regards vers les cantons du royaume où l'art de l'agriculture est le plus avancé et où les terres sont portées au produit le plus élevé, par exemple, sur la Flandre, l'Alsace; si, franchissant la frontière française, nous examinons, sur le continent, les pays voisins qui peuvent le mieux fournir des exemples d'une agriculture riche et prospère, comme les parties les mieux cultivées de la Belgique, le Palatinat du Rhin, la Suisse, nous trouverons que ce sont constamment des pays de petite ou de moyenne culture.

« On trouvera bien, dans un certain rayon de la capitale, des cantons de grande culture où les procédés agricoles sont beaucoup meilleurs que ceux qu'on rencontre dans la plus grande partie du royaume, et où les fermiers, riches et éclairés, tirent de leur exploitation des bénéfices beaucoup supérieurs à ceux même que peuvent obtenir les fermiers de la Flandre ou des autres cantons les mieux cultivés. Il se rencontre encore, sur divers points du royaume et même dans les parties où l'agriculture est le moins avancée, quelques grandes exploitations isolées, dirigées par des propriétaires ou des fermiers distingués par leur intelligence et leurs moyens pécuniaires, et qui produisent aussi des bénéfices importants; mais ces exemples de prospérité dans la grande culture ne forment que des exceptions dans la généralité de l'agriculture française. Et d'ailleurs, lorsqu'on compare les produits bruts ou les bénéfices de plusieurs exploitations, pour juger du mérite respectif du genre de culture auquel elles sont soumises, il faut toujours prendre en considération leur étendue relative : une ferme de la Beauce, composée de trois à quatre cents hectares, produit souvent à celui qui la cultive un bénéfice fort élevé; mais cette étendue de terre formerait dix fermes semblables à celles d'une grande partie de la Flandre, de l'Alsace, et si ces dix fermes étaient cultivées à la manière flamande, la somme des bénéfices ou des produits bruts qu'en tireraient les dix fermiers serait au moins trois fois plus considérable que celle qu'en obtient aujourd'hui le fermier unique qui l'exploite; la valeur vénale des terres, et la rente ou le revenu du propriétaire, seraient cinq ou six fois plus élevés : de sorte que, sous le rapport de la richesse générale, c'est toujours à des cantons de petite ou de moyenne culture que l'avantage reste d'une manière très prononcée dans l'agriculture française.

« Dans une partie considérable du royaume et principalement dans les provinces centrales, le territoire est fréquemment divisé en fermes, petites ou moyennes, exploitées par des fermiers ou plus souvent par des métayers; là culture y est en général pitoyable, tandis que dans les mêmes cantons les terrains qui appartiennent aux petits propriétaires qui les cultivent eux-mêmes, sont beaucoup mieux soignés et plus productifs. » (*Annales Agricoles de Roville de* 1825, édition de 1828. Pages 209, 210 et suivantes.)

« La petite culture est sans aucun doute la plus favorable à une très grande multiplication de l'espèce humaine; elle favorise extrêmement la culture des récoltes-racines et des plantes potagères, qui fournissent, sur une étendue de terre donnée, une si grande masse de substances alimentaires. » (*Annales Agricoles de Roville de* 1825, édition de 1828. Page 223.)

« Il serait facile de démontrer que sous l'influence du système de petite culture, poussé à un point extrême, le territoire français pourrait nourrir dix fois autant d'habitants qu'on y en compte maintenant. » (*Annales Agricoles de Roville* de 1825, édition de 1828. Page 224.)

M. Mathieu de Dombasle mérite d'autant plus de confiance lorsqu'il signale la puissance productrice de la petite propriété, qu'il n'en est pas partisan. Dans l'écrit même que nous venons de citer, M. de Dombasle, par des motifs dont l'examen est tout à fait étranger à la question qui nous occupe, n'a d'autre but que de rechercher les moyens de mettre la grande propriété à même de soutenir la lutte contre la supériorité incontestable de la petite propriété.

On cite souvent comme un argument contraire à la division de la propriété la prospérité agricole de l'Angleterre, où le sol, possédé par un petit nombre de propriétaires, tend toujours à se concentrer davantage. A l'opposé de ce qui se passe en France, on voit en Angleterre la petite propriété ne pouvoir soutenir la concurrence contre la grande propriété qui s'agrandit en absorbant par ses acquisitions le patrimoine des petits propriétaires.

La supériorité de l'agriculture anglaise est incontestable, et doit être pour nous l'objet de notre continuelle émulation ; mais elle n'est pas l'effet de l'agglomération de la propriété entre quelques mains. Si la prospérité de l'agriculture anglaise était due au peu de division de son sol, si l'agriculture anglaise était plus prospère que celle de la France parce qu'elle est moins divisée, nous verrions en France la prospérité agricole se proportionner à l'étendue des propriétés ; mais nous ne voyons rien de semblable, il est au contraire évident que les produits de notre culture suivent une proportion tout à fait inverse; nous sommes donc obligés de chercher une autre explication de la prospérité de l'agriculture anglaise, et cette explication nous la trouvons dans l'industrie et la richesse de l'Angleterre, qui lui ont permis d'appliquer de grands capitaux et un travail intelligent à l'amélioration de son sol.

Quant à la concurrence que la petite propriété ne peut soutenir en Angleterre contre la grande propriété, l'explication est facile : la concurrence n'est pas libre. Les terres tendent à se ranger entre les mains de ceux qui en tirent le profit le plus élevé, parce que ce sont eux qui peuvent y mettre le plus haut prix d'achat ou de loyer. Cela est vrai, pourvu que la législation n'intervienne pas pour arrêter et détourner le cours naturel des choses; or, la loi anglaise intervient en faveur d'une classe privilégiée avec une partialité tout aristocratique.

La plupart des grandes propriétés anglaises sont sous l'empire de substitutions, de majorats, de droits d'aînesse qui ne permettent pas de les vendre. Le grand propriétaire pouvant acquérir les champs des petits propriétaires, et ceux-ci ne pouvant acheter la grande propriété, le résultat de la lutte ne saurait être douteux ; en France la petite propriété n'a acquis tant de supériorité sur la grande que depuis qu'il lui a été permis par la loi d'acquérir le sol.

L'inaliénabilité n'est pas le seul privilége dont jouisse la grande propriété en Angleterre ; le petit propriétaire est placé entre les avanies que lui fait subir le grand propriétaire investi encore de prérogatives féodales, et l'envie que ne manquent pas de lui porter les tenanciers dont il est entouré. Si son décès, ou tout autre circonstance, amène la vente de son bien, qui se présentera pour l'acheter? L'habitant de la ville sera peu empressé d'échanger sa liberté contre un état d'humiliation ; les tenanciers craindront de mécontenter le maître qui peut les expulser de leur habitation et de leur champ ; les petits propriétaires sont peu nombreux, et ne trouvent pas assez d'avantages dans leur possession pour avoir la faculté ni la volonté de s'agrandir ; reste le grand propriétaire, qu'un intérêt d'argent, un intérêt de convenance et de pou-

voir poussent à ne pas laisser échapper l'occasion
d'arrondir son domaine, et d'écarter un petit propriétaire qui peut souvent donner aux tenanciers le
mauvais exemple de l'indépendance.

Les droits excessifs dont les céréales sont grevées à
leur entrée dans les ports anglais, sont un eimmense
faveur concédée presque exclusivement à la grande
propriété, et qui, par le fait, ne s'étend pas à la petite
propriété. L'augmentation de prix qui résulte des
droits sur les céréales, ne profite au propriétaire qu'en
raison de l'excédant qui lui reste après avoir prélevé
sa consommation. Que le boisseau de blé vaille trois
ou six francs, cela n'entraîne ni perte ni gain pour
celui qui consomme sa récolte; or, c'est ce qui arrive
au petit propriétaire qui consomme ordinairement
une grande partie de sa récolte, tandis que le grand
propriétaire conserve un excédant considérable.

Il faut bien croire qu'en Angleterre comme en
France, la petite propriété, sous un régime de liberté,
gagnerait du terrain sur la grande propriété, car l'a-
ristocratie anglaise regarde comme le dernier et le
plus fort boulevard de sa puissance la conservation
des lois de privilége sur les substitutions et les droits
d'aînesse. L'aristocratie anglaise reconnaît donc que
les choses laissées à leur cours naturel amèneraient
le progrès de la petite propriété, elle prononce par cela
même l'infériorité de son système, puisqu'elle juge

que sous le régime de la liberté il serait incapable de soutenir la concurrence contre la petite propriété.

La taxe des pauvres, ce pendant indispensable de la grande propriété anglaise, témoigne assez que dans la propriété, la question de production n'est pas la seule qui doive être prise en considération, et que la question de répartition est d'une immense importance.

La division qui fait produire plus de richesse à la propriété, fait aussi produire plus de jouissances à la richesse. La portion de bien qui répond au nécessaire, engendre plus de bonheur que celle qui répond au superflu. Cent mille francs de revenus possédés par un seul et qui alimentent son opulence sont moins utiles à la société que cinquante mille francs qui nourrissent, vêtissent, élèvent cinquante familles. Or, la question doit être posée en des termes plus favorables. Deux cent, trois cent mille francs de revenu appliqués aux besoins d'une population sont-ils plus utiles que cent mille francs appliqués aux besoins et au luxe d'un seul? Tels sont les termes auxquels peut se ramener la question des avantages de la division de la propriété, et encore l'idée de ces avantages demeure-t-elle bien incomplète si l'on s'arrête aux considérations que nous venons de présenter, sans tenir compte d'autres résultats dont l'importance n'est pas assez généralement reconnue.

La richesse qui répond au superflu ne produit que

des jouissances plus ou moins réelles, plus ou moins factices. La richesse qui répond aux besoins produit non seulement des jouissances et plus vraies et plus vives, mais elle devient une source nouvelle de production. Ainsi, le petit propriétaire qui se loge et se nourrit mieux, qui achète outils, bestiaux, en satisfaisant aux besoins de sa vie et à celui de sa famillle, conserve, augmente ses forces et devient plus capable de travailler à son bénéfice et à celui de tous. L'argent, les objets qu'il a dépensés ne sont pas anéantis comme portion du capital public; ils se sont transformés, dans sa personne et son mobilier, en moyens de travail et de production, en force sociale. Que reste-t-il au contraire des objets qui ont satisfait la fantaisie du grand propriétaire? Quel parti peut-on tirer de ses chiens, de sa calèche, de son jardin anglais, et d'une foule d'autres superfluités qu'il a bien le droit de se donner, mais dont le prix ne représente pas moins un travail qui n'aboutit qu'à un objet stérile et à une perte partielle du capital productif de la société.

Pour apprécier toute l'influence de la division de la propriété sur la production générale du pays, comparez entre elles deux localités placées d'ailleurs sous l'influence des mêmes circonstances, et voyez combien l'esprit de moralité, de travail et d'économie est plus prononcé lorsque la propriété est divisée.

Dans la plupart des contrées où la propriété n'est pas divisée, les rapports entre les travailleurs et celui qui les emploie offrent un état d'iniquité presque permanent, variant en ce qu'il pèse tantôt sur le chef, tantôt sur les ouvriers, mais constant par ses fâcheux effets sur les uns et sur les autres, ainsi que sur l'industrie générale.

Les subsistances sont-elles chères, l'ouvrier souffre, il manque du plus strict nécessaire; son salaire, au lieu d'augmenter pour se niveler avec le prix des subsistances, est mis au rabais. Les affaires deviennent-elles difficiles, alors chacun, pour une cause bien ou mal fondée, s'abstient de se livrer à aucune entreprise et serre son capital; les ouvriers ne trouvent plus d'ouvrage, et faute d'un champ sur lequel ils auraient prodigué une main-d'œuvre dont ils ne savent que faire, ils restent oisifs à leur détriment et à celui de la richesse publique.

Les circonstances sont-elles plus heureuses, les inconvénients ne font que se déplacer. Les subsistances étant à bas prix, les ouvriers qui ne travaillent que pour se nourrir travailleront d'autant moins qu'ils pourront vivre à meilleur marché. Si trois jours de travail suffisent à la subsistance d'une semaine, pourquoi travailleraient-ils davantage? Que feraient-ils de leur argent? Étouffés par la grande propriété, ils ne peuvent acquérir, ni par conséquent sortir de leur position. Ils pourraient augmenter leur bien-être; mais auraient-ils raison de s'accoutumer à des jouissances dont la privation, lors des temps contraires , rendrait leur position insupportable? Sans doute, ils feraient sagement de gagner et de conserver pour se ménager des ressources; mais pour la plupart la satisfaction d'un besoin éloigné ne peut lutter contre le désir d'une satisfaction présente. Ils manquent en cela de prévoyance; mais sans ce défaut même de prévoyance comment pourraient-ils souvent supporter leur dure condition?

Cependant le fermier dont les produits se vendent mal trouve difficilement les bras qui lui sont indispensables. La main-d'œuvre, au lieu de baisser de prix pour se niveler avec le peu de valeur de ses produits, devient plus rare et plus chère, et l'ouvrage qui lui coûte davantage est fait avec plus de paresse et de négligence. Les mêmes inconvénients s'étendent à tous les chefs d'industrie qui emploient les bras. La vilité du prix des subsistances amène pour eux rareté de bras, hausse du salaire, négligence dans l'ouvrage.

Ce tableau n'est que trop réel; heureusement il change dans les localités où la division de la propriété a pu prendre quelque développement. L'ouvrier n'y travaille pas seulement pour vivre, mais pour se faire un patrimoine, pour l'agrandir et laisser à chacun de ses enfants autant qu'il a reçu lui-même de son père. L'oisiveté, l'amour de la dissipation, contre lesquels sa prévoyance était impuissante, cèdent à leur tour devant l'attrait de la propriété et de l'indépendance, bienfaits que l'on recueille pour transmettre à sa postérité.

Les résultats de l'esprit de travail et d'économie né de la division de la propriété ne s'arrêtent pas aux petits propriétaires; toutes les industries en ressentent l'heureuse influence; la petite propriété leur fournit une main-d'œuvre plus assurée, plus intelligente, et dont les produits reviennent à meilleur marché. Un avantage immense de la petite propriété c'est de fournir à toutes les industries un débouché bien plus large que celui qui est offert par une population privée de propriétés.

Dans les moments de cherté, le petit propriétaire voit le prix de sa subsistance absorber son salaire et son revenu annuels; mais lorsque les temps sont plus favorables, comme il continue à travailler avec la même constance, il arrive à un excédant de recette sur ses dépenses indispensables, excédant qu'il consacre naturellement à d'autres besoins : il se fournit de vêtements, d'outils, de bestiaux; il répare, il bâtit ou achète. L'industrie et le commerce s'enrichissent donc aussi de son travail. Le fermier même trouve une indemnité au bas prix de ses céréales par le débouché qu'offre alors à ses autres denrées la prospérité de la population agricole et manufacturière.

Rien de semblable n'est à espérer quand une population ne travaille que contrainte par la famine. La rareté des subsistances la fait souffrir et périr ; avec l'abondance elle redevient oisive, et la moitié de son temps et de ses forces est perdue pour elle comme pour la société.

La division de la propriété ne recèle pas seulement un intérêt de bien-être et de richesse, elle recèle, comme nous l'avons vu, un intérêt de moralité privée, ainsi qu'un grand intérêt de progrès social et de puissance nationale. Les succès dans les arts, l'industrie et les sciences s'achètent aux dépens des plaisirs, de la santé, de la vie même, par de pénibles travaux, et des études passionnées qui se rencontrent rarement aux deux extrémités de l'échelle sociale. Le pouvoir manque à l'homme pauvre et l'énergie à l'homme opulent. Agrandir le nombre des hommes qui jouissent de quelque aisance et de quelque instruction c'est donc appeler un plus grand nombre d'intelligences à l'œuvre de la civilisation. Aussi la tendance de la propriété à se diviser est-elle un symptôme constant de la grandeur des nations, comme la tendance contraire est le symptôme infaillible de leur décadence.

CHAPITRE VI.

MOYENS DE FAVORISER LA DIVISION DE LA PROPRIÉTÉ.

Liberté de transmission. — Partage facultatif des biens communaux. — Application non moins productive mais plus intelligente des droits fiscaux. — Colonies agricoles, ouvriers, manufacturiers, propriétaires, meilleure association communale. — Encouragements directs à la division de la propriété.

Pour ceux qui voient la moralité des institutions dans leur rapport avec le bonheur général, la division de la propriété doit paraître au dessus de toute objection sérieuse; c'est uniquement sur la question des moyens propres à y conduire que doit se concentrer l'intérêt de la discussion. En effet, la division de la propriété, excellente en elle-même, aurait des conséquences toutes différentes selon les moyens employés pour la favoriser.

La division de la propriété ne saurait être le résultat d'actes destructifs du droit de propriété. Si le propriétaire actuel était dépouillé, son successeur ne pourrait devenir propriétaire, le droit de propriété n'existerait plus pour personne, car rien ne le garantirait contre une seconde spoliation, et bientôt, avec le droit, disparaîtraient les objets mêmes susceptibles de propriété.

La petite propriété étant plus productive que la grande, et la propriété se rendant naturellement entre les mains de ceux qui en tirent le plus parce qu'ils la paient le plus haut prix, tout ce qui nuit à la libre transmission des biens s'oppose aussi à la division de la propriété. Les moyens de favoriser cette division qui se présentent les premiers à l'esprit sont donc ceux qui consistent à écarter les obstacles opposés à la libre transmission des biens. Ces moyens ne peuvent faire naître ni alarme chez les particuliers, ni appréhension de léser dans aucune de ses parties l'économie sociale, puisqu'ils se réduisent à un retour vers le droit commun pour laisser les choses suivre leur cours naturel.

Les obstacles que présente la législation française à la libre transmission des biens sont beaucoup plus nombreux qu'on ne le pense généralement. Une masse considérable de biens est inaliénable en vertu de la loi. Les biens de l'État, de la couronne, des communes, des hospices, les biens frappés de substitution ou constitués en majorats, sont mis complétement hors de la circulation; les biens des mineurs, ceux grevés de priviléges ou d'hypothèques peuvent être vendus, mais avec des formalités si compliquées, si coûteuses, que leur transmission est fort difficile.

Les biens de l'État et ceux de la couronne qui ne sont pas susceptibles d'une propriété privée sont inaliénables par une nécessité de fait. Les biens des hospices sont inaliénables par une nécessité de droit; la propriété de ces biens est le résultat de dispositions dont les auteurs, mus par un sentiment de charité, instituent pour héritiers leurs semblables souffrants. Il est probable que le fisc ne leur inspirerait pas le même intérêt. Ce serait donc violer et éteindre la plus sainte des volontés que de ne pas respecter religieusement son exécution.

Mais beaucoup des biens de l'État et de la couronne susceptibles d'une propriété privée seraient aliénés avec avantage sous tous les rapports. L'intérêt du prix, l'impôt, les droits de mutation qu'en retirerait l'État, excèderaient de beaucoup le revenu net qu'il peut en tirer. Rien ne justifie donc l'obstacle imposé au sujet de ces biens à la libre transmission et à la division de la propriété[1].

Les substitutions et les majorats n'ont pas seulement l'inconvénient d'augmenter la masse des biens inaliénables, ils portent une atteinte morale au principe que la loi devrait mettre le plus en honneur après celui de l'inviolabilité de la propriété.

---

[1] La loi du 12 mars 1835 conserve encore à trois générations le bénéfice des majorats antérieurement institués, et n'a pas abrogé la loi du 17 mai 1826 sur les substitutions.

Quant aux biens communaux susceptibles de propriété privée, si l'on revenait aux lois de nos assemblées nationales qui permettaient aux habitants d'en réclamer le partage, la division de la propriété recevrait un important développement.

Une grande étendue de territoire appartenant aux communes reste inculte et sans produits au préjudice évident de ses propriétaires et du public. Depuis le rappel des lois libérales de la révolution sur le partage des biens communaux, la législation et l'administration se sont occupées, quelquefois avec fermeté, le plus souvent avec mollesse, de la mise en valeur d'une portion aussi importante du capital national. Presque toujours leurs efforts sont restés infructueux.

La routine, l'entêtement des populations agricoles sont hautement accusés, quand il faudrait surtout accuser l'erreur de la loi et de l'administration. La propriété commune reste inculte à côté de propriétés privées parfaitement cultivées. Cette différence indique la cause du mal et son remède ; que la propriété commune légalement partagée devienne propriété privée elle se couvrira aussi d'abondantes récoltes. Mais le moyen est trop simple, peut-être trop populaire ; l'administration le repousse avec une sorte d'horreur. Elle veut obtenir la mise en valeur des propriétés communales en les louant pour en appliquer le revenu aux dépenses de la commune. Ce mode présente deux iniquités bien suffisantes pour soulever toutes les oppositions qu'il rencontre et dont il triomphe bien rarement.

Pour le petit propriétaire et pour celui qui n'a aucune propriété, c'est comme moyen de travail qu'un champ possède une grande valeur; car on vit de son travail sur une propriété dont le revenu ne serait d'aucun soulagement; louer la terre d'hommes qui n'ont pas le moyen d'être rentiers, mais qui ont besoin de travailler, constitue donc une spoliation. On va plus loin. Le revenu d'une propriété à laquelle les habitants ont droit par tête, on l'applique à des dépenses auxquelles ils ne sont obligés d'après la loi et l'équité qu'en proportion de leur fortune.

Ainsi, soit une propriété de deux cents arpents appartenant à une commune composée de deux cents chefs de famille; dans cette commune cinq propriétaires riches paient la moitié de l'impôt et supportent par conséquent la moitié des dépenses communales, telles que frais d'école, de culte, de garde champêtre, d'entretien des bâtiments communaux, etc., etc..... Maintenant supposons ces deux cents arpents loués et leur revenu appliqué aux dépenses de la commune. Les cinq propriétaires en question profitent réellement pour leur part de cent arpents au lieu de cinq arpents auxquels ils ont droit; les autres habitants profitent de l'autre moitié toujours en raison de leur fortune; de sorte que ceux qui n'ont rien ou presque rien ne tirent aucun profit de la propriété commune, puisqu'ils ne paient pas d'impôts et que le revenu communal est appliqué à un dégrèvement de contributions. Ainsi, d'après ce mode de procéder, le riche a vingt, trente ou quarante parts de la propriété commune à tous, et le pauvre n'a rien, absolument rien. Il ne faut pas s'étonner si les communes s'opposent à la location de leur terrain comme à une spoliation. Elles préfèrent le voir inculte à le voir en quelque sorte confisqué.

C'est au nom du droit de propriété que législateurs et administrateurs empêchent des propriétaires indigents de se partager et de cultiver leur propriété. Ils s'écrient : ne violez pas le droit de propriété, ne dépouillez pas la commune au profit de ses habitants. Est-ce donc dépouiller une société que de permettre aux associés de partager le fonds social pour leur plus grand avantage? N'est-ce pas, au contraire, commettre une odieuse spoliation envers les particuliers et envers le public que de forcer des hommes à rester sans travail et sans pain près d'une terre inculte qui leur appartient?

La commune réside dans sa population actuelle et dans sa population future. La population actuelle évidemment n'est pas lésée en partageant par tête ce qui est sa propriété. Quant à la population future, elle retrouvera sa propriété par voie de succession dans le patrimoine de ses auteurs. Certes les habitants actuels se féliciteraient beaucoup que ce partage eût été fait entre leurs pères, ils auraient maintenant une propriété utile au lieu d'une propriété nominale. La population future, il est vrai, pourra compter des habitants nouvellement établis ; vis-à-vis d'eux encore le partage ne saurait causer de préjudice. Ils ne perdront rien à ne pas retrouver une propriété communale inculte et sans produits ; et les services publics auxquels s'applique le revenu des biens communaux, dans le cas exceptionnel où ils sont loués, ils les trouveront accomplis au moyen de contributions auxquelles ils ne prendront point de part s'ils n'ont rien et dont ils ne sauraient se plaindre s'ils ont quelque bien, parce que ces services publics sont une charge nécessaire de la propriété. D'ailleurs la population future comme la population actuelle aura le plus grand intérêt à trouver des moyens faciles de travail et d'acquérir qui lui seront bien plus sûrement fournis par une propriété cultivée, divisée et transmissible que par des landes stériles et inaliénables.

Les biens de l'État dispersés par masses inégales sur le territoire ne sauraient être partagés entre tous les citoyens. Leur partage équivaudrait à une confiscation au profit des cantons où ils sont situés et au détriment des autres cantons du pays. Le seul moyen

praticable pour que ces biens profitent à tous, c'est
que leur usage ou leur valeur soit appliqué au service
de tous, c'est-à dire au service public. Quant aux
biens communaux, rien ne s'oppose au partage par
tête qui présente le plus sûr moyen pour que chacun
en retire le plus grand avantage en proportion de son
droit.

Bentham, de tous les publicistes celui qui porte le
plus loin le respect des droits acquis, puisque à ses
yeux non seulement la possession, mais l'attente ou la
simple espérance constitue un droit, s'exprime ainsi
sur le partage des propriétés communales :

« En Angleterre, une des améliorations les plus
grandes et les mieux constatées c'est la division des
communes. Quand on passe auprès des terres qui
viennent de subir cet heureux changement on est en-
chanté comme à l'aspect d'une colonie nouvelle. Des
moissons, des troupeaux, des habitations riantes ont
succédé à la tristesse et à la stérilité du désert. Heureuses conquêtes d'une paisible industrie! noble
agrandissement qui n'inspire point d'alarmes et ne
provoque point d'ennemis! » (Bentham, *Traités de
législation*, tome Ier, pag. 306. — Édition de 1820.)

En France comme en Angleterre le résultat de l'expérience est le même. Les communes françaises qui
surent profiter d'une législation libérale malheureu-
sement abolie ont vu des landes et des marécages se

transformer en champs fertiles, et des habitants misérables en petits propriétaires laborieux, aisés, intelligents, tandis que des communes voisines restées dans l'indivision sont restées en même temps frappées de stérilité et de misère.

Est-il préférable pour la commune et pour l'État que les biens communaux restent indivis et en friche plutôt que d'être partagés, par suite cultivés et imposables comme toutes les autres propriétés privées? Tels sont les termes auxquels se réduit la question de savoir si la loi doit, selon le droit commun, rendre facultatif le partage par tête des biens communaux. Dans l'intérêt de la richesse publique et d'une légitime répartition cette question ne comporte pas de doute. Il faut porter bien loin la haine contre la division de la propriété et respecter bien peu au fond le droit de propriété. pour préférer la stérilité de la terre à sa division entre les légitimes propriétaires.

Un autre obstacle à la division de la propriété est dans l'énorme accroissement de droits que supportent les contrats de vente qui ont pour objet de faire passer la grande propriété entre les mains des petits propriétaires. Cette inégalité pour n'être pas formellement écrite dans la loi n'en est pas moins réelle et doit sembler d'autant plus déplorable, qu'elle pourrait disparaître au grand avantage du public, sans nuire aux intérêts du fisc. Il suffirait pour cela que la loi établit qu'une propriété ne sera pas assujettie pendant un certain délai à payer deux droits de mutation pour cause de vente. On appréciera sans peine l'effet de cette simple modification de la loi.

Une grande propriété, pour être vendue avantageusement en détail, subit d'importants changements. Tous les accessoires d'agrément doivent changer de nature, car ils deviennent sans objet séparés de la portion productive du domaine. Il faut de plus mettre à la portée de chacun la parcelle qui est à sa convenance, faire de longs crédits, trouver moyen de tirer parti de ce qui ne convient à personne; une telle opération exige des connaissances, des habitudes, auxquelles le grand propriétaire est ordinairement étranger; elle exige aussi une expérience spéciale, sans laquelle il est difficile de réussir à l'emporter dans une lutte où toute une population est intéressée à acquérir au plus bas prix possible.

Tous ces motifs viennent augmenter la répugnance qu'éprouve un grand propriétaire à démanteler luimême sa propriété. Les raisons d'ailleurs qui le décident à vendre le décident aussi à ne pas prendre le fardeau d'une opération compliquée. S'il veut, en vendant, rembourser des créanciers, se débarrasser d'une gestion difficile ou profiter d'un placement avantageux, il doit vouloir par cela même un prix liquide et promptement réalisable.

On conçoit donc la nécessité du spéculateur qui presque toujours vient se placer entre le vendeur et les petits propriétaires pour arriver à la division d'une grande propriété. De là des doubles ventes et une augmentation de droits payés au fisc, qui rendent toutes les acquisitions en détail infiniment plus onéreuses et quelquefois tout à fait impossibles. L'entrave résultant de la fiscalité de la loi est en effet portée au delà de toutes bornes raisonnables. Le spéculateur en achetant du grand propriétaire a dû payer des droits, des frais, dont l'ensemble ne monte pas à moins de huit pour cent ; puis, quand il revend en détail par voie d'adjudication, les frais de cette seconde vente ne sont pas moins de quinze à dix-huit pour cent en comprenant tous les frais accessoires. Ainsi, c'est vingt-cinq pour cent du capital absorbés en frais inutiles aux parties. Le grand propriétaire qui achète un domaine ne supporte que huit pour cent de frais d'acquisition sur son capital, tandis que les travailleurs, pour devenir propriétaires du même domaine, doivent sacrifier le quart de leur capital.

Il est vrai que la fraude vient quelquefois corriger le vice de la loi. Lorsque le propriétaire présente toute garantie, le spéculateur achète par un acte sous seing privé, puis revend comme chargé de procuration. Il évite ainsi de grever la propriété des frais d'une pre-

mière vente. Mais si l'on compte les ventes qui se font
de cette manière, comment compter toutes celles qui
ne se font pas parce que l'on ne peut ou que l'on ne
veut pas s'exposer à éluder la loi. Aucune des nombreuses ventes qui se font par adjudication publique,
soit à l'amiable, soit par autorité de justice, n'admet
cet expédient; un immeuble possédé par une femme
mariée peut difficilement le comporter, car les droits
de reprise existeraient, non d'après le prix de la vente
sous seing privé reçu par le mari, mais d'après le
prix ordinairement supérieur de la vente en détail
faite par le spéculateur en vertu de sa procuration. Ensuite, un propriétaire, dont la position n'offre pas complète garantie, trouve difficilement un spéculateur qui
hasarde un capital considérable sur un acte sous seing
privé, au risque des poursuites du fisc et du dangereux inconvénient de n'être pas saisi à l'égard des tiers.
D'ailleurs n'est-ce pas une triste loi que celle qui ne
peut être défendue qu'en prétextant la facilité de s'y
soustraire? En résumé, quand la loi est éludée elle
est inutile; quand elle n'est pas éludée elle est funeste, soit qu'elle enlève à l'ouvrier économe et laborieux un quart de son capital, soit qu'elle empêche
la réalisation d'une foule de transactions qui amèneraient la division de la propriété. En cela, non seulement la société est lésée dans un de ses intérêts et un
de ses droits les plus importants, mais le fisc lui-

même éprouve une perte; en voulant cumuler deux
droits sur deux ventes successives, il fait qu'il n'y a
pas de vente et ne touche rien. Lorsque le fisc a prélevé sur une propriété sa contribution annuelle et
tous les droits auxquels elle peut être assujettie pour
cause de succession, de donation, de legs, de bail,
d'échange, d'hypothèque; lorsqu'il vient de recevoir
sur la vente de cette propriété un droit considérable,
ne peut-il pas consentir à ne plus mettre de droit sur
la vente de cette propriété pendant un an ou deux,
afin qu'elle puisse être revendue, divisée, et qu'elle
passe entre les mains de ceux qui sauront le mieux la
cultiver et la payer. Si les matières premières sur lesquelles opère l'industrie manufacturière étaient soumises à un droit de mutation; si le fer, la houille, le
coton, la laine, le chanvre étaient frappés d'un droit
de sept ou huit pour cent chaque fois qu'ils changent
de main, le commerce et l'industrie succomberaient
immédiatement; le sol est pour l'agriculture la matière première par excellence. Sous les restrictions
et les droits qui entravent la transmission de la propriété immobilière, le propriétaire du sol qui manque de capitaux, de volonté ou de bras pour l'exploiter
est forcé de le conserver. Le capitaliste ou le prolétaire
qui voudrait appliquer au sol son capital ou ses bras
est empêché d'acquérir, de sorte que la terre reste stérile faute de capitaux ou de bras, à côté de capitaux ou

de bras qui n'ont pas d'emploi faute de terre. Le spéculateur qui se livrerait à des entreprises agricoles est
arrêté, car dès le début de son opération, sept ou huit
pour cent de son capital seraient dévolus au fisc, puis,
lorsqu'il revendrait pour liquider, le même droit frap-
perait non seulement son capital primitif, mais encore
toute la plus-value qu'il lui aurait fait acquérir par
son industrie, par l'application d'autres capitaux, par
des améliorations accumulées. On s'étonne de l'état
arriéré de notre agriculture, il faut sous un pareil régime s'étonner de ce qu'elle n'est pas réduite à un état
plus déplorable. Au reste nous ne sommes pas assez
présomptueux pour réclamer du fisc qu'il modère ses
exigences ; nous demandons seulement qu'il soit
moins aveugle et qu'il consente en augmentant ses re-
cettes à moins entraver la transmission du sol , condition essentielle de la richesse et de l'égalité sociales.
Il fut une époque où la propriété mobilière était assujettie à des droits semblables à ceux qui pèsent aujour-
d'hui sur la propriété immobilière. Comparons ce
que produisait au gouvernement féodal le droit de
prélever le vingtième ou le dixième de la marchandise
à ce que rapportent maintenant les contributions
fournies par une industrie plus libre, plus florissante;
puis tâchons d'apprécier quel immense développement recevraient la circulation et l'amélioration du sol
national sous un système moins avide ou plutôt

moins aveugle, et nous demeurerons convaincus que
le fisc gagnerait beaucoup à diminuer les entraves qui
arrêtent la transmission de la propriété.

L'indication succincte des obstacles qu'oppose notre
législation à la division de la propriété nous montre
que ces obstacles sont encore nombreux et puissants;
mais ils résultent de lois accessoires qui peuvent être
changées sans toucher à l'ensemble de notre législation civile dont le principe est l'égalité de droits. Si la
division n'a pas pris le rapide développement qu'elle
devait prendre, nous ne devons pas pour cela douter
de la portée de la révolution française, ni des lois civiles qu'elle a produites. Souvent les gouvernements
conservent sur le frontispice de leurs codes les principes devant lesquels l'esprit du siècle les force de s'incliner, se réservant par des lois de détail, dont l'importance est moins appréciée, de neutraliser le principe
qu'ils admettent à regret. Alors il ne faut pas que la
réprobation que mérite la politique du pouvoir altère
la confiance et le respect dus à une législation de progrès et d'égalité.

La plus grande liberté possible de transmission est
le moyen le plus sûr et le plus général de favoriser la
division de la propriété. Toutefois dans les contrées
où la grande propriété occupe tout un territoire dont
elle ne peut tirer parti, faute d'activité, de débouchés
ou de capitaux, il y aurait incurie si l'on se bornait à

laisser les choses suivre leur cours naturel, il faut intervenir par d'autres moyens, sans lesquels la liberté
de transmission ferait trop longtemps attendre ses
bienfaits ; dans les contrées où la petite propriété
n'existe pas, ni l'esprit de travail et d'économie qu'elle
fait naître et qui secondent ensuite si puissamment
ses développements, il faut la fonder sur quelques
points isolés pour stimuler et réchauffer la masse de
la population, en lui faisant entrevoir comment elle
peut arriver à la propriété du sol et par elle au bien-
être et à l'indépendance.

Les colonies agricoles sont un des moyens de créer
partiellement la petite propriété; en Hollande, où des colonies agricoles ont été établies, deux systèmes furent
appliqués : les colonies par casernement, où une grande
propriété était exploitée par trois ou quatre cents colons,
travaillant pour le compte de la colonie ; et les colonies
libres où le territoire était divisé entre des familles qui
habitaient séparément et cultivaient pour leur compte
particulier. Ces dernières colonies sont les seules dont
nous ayons à nous occuper; les autres ne mènent pas à
la division et ne sont qu'un moyen pénitentiaire. Il n'est
pas inutile de remarquer que les colonies hollandaises
par casernement ne pouvaient se suffire à elles-mêmes,
exigeaient des sacrifices continuels de la part du gouvernement, tandis que les colonies libres étaient depuis
longtemps en pleine voie de prospérité.

Les sacrifices exigés par l'établissement d'une colonie agricole consisteraient dans l'acquisition d'un territoire inculte, ce qui n'est ni rare ni cher dans l'ouest et le sud-ouest de la France ; dans l'établissement des constructions premières, la fourniture des ustensiles et bestiaux indispensables aux colons ; enfin dans l'entretien des colons jusqu'au moment de la première récolte, c'est-à-dire pendant dix-huit mois. Sans compter le prix du sol, les frais indispensables ne pourraient pas être évalués à moins de quinze cents francs par famille, composée des père et mère et de deux enfants.

En retour de ces sacrifices, on obtiendrait des avantages d'une grande importance. Non seulement les colonies agricoles conquerraient à la culture le terrain qui leur serait acquis ; mais chacune d'elles, par son exemple, déterminerait au loin les populations à chercher dans de pareilles entreprises une source de travail et de bien-être. Sous ce rapport, il y aurait un grand intérêt à n'entreprendre que l'établissement d'un petit nombre de colonies, mais avec la ferme résolution d'assurer à tout prix leur prospérité. La moralité nationale exige d'ailleurs d'assurer contre la ruine des citoyens qui, sur la foi publique, se confient à une expérience sociale.

Les colonies agricoles apporteraient une amélioration durable dans la position des ouvriers manufacturiers des grandes villes. Les familles appelées à faire partie des colonies ne seraient pas les seules qui en profiteraient, puisque le même ouvrage resterait à distribuer entre un plus petit nombre d'ouvriers ; ce serait aussi un moyen de favoriser l'établissement des villages manufacturiers, mesure la plus capable de porter remède à l'état physique et moral de la population manufacturière.

Une triste vérité trop souvent oubliée, c'est que les souffrances des ouvriers manufacturiers et l'incertitude de leur existence sont en raison directe du développement industriel. La riche Angleterre, l'industrieuse France sont les pays qui nous présentent sur la plus vaste échelle des populations dans la détresse.

Combien est précaire la position d'un ouvrier dans une de nos grandes cités manufacturières ; à force de travail et d'économie, il peut gagner dans les bons jours de quoi traverser les temps de cherté et de maladie ; mais que peut-il contre les crises commerciales ou les caprices de la mode qui viennent fermer son atelier et le jeter sans salaire sur le pavé, où l'octroi et toutes les nécessités d'une grande ville broient la vie du pauvre ?

Que tout ce qui peut donner quelque aisance, quelque douceur à la vie de l'ouvrier soit livré aux chances inévitables de l'industrie, c'est un malheur qu'il faut subir ; mais lorsque la vie de l'ouvrier, celle de sa femme et de ses enfants sont laissées à la merci de circonstances indépendantes de sa volonté qu'aucune prudence humaine ne peut empêcher ni prévoir, il y a là une plaie saignante qui réclame hautement l'intervention de tout pouvoir public digne de sa mission.

Dans les cantons où la fabrication s'accomplit par des ouvriers habitant des villages et possédant leur logement et un champ, l'existence de la population manufacturière est loin d'être soumise à des chances aussi désastreuses. Si la fabrication se ralentit ou vient à cesser tout à fait l'ouvrier souffre ; cependant il trouve encore à employer l'excédant de son temps à des travaux agricoles pour lesquels la main-d'œuvre manque en temps ordinaire, et il a pour ressource de prodiguer sur son champ une force dont il ne sait que faire, et d'en tirer un produit très désavantageux s'il estime sa main-d'œuvre, mais qui l'aide à vivre et à pouvoir attendre une époque moins fâcheuse.

C'est la situation que nous présentent un grand nombre de villages de la Normandie, de la Champagne, de la Franche-Comté, et qu'il faudrait s'efforcer d'étendre par l'établissement des colonies agricoles, moyen plus spécial d'amener les populations manufacturières à jouir de la division de la propriété.

Beaucoup de produits industriels exigent chez l'ouvrier une aptitude, une notion des arts que le séjour des villes peut seul comporter. Mais ces produits obtiennent aussi un salaire assez élevé pour assurer à l'ouvrier l'aisance du présent et la sécurité de l'avenir. Quant à tous les autres produits industriels qui n'exigent qu'une capacité commune et qui ne peuvent dès lors procurer qu'un salaire médiocre, ils n'assureront jamais l'existence de l'ouvrier qu'autant qu'ils se combineront avec la petite propriété.

Les colonies agricoles faciliteraient l'introduction de beaucoup d'améliorations que réclame l'association municipale. L'État ne pourrait confier le succès d'établissements d'une si haute importance au vouloir bon ou mauvais des nouveaux colons; en retour des terres, des capitaux avancés, il imposerait des dispositions réglementaires, obligatoires au moins pendant les premières années, et parmi ces dispositions viendraient se ranger celles qu'il serait si désirable de voir adopter par toutes les communes : l'enseignement gratuit des enfants, la visite mensuelle d'un médecin donnant ses consultations aux habitants qui se présenteraient, la vaccine gratuite et obligatoire, l'établissement d'une bibliothèque communale.

Un autre moyen d'initiative pour fonder la petite propriété où elle n'existe pas et la stimuler dans les localités où elle languit, c'est la commandite, par l'État, de compagnies spéculant sur l'acquisition en masse et la vente en détail. Rarement cette opération, confiée à des hommes qui auraient fait leurs preuves de capacité dans ce genre d'affaires et conduite sous la surveillance des agents de l'État, pourrait tourner au préjudice du trésor public. Les hommes expérimentés qui s'associeraient aux risques d'une pareille entreprise la croiraient susceptible de bénéfices, et il suffirait qu'elle ne produisît pas de perte pour que les droits de mutation la rendissent avantageuse au trésor public. On a fait dans certaines circonstances des routes stratégiques, et il s'est trouvé que la paix publique, obtenue par des travaux durables et utiles, avait coûté moins cher que la guerre civile; on pourrait aussi, au moyen de commandites sagement calculées, faire de la propriété politique, et les résultats n'en seraient ni moins certains, ni moins favorables aux intérêts généraux.

La commandite dont nous parlons serait plus simple et moins dispendieuse que l'établissement des colonies agricoles; mais elle ne s'appliquerait pas à des terrains incultes, elle ne profiterait pas aussi directement aux populations manufacturières, elle ne serait pas une ressource pour les familles tout à fait indigentes et n'offrirait pas un modèle d'association municipale. Sous tous ces rapports rien ne peut remplacer l'établissement des colonies agricoles.

Toutefois il faudrait bien se garder d'avoir recours à ces encouragements dans les contrées où la grande propriété offre une culture active et florissante. Alors le même capital diviserait une portion de terre moins

considérable et ne contribuerait en rien aux progrès
de la culture, peut-être même lui serait-il préjudiciable.

La prospérité agricole de la grande propriété quand
elle existe indique que le sol est placé dans des conditions favorables à la production et que son mode
d'exploitation répond à des besoins généraux.

La plus grande liberté possible dans la transmission de la propriété est alors le seul moyen dont l'adoption présente des avantages sans danger. Ce n'est
pas, comme on l'a prétendu, que la petite propriété
ne soit, par sa nature, aussi propre que la grande à
fournir à la consommation des grandes villes. En Belgique et en Flandre on voit la petite culture alimenter
abondamment et à bas prix les grandes villes qui couvrent ces populeuses contrées. La petite propriété peut
l'emporter sur la grande même la plus prospère, mais
à la condition de vaincre par ses propres ressources
et de manifester par cela même qu'elle sait mieux que
sa rivale tirer parti du sol.

L'établissement des colonies agricoles, la commandite de spéculations sur la division des propriétés n'entraîneraient pas une aliénation, mais une simple
avance de fonds moins considérables et plus assurés
que ceux qui sont consacrés à beaucoup d'entreprises
d'une utilité bien inférieure. Le plus grand obstacle n'est pas dans la question d'argent, mais dans

l'habitude prise de croire que le peuple est fait pour qu'on lui prenne et non pour qu'on lui rende.

On propose impunément de donner quarante millions à une prince, simple unité dans la société; la proposition est approuvée ou rejetée, mais elle est discutée sérieusement, et ses auteurs sont plus ou moins regardés comme des hommes d'État, ayant l'expérience des affaires et l'intelligence de l'ordre public. Au contraire, on soulèverait un orage si, dans une certaine sphère politique, on proposait d'avancer la même somme à des familles du peuple, non à titre d'apanage mais à titre de prêt, pour les tirer de la misère, exercer une favorable influence sur le bien-être de toute la population et donner une grande impulsion à la division des propriétés.

Les colonies agricoles appartiennent au domaine de la politique positive; elles sont un fait consacré par l'expérience. Sans parler des colonies agricoles de la Hollande, ni des colonies fondées par toutes les nations au delà des mers à bien plus grands frais, obstacles et périls, on peut donner en exemple beaucoup de villages, de villes, même en France et sur tout le continent, qui ne sont que des colonies du moyen âge, fondées par les seigneurs féodaux, qui, dans des vues d'intérêt privé ou public, y attirèrent des habitants par la concession des terres incultes.

De nos jours, le pouvoir public ne peut avouer

d'autre principe que la volonté du peuple, d'autre but
que le bien du peuple, comment aurait-il moins de force
créatrice en faveur du peuple que le pouvoir féodal? De
vastes landes occupent dans une région de la France
le quart du territoire; si elles n'appartiennent pas à
l'État, elles peuvent lui appartenir. La loi exproprie
chaque jour pour des alignements, pour des points de
vue, pour cause d'agrément public, elle ne doit pas
cesser d'être applicable pour cause d'utilité publique
lorsqu'il s'agit de terres incultes à faire passer à l'état
de production et de division.

Lorsque le pouvoir éprouve le besoin de consacrer
quelque événement dans la mémoire des peuples, il ne
sait que tailler en pierre ou en carton quelques sujets
mythologiques, froides et insipides allégories. Quel
plus beau monument n'élèverait-il pas en l'honneur
d'un événement mémorable, si, pour perpétuer son
souvenir, il fondait des populations dont la postérité
ne pourrait remonter à son origine sans se trouver is-
sue de la gloire et de la munificence nationales.

Le partage des biens communaux susceptibles de
division, la modification des droits cumulés qui frappent la mutation de la propriété, la réforme du système
hypothécaire, toutes les mesures qui peuvent assurer la
plus grande liberté possible dans la transmisssion de
la propriété sont les moyens les plus puissants comme
les plus simples d'en favoriser la division. L'établis-

sement de colonies agricoles et la commandite de spéculations sur la vente en détail sont des moyens doués
d'avantages spéciaux ; adoptés avec discernement, ils
seraient féconds en bons résultats. Si tous ces moyens
étaient appliqués, outre leur influence positive, ils
exerceraient une action morale sur l'opinion publique.
La division de la propriété apparaîtrait comme un
principe d'ordre social réservé par le consentement du
pouvoir à une application rapprochée. Les classes pauvres puiseraient dans une si douce espérance des sentiments de confiance et d'attachement aux institutions,
elles redoubleraient d'activité et d'industrie pour hâter un avenir de bien-être ; elles s'élèveraient au dessus
du présent pour être dignes de l'avenir. Les classes
riches s'associant à la foi publique, pourraient hâter
une ère meilleure, vers laquelle tendraient tous les
efforts de la société. Les hospices, si largement dotés
dans presque tous les pays de l'Europe, doivent la
plus grande partie de leur dotation à des dispositions
testamentaires.

Pourquoi quelque chose d'analogue n'arriverait-il
pas touchant la division de la propriété? La charité
chrétienne se proposait de soulager la pauvreté, le dévouement social se propose de la prévenir. La charité
chrétienne reposait, il est vrai, sur une foi vive, ardente, stimulée par le culte ; mais un jour ne doit-il
pas venir où le dévouement social aura pour base des

convictions profondes fortifiées par des formes et des mœurs qui les exalteront au lieu de les étouffer?

CHAPITRE VII.

DROIT DE SUCCESSION.

Impossibilité de porter atteinte à la succession même collatérale. — Excellence de la loi française.— C'est à son exécution sincère et non à sa réforme qu'il faut travailler.

Personne n'eut jamais la volonté ni la pensée d'arriver à la division de la propriété par la spoliation de ceux qui possèdent. L'iniquité, l'extravagance d'une pareille pensée soulèveraient les moins clairvoyants. Cependant à différentes époques des opinions ont été émises, dont l'application, si elle était possible, pour être moins violente à l'égard des personnes, n'entraînerait pas des résultats moins destructeurs envers la société.

On a pensé que le droit de succession découlait

seulement des lois civiles et qu'il pouvait recevoir d'importantes modifications propres à favoriser la division de la propriété. On a mis en question de restreindre l'hérédité aux enfants et d'abolir toute hérédité en ligne collatérale, afin que les biens de la personne décédée sans postérité soient dévolus à l'État et vendus au profit du Trésor. public. Mais le droit de succession tel qu'il est établi aujourd'hui par la loi française découle de la force même des choses; on ne saurait y porter atteinte sans attaquer les conditions essentielles de la propriété et de la production.

La restriction des droits héréditaires n'amènerait aucun résultat si on laissait subsister les donations et les testaments. Les dispositions particulières remplaceraient la disposition légale dans la plupart des cas. Il n'y aurait de lésé que les familles qui perdraient des parents trop jeunes ou trop négligents pour avoir testé; et ce dernier motif se présentant plus fréquemment dans les familles pauvres, il en résulterait que les patrimoines de la petite propriété seraient plus que tous les autres absorbés par le fisc; conséquence tout à fait opposée à l'intention qui aurait inspiré la prétendue réforme. Si le droit de donner et de tester disparaissait pour assurer l'effet de la loi qui attribuerait au fisc les biens des personnes décédées sans postérité, alors il en résulterait des inconvénients qu'il n'est pas inutile d'apprécier, afin qu'il demeure bien démontré à quel point la prospérité et la liberté de tous sont étroitement liées au sort de la propriété privée, dont le droit le plus essentiel réside dans la faculté accordée au propriétaire de jouir de ses biens pendant sa vie et d'en disposer pour le temps où il ne sera plus.

Le premier inconvénient des modifications que nous supposons serait de créer une inégalité choquante entre la propriété foncière et la propriété mobilière. Celle-ci transmissible de la main à la main facilement et sans risques ne serait pas atteinte par la loi. La monnaie, les diamants, les métaux précieux, les billets ne portent pas de signes distinctifs, leur possession vaut titre de propriété. Ainsi les familles des propriétaires fonciers seraient dépouillées par le fisc, celles des propriétaires mobiliers lui échapperaient. Et ce privilége exorbitant aurait lieu en faveur d'une nature de propriété que l'impôt ne peut pour ainsi dire pas atteindre, au détriment d'une propriété qui supporte à elle seule presque toutes les charges publiques. Le citoyen attaché au sol et dont l'intérêt est inséparable de celui du pays, qui ne peut soustraire sa personne ni ses biens aux revers publics, se verrait réduit à la position d'un simple usufruitier; tandis que le citoyen qui, quelquefois, trouve une occasion de profit dans le désastre public et peut se transporter avec ses capitaux là où la fortune lui sourit, conserverait dans toute sa plénitude la libre disposition de ses biens. Sur quel appui pourrait donc compter un gouvernement qui serait assez insensé pour se laisser entraîner à une telle aberration ; il dépouillerait ses amis naturels, il les intéresserait à sa chute et ne respecterait que ceux qui par la nature de leurs intérêts sont les plus indifférents à sa conservation.

Si un tel état pouvait se prolonger, la propriété mobilière acquerrait une grande supériorité de valeur sur la propriété foncière réduite à un simple droit d'usufruit entre les mains de quiconque n'aurait pas de postérité. Le discrédit de la propriété entre les mains de ceux qui n'auraient pas d'enfants s'étendrait nécessairement aux propriétés de tous. On ne verrait plus les capitaux s'immobiliser en améliorations agricoles, en exploitation de mines, en construction de fabriques. Personne ne voudrait transformer un capital transmissible à des proches, à des amis, à des établissements d'utilité publique, en un capital destiné à la confiscation. Les grandes améliorations qui contribuent le plus certainement à la prospérité nationale, et que ne peuvent enlever du sol ni les crises commerciales ni les invasions étrangères, se trouveraient prohibées par le fait. La richesse publique serait forcée de conserver entre les mains des particuliers la forme la plus fragile, celle qui lui permet d'alimenter l'industrie étrangère aussi facilement que l'industrie nationale, et de s'éloigner pour jamais sans laisser aucune trace.

Grâce à la constitution actuelle de la propriété, l'homme qui n'a pas d'enfants est animé du même esprit d'activité et d'épargne. Il voit dans le titre héréditaire de ses proches, de ses amis et dans l'exécution de ses dernières volontés une satisfaction qui prolongera pour ainsi dire au delà de son existence la jouissance de sa propriété. Détruisez cette perspective, faites entrevoir la dévolution au fisc comme le but inévitable qui attend la propriété foncière, et soudain la vigilance qui préside généralement à l'administration de la propriété disparaîtra pour faire place à un funeste désordre. Tous les objets accessoires de la propriété susceptibles d'en être détachés passeraient de la forme immobilière à la forme mobilière. Les arbres, les vignes, les futaies seraient arrachés, car leur valeur profiterait à leur propriétaire ou à sa famille, tandis que leur conservation ne tournerait qu'à l'avantage du fisc.

La propriété appauvrie, démantelée chercherait encore à échapper à la confiscation par une foule d'actes simulés. On feindrait des actes de vente avec ceux auxquels on voudrait transmettre sa propriété ou avec ceux que l'on chargerait par fidéicommis de la remettre à des tiers; on feindrait des dettes auxquelles les biens du décédé devraient servir de gage. Les amis du pouvoir présenteraient de faux actes que les agents du pouvoir ne contesteraient pas et s'enrichiraient de la dépouille des familles. Les citoyens auxquels le pouvoir serait hostile présenteraient des actes véritables qui seraient déclarés faux. Au milieu de ce dédale, il n'y aurait plus de fortune qui ne dépendît d'une appréciation judiciaire plus ou moins éclairée, plus ou moins intègre, mais toujours arbitraire, car elle reposerait sur des circonstances que le juge aurait souverain pouvoir de caractériser.

Sous la loi actuelle la propriété n'est exposée à aucune interruption. Au défunt succède immédiatement son héritier ou son légataire, et la sollicitude de l'intérêt particulier veille toujours à la conservation de la propriété. Sous une loi qui, par l'abolition de la succession collatérale et du pouvoir testamentaire, attribuerait au fisc une partie des propriétés, tous les intérêts particuliers seraient coalisés contre la propriété vacante. Qui serait en possession, qui entretiendrait, qui gèrerait les maisons, les fonds de commerce, qui cultiverait, soignerait le bétail et ferait la moisson, jusqu'au moment où le fisc, après tous les délais d'expertise, d'adjudications, de surenchères, serait en mesure de transmettre la propriété à un acquéreur ou à un fermier? Combien ce moment se ferait-il attendre, dans le cas où la propriété demeurerait indécise entre le fisc et les parents ou les amis du défunt qui viendraient opposer des ventes ou des prêts simulés, source de procès qui se prolongeraient plus que la vie d'un homme? Si les particuliers étaient investis de la propriété ne possédant qu'à un titre précaire, leur possession ne serait qu'une dilapidation. Si le fisc était investi provisoirement, ne pouvant ni cultiver, ni gérer, ni louer, puisqu'il ne possèderait qu'à un titre que chaque moment pourrait annuler, les maisons resteraient inhabitées et les champs incultes. Une telle incertitude serait intolérable et une pareille législation réclamerait impérieusement comme remède le prompt arbitraire du despotisme.

Le droit de succession n'est pas, comme la noblesse héréditaire, la conséquence d'une prétendue inégalité de race; le fils de l'homme le plus riche n'héritera de rien si son père se ruine. Le droit de succession est la conséquence directe de ce fait : c'est que l'esprit de travail et de conservation sur lequel repose la société exige la certitude de jouir et de transmettre après soi le fruit de son industrie ou de son économie. Si la loi n'accordait de garanties qu'à la jouissance personnelle et méconnaissait la sainteté du droit qui repose sur les affections, elle ne détruirait pas seulement les conditions matérielles de la société, elle attaquerait les conditions morales, en déifiant l'égoïsme, en imposant à tous l'immoralité d'un placement viager.

Tout moyen de favoriser la division de la propriété

est fâcheux lorsqu'il porte atteinte à l'inviolabilité de la propriété. Le droit de propriété, comme tous les autres droits, n'existe qu'en vue du bonheur général, et c'est dans les effets mêmes de la propriété sur le bonheur général qu'il faut chercher la limite du droit de propriété. Or, deux considérations opposées régissent les conséquences du droit de propriété : si une même somme de biens également répartie est plus féconde en bien-être; d'un autre côté rien de la richesse sociale ne peut être créé ou conservé que par la volonté de l'homme; il faut donc avant tout intéresser cette volonté à la création et à la conservation. Vouloir faire primer cette volonté par un intérêt de répartition, c'est détruire la richesse dans son germe, c'est faire qu'il n'y a plus rien à répartir et que tout est perdu pour tout le monde. Ce n'est pas faire partager au pauvre la fortune du riche, c'est faire partager à celui-ci la misère du pauvre, qui lui-même perd ce qu'il doit trouver sous un régime d'équité : une source de bien-être dans le salaire de son temps et la faculté d'acquérir.

Entre ces deux considérations, quel est le point d'arrêt le plus en rapport avec le bonheur général? Ce problème au dessus des combinaisons du génie d'un homme a été résolu par la loi civile, née de la révolution française. OEuvre de la civilisation depuis trois mille ans, et perfectionnée par la philosophie du xviiie siècle, la loi Française ne réclame point de modification dans ses dispositions principales sur la propriété, mais seulement des lois accessoires en rapport avec son principe d'égalité et son esprit tout populaire. Placée dans cette condition, la loi Française sur la propriété amènerait promptement un état de division aussi complet que le réclament les éléments et les intérêts de notre société, telle que nous la voyons et telle qu'il nous est donné de la concevoir.

C'est bien moins la réforme que l'application de notre loi civile qui doit être le but de nos efforts; la loi Française n'a pas encore pris possession du sol national, elle n'est pas même parvenue à obtenir une adhésion sincère du gouvernement, puisque par des lois accessoires son action est contrariée, souvent annihilée; hors de nos frontières elle est entourée de législations fondées sur le principe féodal. Dans cette position, lorsque la loi Française est encore un progrès à conquérir, elle ne peut être considérée comme un progrès suranné et un obstacle à surmonter pour réaliser des améliorations plus avancées; ce n'est pas ainsi que marche la civilisation. D'ailleurs plus d'un changement proposé à nos lois, loin d'être un progrès, n'est qu'un retour vers le passé et la barbarie. La propriété réduite au simple droit d'usufruit par l'abolition des successions collatérales et de la puissance testamentaire ne serait autre chose que le droit civil de l'Orient et de l'Asie, où les plus belles contrées du monde sont livrées à l'abrutissement et à la misère. Nous voyons dans l'histoire que la grandeur des nations se mesure à leur patriotisme, qui lui-même peut se mesurer au respect et à la division de la propriété ; en effet, c'est à la propriété, aux habitudes de travail et de moralité, aux intérêts légitimes dont elle couvre et féconde le pays, qu'est surtout donnée la puissance de faire des citoyens étroitement liés au sort de la patrie.

. CHAPITRE VIII.

ÉGALITÉ POLITIQUE.

Gloire passée de la noblesse française. — Absurdité de toute prétention actuelle à l'aristocratie. — Il n'est qu'une seule famille grande et supérieure à toutes les autres. — Lien entre l'égalité politique et l'égalité sociale.

La nationalité d'un peuple, comme l'individualité d'un homme, est dans le passé aussi bien que dans le présent et dans l'avenir. Adversaires de toute aristo-

cratie actuelle, mais adorateurs de la gloire nationale,
nous devons nous incliner devant les trophées de la
noblesse française; c'étaient des gentilshommes qui,
fidèles aux sympathies nationales pour la Pologne, vo-
laient à son secours contre la conquérante Catherine,
sans autre espoir que d'acquitter la dette de la France
en mourant glorieusement pour la défense de ses alliés malheureux; c'étaient des gentilshommes qui
s'associaient à la mauvaise fortune des colonies anglaises contre la métropole, et faisaient triompher leur
indépendance; c'étaient des gentilshommes qui, sur le
champ de Fontenoy, à la tête des gardes-françaises,
s'offraient aux coups de l'ennemi avec tant de cour-
toisie, aussi futiles que dans une fête, non moins héroïques que Léonidas aux Thermopyles. Que de courage, d'esprit et de goût dans cette noblesse qui se
pressait autour de Condé sur les champs de bataille,
ou sous les ombrages de Chantilly, qui applaudissait
au Tartufe après avoir inspiré le Cid! Plus d'une fois
la présomption et la témérité de la noblesse couvri-
rent de deuil l'étendard national, mais pardonnons-
lui; sans cette présomption et cette frivolité, eût-elle
suivi avec tant de légèreté, sur les pas de Voltaire,
une voie qui conduisait si sûrement à sa ruine politique. Ses brillantes qualités ont servi la gloire de la
patrie, ses défauts le triomphe de l'égalité, grâces lui
soient rendues et honneur à ses cendres.

Sans être plus crédules que le duc de Saint-Simon, qui ne croyait pas qu'il y eût encore de son temps quatre familles réellement nobles, montrons nous plus accommodants; tenons pour nobles, et très-nobles, tous ceux à qui cela peut faire plaisir ; admettons que tous les personnages qui ont pris le nom pompeux de leur village descendent en ligne directe des plus preux paladins, et que dans leurs veines coule sans mélange le sang des chevaliers croisés ou même des sauvages Francs qui conquirent les Gaules. En retour d'une concession si généreuse, qu'ils nous disent quel droit cette origine peut leur donner à la moindre préférence; sont-ils plus braves que Fabert, Lanneou Desaix? plus grands écrivains que Corneille, Molière ou Jean-Jacques? plus savants que Fourcroy, Monge ou Arago? plus utiles que ceux qui vivent de leur industrie? s'ils sont plus capables, qu'ils se recommandent de leur capacité, mais de leur noblesse c'est une dérision. Si le courage et la vertu se transmettent des pères aux enfants, alors que ceux qui descendent de pères illustres, certains du mérite supérieur qu'ils tiennent de leur naissance, réclament avec nous que les fonctions et les récompenses appartiennent au mérite ; si la transmission du courage et de la vertu n'est pas un fait général et bien avéré, il est évident qu'il faut s'attacher au mérite personnel et non à celui des ancêtres ; dans tous les cas l'hérédité des titres et des fonctions est dénuée de raison. Qu'importe que les pères autrefois aient eu du mérite? c'est l'habileté du général et non celle de son père qui gagne les batailles, c'est le génie de l'homme d'Etat et non celui de son père qui fait la grandeur du pays; qu'importe que les pères aient autrefois dominé? la propriété s'acquiert par la prescription, mais non le pouvoir, parce que les hommes ne sont la propriété de personne.

C'est nier la morale que de se dire d'une race supérieure aux autres; on ne peut se délier envers eux sans les délier envers soi; nous sommes faits les uns pour les autres, si quelques uns prétendent que les autres sont faits pour eux, ils se mettent hors la loi. Si vous êtes au dessus de nous, si nous ne sommes pas des vôtres, vous n'êtes pas des nôtres, et dès lors nous ne sommes pas obligés envers vous comme envers nos semblables; tout est réciproque, nous ne devons aux loups que ce qu'ils nous doivent. Mais les hommes superbes, injustes sont toujours des hommes; ne mettons personne hors la loi, et admettons au bénéfice de la morale et de l'égalité ceux mêmes qui les renient.

Les bonnes familles sont celles qui fournissent à l'Etat des hommes probes et industrieux, capables de l'aimer avec dévouement, de la servir de leurs bras ou de leur intelligence. Les mauvaises familles sont celles qui sont une charge pour la société, par leur inuti-

lité et leurs prétentions ambitieuses : il est cependant
une famille à laquelle on peut être fier d'appartenir,
c'est celle qui compte tant de grands hommes dans
son sein, qui, à travers la bonne et la mauvaise fortune, s'avance sans cesse dans la voie du progrès, et
dont la destinée semble être placée sous des lois pro-
videntielles; cette famille c'est le peuple, c'est la patrie; véritable source où il est donné au plus humble
même de puiser l'exaltation d'un généreux orgueil.
Vous voulez porter un nom glorieux, unissez donc
vos efforts, et contribuez par de grands services rendus à l'humanité ou par une vie utile et probe à faire
qu'il n'y ait pas de nom plus glorieux que celui de
votre patrie; c'est là le nom de famille à l'illustration
duquel la vertu, et non un vain préjugé, vous appelle
à concourir; alors vous éprouverez dans toute sa plénitude un sentiment qui domine le triomphe de la
vanité satisfaite, qui s'élève plus haut même que la
gloire, c'est le sentiment que par son travail et son
intelligence, que par toutes ses pensées et ses actions
on contribue, dans la mesure de ses forces, au bien public, à la grandeur commune.

En France, et dans les pays où s'est étendue l'influence de sa révolution, toutes les conditions de l'a-
ristocratie ont cessé d'exister; l'aristocratie ne peut
certes y invoquer aucune supériorité de force ni d'intelligence. La richesse, le seul des éléments de sa puis-

sance dont elle ait sauvé des débris, lui échappe chaque jour. Les fonctions publiques, les confiscations, les bénéfices ecclésiastiques étaient autrefois pour l'aristocratie des moyens d'acquérir une fortune que les substitutions perpétuaient; sans ces priviléges à jamais perdus, ceux qui croient le travail une humiliation et le luxe un titre à la considération sont condamnés à l'abdication de ces étroits préjugés ou à subir un déclin inévitable; aussi voyons-nous les familles imbues de prétentions aristocratiques diminuer, fondre et disparaître devant l'industrie et une législation d'égalité, comme les tribus sauvages de l'Amérique devant la civilisation des Etats-Unis.

C'est en vain que les gouvernements trop faibles pour lutter de front contre cette tendance de la civilisation se livrent à de sourdes hostilités contre l'esprit général de la loi et de la société. Sous l'empire du droit commun, l'homme laborieux, économe, passionné par le désir d'acquérir une existence indépendante, surpassera toujours celui qui fait ostentation d'oisiveté et de luxe.

L'égalité sociale n'est que la diffusion parmi le peuple de l'intelligence, de la moralité, de l'industrie et de la richesse, qui sont les éléments de la force dans toute société. L'égalité sociale conduit donc à l'égalité politique, car il faut bien que la puissance suive la force; ce n'est pas impunément que les nations et

les gouvernements méconnaissent les rapports nécessaires entre l'égalité sociale et l'égalité politique. Une
nation dont les institutions ne sont pas à la hauteur
de son état social achète quelques intervalles de calme
au prix de révolutions périodiques; tout gouvernement qui promet l'égalité sociale contre l'abandon de
l'égalité politique prépare une trahison. Comment un
pouvoir en arrière de la société adhèrerait-il franche-
ment à un état social qui est la négation de son droit,
de tous ses actes et de son avenir? Comment ne s'effor-
cerait-il pas d'étouffer un mouvement dont le progrès
journalier efface de plus en plus les conditions de son
existence? et comment pourrait-il éviter de succomber
dans la lutte, puisqu'il est en hostilité avec les plus
chers intérêts de la société contre laquelle il conspire?

Un gouvernement fondé sur des institutions politiques en rapport avec l'égalité sociale, un gouvernement qui se propose, non le développement de sa puissance, mais le développement de la société, puise sa
force dans la loi du progrès; chaque conquête de la
société, au lieu de l'ébranler, consolide son pouvoir;
assuré de l'avenir, à chaque pas il prend possession
de son domaine.

Cependant en France, où l'esprit d'égalité est devenu le trait le plus saillant du caractère national,
et où l'égalité sociale a fait de si importantes conquêtes, il n'y a point d'égalité politique.

Tout a été dit sur le système de restriction qui prive de droits politiques la presque totalité de la population française. Le résultat du privilége électoral est parmi nous une représentation fictive qui ne sert qu'à dérober quelque temps le pouvoir à la responsabilité de ses actes.

En France, pays le plus administré du monde, le pouvoir dispose d'emplois innombrables ; il tient entre ses mains les intérêts des communes et des départements. Combien de particuliers sont placés sous sa dépendance par leurs fonctions, par leurs offices qu'ils ne peuvent acheter ou transmettre sans son agrément; par leur industrie qu'ils ne peuvent fonder sans concession, par des entreprises de tout genre soumises à des conditions dont la rigueur ne manque jamais de s'adoucir pour les électeurs complaisants. Lorsque le gouvernement est investi d'une telle influence, qu'attendre d'une législation qui restreint les droits de nommer les représentants d'une population de 34 millions d'habitants aux 200 mille plus forts contribuables, fractionnés en petites assemblées? La lutte établie sous de telles conditions entre la corruption et la conscience politique ne saurait être douteuse. *Peu sont corrompus par peu*, et le pouvoir possède immensément.

Le député ne doit relever que du pays et de sa conscience. Si son élection dépend du pouvoir qu'il doit contrôler et surveiller, si son élection devient d'au-

tant plus difficile que par sa probité et son dévouement à la chose publique il nuit au crédit qui lui est
nécessaire pour se concilier le suffrage des électeurs,
bientôt, parmi les députés, l'exception est de représen-
ter le pays, la règle d'être entremetteur de la conscience
publique.

Une loi d'élection populaire peut seule résoudre une
foule de questions autour desquelles on s'agiterait
vainement des siècles entiers sous l'empire de la loi
actuelle.

Les législateurs issus des combinaisons restrictives
d'un gouvernement de résistance et de privilége ne
voient qu'une utopie et un scandale dans la proposition des améliorations les plus positives, les plus
fécondes pour le bonheur de tous. Signalez les dilapi-
dations qui ruinent et démoralisent le pays ; réclamez
des lois qui favorisent la division des propriétés, propagent l'instruction et répandent une noble émulation
de servir la patrie par la distribution des fonctions
et des grades, sans autre préférence que celle due au
mérite et aux services. Si vous parlez devant des hommes enrichis par tous ces abus, et faits législateurs
par des hommes qui en profitent comme eux, vous
n'êtes qu'un visionnaire indigne d'être écouté.

Si le droit de suffrage appartenait à un si grand
nombre de citoyens qu'entre les intérêts des électeurs
et ceux de tous il y eût confusion absolue, l'esprit du

)ouvoir législatif éprouverait, sous le point de vue iocial, une subversion complète. Que les législateurs tient à répondre de leur mandat vis-à-vis des hommes qui souffrent des abus, que les rangs des électeurs s'ouvrent à la foule qui n'a des monopoles que les privations, des concussions que les spoliations, du favoritisme que les iniquités, et les mêmes réclamations qui sont repoussées avec mépris seront accueillies avec enthousiasme.

La capacité politique n'est pas seulement une question de lumières, c'est aussi une question d'intérêts. L'homme le plus docte qui profite d'un abus en est moins bon juge que l'homme simple qui en souffre. Sièyes, profond publiciste, abbé et chanoine, voyait dans la suppression des dîmes ecclésiastiques une monstrueuse violation du droit de propriété. Les paysans de la Bourgogne et de la Franche-Comté entendaient mieux cette question de droit public.

Du moment où le corps des électeurs ne pourra servir ses intérêts sans servir au même degré l'intérêt public, ni léser le public sans se léser également lui-même, la législation suivra les progrès de la raison publique ; alors plus de gouvernement fondé sur la corruption. Ce n'est pas que la faiblesse humaine soit en raison inverse de la fortune, mais si, pour se concilier une fraction de privilégiés, on s'adresse aux intérêts particuliers, pour se concilier la foule il faut faire valoir les intérêts généraux, c'est-à-dire la justice et le bien du pays.

CHAPITRE IX.

CONDITIONS DE L'ÉGALITÉ POLITIQUE.

La France démocratique obligée d'être militaire pour sauver son indépendance. — La France militaire obligée d'être démocratique pour sauver sa liberté.

Pour trouver dans l'égalité politique la base d'un gouvernement stable et régulier, une nation a besoin d'égalité sociale, de liberté, de patriotisme, d'instruction et de moralité. A chacune de ces conditions se rattache une série d'observations dont l'importance réclame un examen spécial. Outre ces conditions nécessaires dans tous les temps, dans tous les pays pour que l'égalité politique soit un régime permanent, il en est d'autres encore qui varient selon le génie particulier des peuples.

D'après l'opinion d'hommes éminents qui ont étudié les institutions des États-Unis, la position maritime du pays qui dispense d'entretenir une armée permanente a favorisé l'établissement de l'égalité. Suivant eux, une autre circonstance contribue encore à l'affermissement de ce principe politique, c'est l'influence modératrice des gens de loi et d'église. Ces deux classes nombreuses et éclairées servent à répandre dans toute la population des habitudes d'ordre, de respect pour les formes et les anciennes traditions, correctif puissant de l'entraînement populaire. Ainsi la démocratie américaine trouve le contre-poids de sa puissance, non dans un pouvoir rival toujours enclin à usurper, en dépit de toutes les barrières constitutionnelles, mais dans les dispositions mêmes de l'esprit public.

Tout pouvoir politique, dans l'intérêt de sa conservation et de celle de l'État, a besoin d'un contre-poids qui fasse obstacle aux écarts vers lesquels il est entraîné par son propre principe.

Dans la monarchie et l'aristocratie où le pouvoir est l'attribut de quelques uns, il est fort difficile que la loi ait pour but le bien de tous et que l'impartialité préside à son application. Mais à l'égard du public elle sera d'autant mieux exécutée que les hommes investis du pouvoir ont moins à souffrir de son application.

Dans la démocratie où tous prennent part au pouvoir politique, la loi est généralement inspirée par la considération du bien de tous. La difficulté est de l'exécuter, les magistrats relevant par l'élection de ceux-là mêmes contre lesquels ils doivent en poursuivre l'exécution.

La grandeur et le salut de l'État exigent souvent des sacrifices dont l'avenir seul doit recueillir le fruit; c'est encore une autre source de dangers pour la démocratie, car les masses ne s'imposent pas facilement des souffrances actuelles qui les atteignent dans leur personne et leur famille pour une œuvre politique qu'elles peuvent ne pas comprendre et qui ne doit profiter qu'à d'autres générations. Une portion, une classe du peuple peut se croire un droit qui n'appartient qu'à tous et faire obstacle à la loi ou se livrer à une entreprise violente contre le gouvernement. La démocratie, autant que les autres gouvernements, exige donc un contre-poids qui lui serve de modération et de point d'appui.

Que le contre-poids politique d'une monarchie ou d'une aristocratie soit dans la position et les prérogatives accordées par la constitution à la démocratie, c'est là un élément de force dont le peuple fait bien de profiter s'il ne peut obtenir davantage; et mieux vaut que l'unité du pouvoir soit rompue que d'exister contre la liberté. La démocratie en face de forces rivales transige; il faut bien que le gouvernement advienne à chacun selon sa puissance.

Mais lorsque la démocratie triomphante est à même

de fonder les institutions les plus favorables à la perpétuité et à la sagesse de son pouvoir, c'est en elle-même seulement qu'elle doit chercher le principe modérateur de sa puissance, toute force rivale qu'elle laisserait debout devant bientôt se tourner contre elle-même pour la vaincre ou la corrompre. En France, plus qu'en tout autre pays, il faut que la démocratie se réserve l'unité de pouvoir, car la monarchie et l'aristocratie dont l'influence s'affaiblit en raison de la force d'assimilation exercée par la France sur les autres peuples, ne sauraient désormais s'attacher à une politique nationale.

La disposition d'esprit assez forte chez un peuple pour servir de contre-poids à l'exercice de sa souveraineté peut être développée, fortifiée; mais il est impossible de la créer; il faut la prendre où elle est. Observons la position physique et morale de la France, et avec les nécessités qui en découlent, nous découvrirons empreinte dans le caractère national la pensée où notre démocratie doit puiser force et modération.

Dans les pays où les armées permanentes ne sont pas nécessaires à la défense du territoire, le sentiment populaire les repousse, elles ne seraient qu'un moyen d'oppression intérieure. Mais la France n'a ni mers ni montagnes pour se dérober à la responsabilité de son initiative dans la voie du progrès social. Sa position géographique, qui donne tant de puissance à ses

idées et à ses réformes, augmente aussi chez les gouvernements ennemis le désir et le pouvoir de l'attaquer. Des institutions d'égalité qui ne s'appuieraient
pas sur un développement militaire proportionné aux
haines qu'elles soulèveraient ne seraient qu'une téméraire provocation ; tous les pouvoirs aristocratiques
de l'Europe viendraient étouffer dans notre pays le
foyer de la civilisation.

Après tant de révolutions dans les institutions et
les idées, si l'esprit militaire et celui d'égalité apparaissent comme les deux traits saillants du caractère
national, c'est qu'il existe unité de but, intime
corrélation entre ces deux pensées unies dans les
mêmes cœurs, toujours populaires et toujours entraînantes. La démocratie française, pour trouver en
elle-même le contre-poids de sa souveraineté, doit le
placer dans l'esprit militaire, puisqu'il est pour elle
un rempart indispensable contre les agressions étrangères et la seule idée assez puissante pour contenir
l'esprit d'égalité sans lui être hostile.

La discipline, l'obéissance militaire façonnent aux
habitudes d'ordre et au respect des lois. Les idées de
dévouement, d'honneur développées par l'esprit militaire sont les plus capables de faire prévaloir sur
l'égoïsme les intérêts et l'avenir de la patrie. Si de
perfides menées surprennent la confiance du peuple,
l'armée, dont la cause se confond avec celle de la na-

tionalité, le protége contre son propre égarement, au moins en ce qui touche l'indépendance, cet intérêt suprême des nations.

Chez un peuple qui entre dans la carrière de la liberté, et qui, placé à l'avant-garde de la civilisation, peut voir ses plus justes réformes suivies de guerres étrangères, il faut prévoir les réactions de l'esprit public.

Le remède aux abus dont souffre le peuple est dans l'égalité politique; cependant à peine un régime d'égalité serait-il établi, que la condition matérielle du peuple pourrait devenir beaucoup plus dure. Les bons effets de la réforme ne seraient pas immédiats, tandis qu'à l'instant même on aurait à supporter tous les maux que susciterait l'ennemi. La guerre ébranle le crédit, absorbe les capitaux, porte un coup funeste au commerce, à l'industrie, aggrave des impôts déjà trop lourds, empire les conditions du travail; et malgré tous les soulagements dont la société devient alors comptable envers chacun de ses membres souffrants, les conséquences immédiates de la révolution la plus populaire entraînent toujours de grandes calamités. Qui ne voit les ennemis de l'égalité compatir avec hypocrisie aux maux dont ils se réjouissent, animer le peuple à tourner contre lui-même l'exercice de ses droits politiques. C'est dans l'esprit militaire, dans ses généreuses passions, que le peuple puise la volonté

et la force de surmonter les privations de la lutte, et
d'acheter la victoire par des sacrifices dont la peine
n'est que d'un jour, et les fruits impérissables.

L'esprit militaire a fait triompher la révolution
française de l'aveuglement du peuple comme de l'invasion étrangère. D'immenses et bienfaisantes réformes furent d'abord moins senties que les maux nés
des événements qu'elles provoquèrent. La nation fati-
guée perdit confiance dans la révolution ainsi que
dans les hommes qui avaient marché à la tête de ses
différentes phases. Dès l'époque de la réaction thermidorienne, les pouvoirs issus du suffrage universel
auraient fait la contre-révolution, s'ils avaient pu dominer l'esprit militaire de la nation et la prépondérance des armées qui s'étaient attachées à la cause de
la révolution par le sang qu'elles lui avaient prodigué
autant que par la gloire qu'elles en avaient reçue.

En présence des réactions de la Convention, des
événements de vendémiaire, de ceux du 18 fructidor
et de la corruption du Directoire, il est évident qu'à
l'intérieur comme à la frontière, la révolution a été
sauvée par l'esprit militaire. Sans lui, la révolution
n'eût été qu'une insurrection vaincue, et les maux de
ses premières années, au lieu d'être effacés par les
heureux effets d'un meilleur état social, auraient été
suivis des maux bien plus grands d'une contre-révolution implacable. L'initiative du 18 brumaire appar-

tient à des hommes étrangers à l'armée, qui se cour-
bèrent sous la puissance et le génie du général qu'ils
s'étaient d'abord associé comme complice ; mais l'usurpation de Napoléon rencontra dans l'armée plus d'opposition et d'indépendance que dans toute autre classe
de citoyens. L'armée n'a pas imposé le despotisme
impérial. Quelle insurrection, quelle manifestation
hostile eut-elle besoin de comprimer ? La nation fa-
tiguée abandonnait ses droits politiques avec autant d'enthousiasme qu'elle en avait mis à les conquérir.

Des régiments entiers envoyés au climat meurtrier
de Saint-Domingue à cause de l'antipathie qu'inspi-
raient leurs sentiments politiques ; les officiers les plus
braves, les plus probes, exclus du service ou languis-
sants dans les grades subalternes ; les sociétés secrètes
qui ne cessèrent de compter de nombreux adhérents
dans les rangs de l'armée ; les formes d'égalité que
Napoléon employait comme les plus propres à se concilier l'affection des soldats, dans le temps même où
il restaurait le clergé, la noblesse, et imprimait à l'instruction publique une direction anti-populaire ; toutes ces circonstances prouvent combien était démocratique la tendance de l'esprit militaire, et qu'en réalité
l'armée n'était pas moins le boulevard de la révolution
que de la nationalité. S'il nous était donné de refaire
à notre gré la France des cinquante dernières années,

nous pourrions désirer plus de persévérance dans le
caractère national, moins d'empressement à passer de
l'excessive confiance à l'extrême incrédulité, de l'enthousiasme à l'indifférence; mais nous nous garde-
rions de toucher à l'esprit militaire du pays. En ôtant
à la France son esprit militaire, on lui enlèverait les
triomphes de son intelligence et de sa liberté sur le
despotisme conjuré contre elle; quant à ses fautes, à
ses adversités, l'esprit militaire ne les a pas provoquées, et s'il n'a pu les prévenir, au moins il les a
empêchées d'être irréparables en les illustrant.

L'esprit militaire change de caractère selon l'esprit
général d'un peuple. Si trop souvent à des époques
d'aristocratie ou de despotisme l'esprit militaire n'a
été que l'amour des conquêtes ou de guerrières aven-
tures, à une époque et sous des institutions démocratiques, il est la religion de la patrie, le sentiment des
droits de l'humanité, associés au goût des exercices et
des fatigues de la guerre, à la haute estime des qualités qui font le soldat et le capitaine, à la reconnaissance et à l'admiration pour les grands succès lorsqu'ils
sont une victoire de la justice sur la force.

L'importance attribuée au développement de l'esprit
militaire ne mène pas plus à la pensée d'un gouvernement militaire, que l'influence du clergé et des hommes de lois aux États-Unis ne constitue un gouvernement de mages ou de mandarins. A chaque nation son

génie ou plutôt ses nécessités. Dans leurs crises politiques, les Anglais et les Américains convoquent des
assemblées, motionnent, délibèrent, derrière leurs
remparts naturels ils n'ont rien de plus pressé que de
discuter et de formuler leurs vœux. Les Français, en
révolution, courent aux armes, forment leurs bataillons, leur premier besoin est de se faire un rempart
de baïonnettes, à l'abri duquel la nation puisse accomplir ses réformes.

L'existence de la France est en effet attachée à l'une
de ces deux conditions : transiger avec les exigences
de l'aristocratie européenne, admettre un gouvernement acceptant de l'étranger le mandat de comprimer
le génie, les progrès de la nation, et par cela même
contraint à chercher contre l'opinion publique un
point d'appui dans la force, dans des intérêts privilégiés et dans la corruption. Ou bien gouverner la France
pour la France, selon ses besoins, ses idées ; mais
alors un grand développement militaire est nécessaire
pour protéger nos frontières, nos réformes et nos al-
liances. Dans cette position, la prépondérance ne peut
appartenir à la robe, à l'église ou à la finance ; elle
est à l'armée à cause de sa force, de l'immense intérêt
de sa mission et de l'esprit militaire du pays qui lui
rattache ses plus vives sympathies.

Telle est la condition bonne ou mauvaise mais indispensable de la démocratie dans notre pays. Est-ce à

dire qu'elle y soit impossible? Nullement, la nécessité
de développer sa puissance militaire est au contraire
un des motifs qui poussent la France vers les institutions démocratiques. Car si l'armée est la condition
et le contre-poids de la démocratie française, celle-ci
est au même degré la condition et le contre-poids indispensables d'une armée fortement organisée.

Dans la monarchie, où l'on voit entre les mains du
même homme se confondre avec le commandement suprême des armées le pouvoir législatif, les pouvoirs administratif et judiciaire, tous les moyens d'influence et
de corruption, l'abus de la force militaire semble inévitable puisque rien ne peut la contre-balancer. Ce n'est
qu'en Angleterre, pays dispensé d'entretenir de grandes armées, que la monarchie constitutionnelle a pu
se concilier avec le gouvernement du pays par le pays.
Ainsi la nécessité qui force la France à être une
nation militaire l'oblige d'être une nation démocratique, car la démocratie seule peut donner à la
liberté assez de force et à l'armée assez d'amour de la
liberté pour rendre leur union possible. Sous un gouvernement d'égalité, l'armée ne pourrait être que toute
démocratique; ses plus nobles sentiments, ses plus
chers intérêts, comme ceux du pays, lui en font une
loi. L'équilibre européen a cessé d'être le pivot de la
politique; le triomphe de l'absolutisme et de l'aristocratie ou de la liberté et de l'égalité est l'immense

intérêt qui domine tous les autres. L'armée ne peut être vouée à la cause de la France sans l'être aux principes, aux idées dont la fortune est celle de la France. Comment développerait-elle toute son énergie pour obtenir une victoire contraire à sa conscience et à ses intérêts? La victoire de la France et de l'armée, c'est celle de la démocratie; l'armée ne peut donc s'empêcher d'être démocrate.

Il n'est donné qu'à la démocratie d'assurer à la France l'entier développement de ses forces militaires. La puissance des armées réside dans leur organisation et dans l'énergie des soldats qui les composent. Une armée dont la force est dans son organisation peut accomplir de grandes choses, mais dès que son organisation est détruite par la trahison ou par un revers, c'est une voûte dont la clef vient à manquer, tout est perdu. Lorsque la force d'une armée réside aussi dans l'énergie individuelle des soldats, on peut la battre, mais non la vaincre; il reste toujours des hommes dévoués à leur cause, résolus de ne pas lui survivre, qui se reforment et reviennent au combat. Or l'enthousiasme, l'abnégation ne peuvent plus être inspirés en France que par l'amour de la liberté, de l'égalité, de la patrie, que par les institutions démocratiques qui les consacrent.

Les premières campagnes de la révolution ont eu leurs jours de désastres et de trahison, mais l'armée était battue sans que les soldats fussent ébranlés dans leur dévouement; la lutte continuait, affaiblissant le vainqueur et enfantant de nouveaux bataillons, ardents à venger la défaite. Un général trahissait, vendait son armée, mais ne savait la livrer; les soldats étaient avant tout ceux de la patrie; lorsque la voix d'un chef commandait une trahison, ils entendaient la voix de la patrie qui leur commandait la désobéissance; fermes à leur poste, ils puisaient dans l'indignation inspirée par le traître un enthousiasme qui assurait la victoire.

C'est d'ailleurs sur le principe de l'égalité que repose toute émulation militaire. Dans un pays où il n'est plus ni classe supérieure ni classe inférieure, tout grade accordé à la faveur n'est qu'une flagrante injustice qui provoque le mécontentement. Lorsque les grades, depuis le plus humble jusqu'au plus élevé, ne sont donnés qu'au mérite et aux services, non seulement ils sont occupés par des hommes d'une capacité bien supérieure, mais l'émulation fait éclore dans tous les rangs une héroïque ardeur et de grandes facultés, qu'une rigide impartialité sait mettre à leur place.

Si tous les citoyens, sous un régime d'égalité, accomplissaient de leur personne, au moins partiellement, le service militaire qu'ils doivent à l'état, le bien-être, la vie des soldats seraient plus respectés; toutes les familles comptant des représentants dans les rangs de l'armée, seraient plus intéressées à ce que justice fût faite des prévarications et des abus.

Beaucoup d'emplois civils, actuellement envahis par la corruption et le favoritisme, devraient être l'apanage destiné à reconnaître le sang versé pour la patrie. Le résultat serait de procurer un avancement plus rapide, même dans l'état de paix, et de faire rentrer dans la vie civile un grand nombre d'officiers encore jeunes, dont les services viendraient ajouter une force incalculable à l'institution de la garde nationale.

De telles mesures d'équité envers l'armée ne sont possibles qu'avec la démocratie. Sous un gouvernement arbitraire ou fondé sur le privilége des droits politiques, il n'y a plus de grades ni d'emplois pour récompenser ceux qui servent le pays : grades, emplois, abus, concussions sont un butin acquis, en retour de leurs suffrages et de leur conscience, par les hommes qui aident le pouvoir à faire triompher sa cause sur celle de l'intérêt national. Les avantages dont la démocratie est la condition pour l'armée sont si grands, si clairement le résultat exclusif du principe de l'égalité, que le plus grand ennemi de l'armée serait le chef ambitieux qui voudrait tourner les armes des soldats contre la liberté du pays.'

Le patriotisme, l'organisation et l'intérêt de l'armée seraient des garanties efficaces contre l'ambition d'un chef qui voudrait abuser du prestige de ses victoires.

Un gouvernement sage en trouverait d'autres : par sa prévoyance, le commandement des armées n'apparaitrait plus comme l'attribut de la personne, mais comme celui de la loi ; pour atteindre ce but, le commandement en chef doit être non un grade, une dignité, mais une fonction temporaire. Que celui qui fut chef ne puisse oublier d'obéir, il en résultera la possibilité d'employer ensemble un plus grand nombre d'hommes supérieurs, l'obéissance sera plus absolue, sans pouvoir être tournée contre la chose publique, parce qu'on sera habitué d'obéir non à la personne mais à la loi.

D'autres considérations doivent déterminer un gouvernement démocratique à multiplier les positions éminentes dans l'opinion publique. Les hommes agissent selon leur nature, qu'ils peuvent changer d'autant moins facilement que les succès qu'ils ont obtenus les confirment dans une voie qui leur a réussi. La démocratie est le gouvernement qui comporte le mieux le changement des hommes selon les circonstances. Il y eut une époque où le génie de Napoléon était admirablement approprié aux besoins de la nation. Si la prépondérance de la France une fois assurée, la forme de son gouvernement eût permis au pays de confier la direction de sa politique à un homme de modération et de liberté, quel haut degré de gloire et de grandeur la France aurait su atteindre et conserver,

Aucune combinaison politique ne peut empêcher qu'un peuple qui court à la servitude ne rencontre un maître. Lorsque tel est le sort d'une nation, la faute n'en est pas à l'esprit militaire, mais à l'ignorance du grand nombre et à la corruption de quelques hommes. Un peuple portant les armes, jouissant de ses droits politiques, au nom et par la puissance duquel sont conférés tous les emplois, tous les grades, les récompenses et les fonds nécessaires aux services publics, un peuple possédant, en un mot, des institutions démocratiques, n'a jamais eu à redouter une usurpation militaire, s'il était digne de la liberté.

La démocratie combinée avec l'esprit militaire n'est pas seulement pour la France une possibilité, elle est une nécessité : la France n'arrachera pas de ses lois, de son histoire, de son cœur l'esprit d'égalité dont elle est pénétrée ; or, la France démocratique est obligée d'être militaire pour défendre son indépendance, et la France militaire est obligée d'être démocratique pour assurer sa liberté.

CHAPITRE X.

DE LA LIBERTÉ.

Définition. — L'obéissance à des lois non consenties n'est pas la liberté.

En logique il peut être indifférent de prendre pour signe de sa pensée un mot ou un autre, pourvu que la signification en soit nettement définie. En politique, en morale, il faut parler le langage de tous; et s'il est des mots qui ont acquis la puissance de réveiller dans le public tout un ordre de sentiments, on ne peut en changer l'acception sans tomber dans une confusion de langage qui bientôt s'étend jusqu'aux idées. Le mot *liberté* présente peut-être l'exemple le plus remarquable d'une telle confusion. La société moderne, mêlant à ses institutions féodales et monarchiques les idées de la Grèce et de Rome, a répété, d'après les anciens, que la liberté est dans le règne des lois. La liberté, d'après nos publicistes, consiste donc à ne pouvoir être empêché de faire ce que la loi permet, et à n'être pas contraint de faire ce qu'elle n'ordonne pas. C'est là une étrange méprise, car les mêmes mots, par suite du changement des choses, ont pris une signification tout à fait opposée. La loi chez les anciens était l'œuvre du peuple, l'expression directe de sa volonté. La loi était donc au corps politique ce que la volonté est à l'individu. La liberté politique était alors dans l'exécution de la loi comme la liberté de l'individu est dans l'accomplissement de sa volonté.

Violer la loi dans les anciennes républiques, c'était violer la volonté du peuple, détruire sa liberté et faire acte de tyrannie. C'est dans ce sens seulement que les anciens respectaient la loi et voyaient dans son infraction la destruction de la liberté. Ils étaient si loin d'attacher la même idée aux décrets qui n'émanaient pas du peuple, mais d'un seul, ou d'une autorité distincte du peuple, qu'à leurs yeux frapper ceux qui avaient commis une telle usurpation, c'était venger la loi et se dévouer à la liberté.

Invoquer le respect des anciens pour leurs lois comme un exemple qui doit nous inspirer du respect pour les nôtres; prétendre que comme eux nous ne devons pas voir la liberté hors de la loi, c'est prétendre que nous devons attacher beaucoup de prix à obéir à la volonté d'autrui, parce qu'ils en attachaient, eux, à n'obéir qu'à leur propre volonté.

Si faire tout ce que la loi permet et ne souffrir que ce

qu'elle autorise constitue la liberté, le serf attaché à la glèbe, l'imprimeur pendu pour publication offensante, le protestant dépouillé, mis au bagne, l'hérétique sur le bûcher étaient libres, car ils étaient traités selon la loi. L'ouvrier qu'une crise commerciale ou un simple changement dans la mode des étoffes vient priver de travail et de pain, sans que la loi lui accorde aucun moyen d'exposer sa souffrance et de la faire peser dans la balance législative, ést également libre. L'esclave de nos colonies, haletant sous le fouet de son maître, enchaîné, mutilé, supplicié selon les termes du code noir, fait tout ce que la loi lui permet et n'est contraint à rien qui ne soit ordonné par la loi; il jouit donc, selon la doctrine de nos publicistes, d'une pleine liberté. La liberté ainsi définie est la meilleure définition que l'on puisse donner de la servitude.

Pour sortir d'une pareille confusion, parlons le langage de tous : la liberté est l'exercice de la volonté; la liberté absolue n'existe donc pas, elle rencontre dans les circonstances physiques ou sociales une foule d'obstacles insurmontables. La liberté n'est pas toujours un droit : le galérien n'est pas libre et il n'a pas droit de l'être. S'il s'échappe, il devient libre quoiqu'il viole la loi, et sa liberté est un malheur. Le citoyen contraint de quitter sa famille, sa profession et de passer sa jeunesse sous les armes, pour la défense de la patrie, ne jouit pas en cela de sa liberté, car il ne fait pas sa volonté, mais cette contrainte est juste et nécessaire.

Le bien public trace la limite où l'exercice de la volonté cesse d'être un droit pour l'individu. Cette limite doit être large et permettre le développement des facultés humaines, car la liberté n'est pas moins une cause qu'un effet des progrès de la civilisation. Éclairer la volonté humaine, puis respecter son exercice, est la voie la plus sûre pour arriver à l'amélioration morale de l'homme, véritable but de la société. C'est en ce sens que *vive la liberté!* nous apparaît comme une des plus saintes formules que puisse adopter l'amour de l'humanité.

CHAPITRE XI.

LIBERTÉ DE PENSER ET D'EXPRIMER SA PENSÉE.

Le progrès de l'intelligence fait une loi de la liberté de penser. — Les idées les plus avancées sont toujours une pensée de minorité. — De la taxe sur la publication de la pensée.

Une idée nouvelle éclot dans la tête d'un homme, se répand d'abord parmi ceux qui s'occupent d'étude et

de science, gagne la partie la plus éclairée de la société, et enfin, adoptée par l'opinion, devient un sentiment national. Mais pendant ces différentes phases,
l'esprit humain, les événements ne s'arrêtent pas;
d'autres idées surgissent, qui poussent leurs devan-
cières et se propagent poussées elles-mêmes par des
idées plus récentes. Nos idées populaires sont les idées
hardies de nos pères, comme nos idées hardies seront
les idées populaires de nos descendants. La pensée de
l'avenir, la vérité philosophique est donc toujours une
opinion de minorité, choquant plus ou moins les opinions généralement reçues. Dès lors quel est le système
restrictif contre la liberté de penser qui ne serait pas
tourné contre la vérité?

Lorsque le pouvoir de réprimer les écarts de la
pensée s'exerce par un gouvernement en arrière du
pays, les opinions les plus avancées, les opinions même
de la majorité ne peuvent manquer d'être poursuivies.
Supposons ce pouvoir remis au gouvernement le plus
national, le plus populaire; précisément parce qu'il
est la réprésentation exacte de la majorité, ce gouvernement ne peut être qu'à la hauteur de l'opinion publique; la répression de la pensée remise entre ses
mains serait alors la proscription des vérités qui
n'ont pas encore pour elles la masse du public, et
comme la vérité ne peut arriver à la majorité qu'en
passant par la minorité, le progrès intellectuel serait

combattu avec autant d'acharnement que sous le gouvernement le moins populaire. Quels que soient la
forme et le principe du gouvernement, le respect de la
vérité ne se trouve que dans la liberté.

Si le gouvernement était plus avancé que le pays,
si la tête des hommes d'état était le sanctuaire de la
vérité et que leur plus sincère désir fût de la propager, la répression de la pensée uniquement tournée
contre l'erreur serait encore un obstacle au progrès
de la société ; la vérité imposée étouffe l'intelligence,
la liberté de penser peut seule la développer. La liberté
est dans l'ordre intellectuel ce que la division du travail est dans l'industrie. Les faits, les systèmes sont
envisagés à la fois sous mille faces différentes, et de
cette infinie variété de points de vue naissent des aperçus, des analogies, des idées auxquelles l'esprit humain
n'arriverait jamais sous l'empire de l'unité intellectuelle. C'est pourquoi le progrès continu qui fait une
loi de la liberté de penser en fait également une de
la patience et de la modération.

Les opinions actuelles de la majorité furent dans un
temps les plus avancées de leur époque ; les opinions
nouvelles seront un jour adoptées par la majorité, puis
dépassées à leur tour ; que de motifs dans cette destinée des opinions, pour que les défenseurs de la vérité
soient tolérants en même temps qu'inébranlables dans
leur foi.

L'expression de la pensée, comme la pensée même, ne saurait être soumise qu'au contrôle de gouvernements en arrière des idées les plus avancées. L'expression de la pensée doit donc être libre pour que l'expression de la vérité soit respectée. Cependant il est des formes de publication où la liberté présente des inconvénients plus graves que les écarts inévitables du gouvernement dans l'exercice de sa juridiction intellectuelle.

Si le pinceau de l'artiste ou le théâtre se livre à des productions capables de dégrader le caractère national, le gouvernement ne doit pas oublier que les intérêts intellectuels sont les plus dignes de sa sollicitude, la société ne doit pas perdre de vue que pour elle la liberté n'est qu'un moyen, et le perfectionnement moral son but le plus élevé.

La liberté d'imprimer ne saurait être l'objet d'aucune mesure préventive. Aux yeux des agents du pouvoir, il n'est pas d'idée plus dangereuse que l'histoire de leurs méfaits et le développement des théories qui contredisent leur autorité. L'esprit de toute mesure préventive contre la presse est donc impunité des agents du pouvoir, proscription du progrès social ; tel est l'abus des interprétations que la censure établie en vue des écrits contraires aux mœurs s'appliquerait à tous les écrits qui contrarieraient les vues du pouvoir. Bientôt le comble de l'immoralité serait d'inspirer l'amour de la patrie, et de flétrir les hommes uniquement dévoués à leur fortune, qui poursuivent leur élévation au prix de toutes les bassesses, de tous les mensonges, de toutes les trahisons.

Une entrave plus odieuse que la censure, c'est la taxe sur la publication de la pensée, qui, par un obstacle pécuniaire, prive le grand nombre d'un puissant moyen d'instruction. Combien peu étudient un traité de morale ou de politique, tandis que chacun a le loisir et l'aptitude nécessaires pour suivre avec intérêt l'application des théories politiques et morales aux événements qui se passent sous ses yeux.

Autrefois les gentilshommes entraient dans le sanctuaire, mais au moins le temple restait ouvert à la foule qui venait prendre sa part de la parole évangélique; aujourd'hui la presse, cette chaire de notre époque, n'existe pas pour le peuple. La communauté intellectuelle, qu'un pouvoir qui se proclamait distinct et au dessus du peuple ne contestait pas, est refusée par un pouvoir qui n'est quelque chose que par le peuple et en son nom. Dans un état où le principe de l'égalité humaine est admis, et où il ne peut s'élever d'autre objection contre l'égalité politique que le défaut de lumières, la prohibition dirigée contre le progrès intellectuel du grand nombre est un acte anti-social qui donne la mesure exacte de la bonne foi du pouvoir.

CHAPITRE XII.

LIBERTÉ D'ASSOCIATION ET D'ASSEMBLÉE.

Les besoins intellectuels sont un fait ineffaçable. — La liberté d'association et d'assemblée est dans l'ordre intellectuel l'application du gouvernement par soi-même. — Remède contre l'esprit d'émeute et le
dévouement égaré. — Différence entre les associations publiques et les
sociétés secrètes. — Associations en Angleterre. — Garanties contre les
abus de la liberté d'association. — Modes d'application. — Sans association point d'enseignement public ni de liberté religieuse.

Les ouvriers manquent à l'ouvrage, les salaires sont
trop élevés, ne cessent de répéter certains hommes ;
suivant eux, le peuple vit dans l'aisance, ses plaintes,
ses réclamations, ou plutôt celles que l'on élève en
son nom, n'attestent qu'un esprit de turbulence et de
révolution.

Cette allégation sur l'aisance de la population est mal-
heureusement loin d'être exacte, et le serait-elle, que
la conclusion que l'on en tire ne serait pas mieux fondée. Ce n'est jamais ce que nous souffrons, mais ce
que nous pourrions ne pas souffrir qui légitime nos
plaintes. Quand la condition du peuple serait plus
mauvaise, ses plaintes ne seraient pas justes si cette
condition était nécessaire, et quand sa condition se-

rait plus heureuse, si elle ne répondait pas à son industrie, à son intelligence, à ses progrès sociaux, ses plaintes seraient encore justes, car personne n'a le droit de dire à une nation : assez de progrès, tu n'iras pas plus loin.

Mais les besoins matériels sont-ils donc les seuls? L'homme est un corps et une pensée, ses besoins intellectuels réclament satisfaction autant que ses besoins physiques. Si l'homme n'avait que des besoins matériels, on verrait les plus riches dans une quiétude parfaite. Le riche se passionne pour la religion, la politique, la morale, la littérature et les arts; comment le pauvre, dont la nature est la même, n'éprouverait-il pas des besoins semblables? Si la position matérielle du peuple est aussi favorable qu'on le donne à entendre, ses besoins intellectuels n'en sont que plus vifs, car la satisfaction des besoins physiques développe l'essor de l'intelligence. Si la condition du peuple est assez dure pour faire supposer qu'elle étouffe en lui les besoins intellectuels, on reconnaît donc que ses plaintes ne sont pas mal fondées et qu'elles sont dictées par un double intérêt : son amélioration morale et son bien-être matériel.

De ce qu'un homme souffre au physique, ce n'est pas une raison pour faire qu'il souffre au moral; il faut au contraire empêcher que sous l'influence de la souffrance physique son intelligence ne s'altère, il faut favoriser son développement intellectuel, afin de provoquer en lui des habitudes et une énergie capables de multiplier ses forces, pour le mettre à même de supporter et d'améliorer sa position.

La préoccupation des besoins physiques émousse, sans l'étouffer, le sentiment du besoin intellectuel; à toutes les époques, on retrouve dans les masses la manifestation de ce besoin, accompagnée d'institutions propres à le satisfaire. Pendant une longue succession de siècles, le sacerdoce répondait au besoin intellectuel des peuples; le prêtre parlait, et sa parole provoquait les impressions morales indispensables à l'existence complète de l'homme; aujourd'hui que la délégation de la parole divine n'est plus admise par une société dont l'intelligence s'est développée, où voit-on l'institution qui réponde aux besoins intellectuels?

Que des hommes se réunissent pour glorifier le principe d'égalité sur lequel reposent la société et ses lois fondamentales; qu'ils s'éclairent sur la règle morale de leur conduite privée et publique, honorant ce qui est honorable, et méprisant ce qui est méprisable; qu'au besoin de poésie qu'éprouvent tous les hommes ils offrent pour aliments la gloire de la nation, la puissante initiative de sa pensée, ses luttes héroïques pour l'affranchissement commun, les mystérieuses grandeurs de l'avenir; c'est là un crime, aux yeux de la loi, sur lequel les agents de la force publique et la justice se ruent avec acharnement. Le droit d'assemblée et de parler à la foule est le privilége exclusif d'un culte qui n'est plus en rapport avec les idées et les besoins de la société.

Cependant le manger et le couvert ne sont pas toute la vie de l'homme. Un établissement politique qui ne tient compte que des intérêts matériels, qui n'admet pas de besoins intellectuels ou qui cherche à les étouffer au lieu de leur ouvrir une large voie de satisfaction, n'est qu'un établissement caduc, puisqu'il est en contradiction avec les premiers besoins de la nature humaine. Ce n'était pas du pain que Mahomet promettait à ses Arabes et Jésus aux esclaves de l'empire romain. Ce n'est pas pour du pain que l'Europe s'ébranlait à la voix de Luther. Les cantons suisses, les provinces unies, l'Angleterre et plus tard ses opulentes colonies ne furent pas redevables de leurs révolutions à la faim, mais à cet esprit de progrès et de liberté, à ce sentiment de la dignité humaine qui firent aussi notre révolution de 89 et de 1830.

Les besoins intellectuels sont un fait qui ne peut être effacé. Il serait anti-humain, il est au-dessus de tout pouvoir de les étouffer, il faut donc les admettre et chercher à leur donner la meilleure direction possible. Les institutions qui répondent au besoin intellectuel sont entraînées par le même mouvement que toutes les autres institutions sociales. Dans toutes les branches du pouvoir public, la société conquiert le gouvernement par soi-même. Par l'élection des législateurs, par l'élection du chef suprême de l'état ou par la réalité du pouvoir ministériel, par la garde nationale et la conscription, par le jury, la société devient elle-même pouvoir législatif, pouvoir exécutif et administratif, pouvoir militaire et judiciaire. Par la liberté d'association et d'assemblée la société doit acquérir le pouvoir intellectuel.

Il est impossible que la révolution qui s'accomplit à l'égard de tous les pouvoirs temporels, ne s'accomplisse pas également à l'égard du pouvoir intellectuel. La révolution française n'est pas seulement une révolution politique et sociale, c'est aussi une révolution philosophique. Comment le clergé consacrerait-il, par ses instructions morales, des changements politiques et sociaux nés du même principe que la révolution philosophique qui donne un démenti à sa mission sacerdotale?

En France, tout pouvoir né de la révolution n'a que trois partis à prendre, relativement au pouvoir intellectuel.

Nier les besoins moraux de la société pour ne lui reconnaître que des besoins matériels; mais l'existence d'un gouvernement est bien compromise lorsqu'elle est en contradiction avec la nature de l'homme et qu'il proclame lui-même son immoralité.

Conserver le privilége exclusif de l'enseignement moral au sacerdoce qui nie sa légitimité; mais les hommes qui croient à la parole du sacerdoce ne croiront pas à la légitimité du pouvoir; et les hommes qui ne croient pas au sacerdoce, lésés dans leurs besoins intellectuels, deviendront ou demeureront hostiles au pouvoir.

Enfin admettre le seul pouvoir moral que comporte la société, le gouvernement par soi-même en matière intellectuelle, qui ne peut exister que par la liberté d'association et d'assemblée. Alors seulement, quand l'ordre moral aura consacré l'ordre politique et social, le gouvernement cessera d'être accepté comme un expédient transitoire, pour devenir permanent et définitif.

Quelque prix que nous attachions à la liberté de la presse, nous ne devons pas nous faire illusion sur l'importance de ses résultats. Libre des entraves du fisc, la presse mettrait à la portée de tous l'expression de la pensée; mais elle ne saurait suppléer à la liberté d'association et d'assemblée, qui seule peut développer ces pensées collectives nécessaires à l'ordre et aux progrès de la société, autant qu'à la satisfaction morale de l'individu.

L'homme isolé ne sent ni ne pense comme l'homme réuni à d'autres hommes; de l'impression de chacun modifiée par celle de tous il résulte une pensée commune, à laquelle aucun ne serait arrivé dans l'état d'isolement; qu'un homme assiste seul à une représentation théâtrale, il jugera froidement avec plus ou moins de plaisir du mérite de la composition et de la mise en scène; que le spectacle ait lieu devant deux mille personnes, il semble que la vue et le mouvement de cette foule, vivant démenti aux fictions de la scène, apportent un obstacle insurmontable à l'impression dramatique; au contraire, l'impression personnelle multipliée par celle de tous, atteint le plus haut degré d'énergie, à tel point que l'illusion devenue complète fait passer les spectateurs par toutes les émotions que provoquerait la réalité même.

Ce ne sont pas seulement les émotions de la scène qui ont besoin d'être partagées pour devenir entraînantes. Plus une opinion s'éloigne du domaine des sens, moins elle possède d'empire sur l'esprit de l'homme, si elle n'a point pour elle cette force sympathique qui résulte de la commune manière de penser et de sentir. L'homme isolé, pesant tour à tour les suggestions de l'égoïsme et les inspirations de dévouement, s'élève rarement au-dessus du doute et de l'indifférence; mais entouré d'autres hommes, s'il voit son égoisme produire la froideur et l'éloignement, tandis que son dévouement provoque l'estime et l'affection, bientôt son cœur s'échauffe au feu que lui-même allume dans le cœur de ses semblables, ses incertitudes se changent en convictions, son hésitation en fermeté, son apathie en activité.

L'association et la réunion ne développent pas moins le progrès des idées que leur moralité. L'homme qui pense seul envisage rarement une idée sous toutes ses faces, il se traîne sur le sentier des faits ou s'égare à travers les théories ; dans l'association, tous les côtés d'une opinion sont vus à la fois ; les idées murissent vite, les doctrines arrivent promptement à la perfection qu'elles comportent ; l'erreur et la vérité sont plus tôt reconnues.

Une logique secrète fait sentir à l'homme qu'avant d'agir en vue d'un intérêt public, il doit connaître la pensée de la société sur son propre intérêt. S'il n'a aucun moyen de voir, d'entendre la pensée sociale, incertain entre toutes les opinions privées qui se donnent pour l'opinion publique, il devient bientôt étranger à l'intérêt social, ou plutôt il ne le juge plus que par ce qui le touche personnellement, et l'égoïsme, les intérêts matériels forment le trait saillant d'une génération.

L'égoïsme n'est pas le seul mal qui résulte de la proscription du droit d'association. Les esprits les plus généreux qui ne peuvent étouffer le besoin de vivre pour tous et de se dévouer deviennent un fléau par la faute des institutions qui les forcent de s'égarer, en les empêchant de communiquer avec la société.

Il est un crime qui n'est pas défini par nos codes et que les juges confondent avec d'autres crimes dont il est essentiellement différent; c'est le dévouement égaré, l'amour du bien public mal dirigé. Tous les crimes ne sont pas inspirés par l'égoïsme, il en est qui sont inspirés par une sympathie généreuse mais aveugle. Dans le crime où l'on rencontre évidemment l'amour des autres et l'abnégation de soi-même, il faut réprimer et punir, le salut de la société l'exige; il faut punir l'acte, sans cesser de respecter le motif qui est le principe de toute vertu humaine. Mais ce qu'il faut par dessus toute chose, c'est de mettre fin aux causes d'un si fatal aveuglement. On sort en armes, croyant que le peuple n'attend que le signal; descendu dans la rue pour servir d'avant-garde à ses concitoyens, on devient leur meurtrier. Le seul remède contre le dévouement égaré est dans des institutions qui permettent la libre manifestation de l'opinion publique.

En France, un long enchaînement de circonstances pousse les opinions à la violence. Institutions, unité territoriale et législative, lois civiles, mœurs, propriétés, gloire de vingt-cinq années, reposent sur l'émeute victorieuse de 89. L'émeute de 1830 a préservé la France d'un régime qui soulevait toutes ses antipa-

thies et vengé en trois jours toutes les injures reçues
de la contre-révolution. Napoléon est le chef heureux
d'une conspiration contre le gouvernement qu'il
avait juré vingt fois de défendre. Si les cinq-cents
avaient su mourir, ce n'était pas seulement un corps
de garde, c'était la représentation nationale qu'il sur-
prenait et assassinait. Cependant Napoléon est le
demi-dieu de notre histoire; son nom, ses souvenirs
sont dans la bouche et dans le cœur du peuple; les
monuments élevés à sa gloire sont devenus les autels
de notre époque.

Dans un pays où tout repose sur l'émeute, où tout
l'inspire, l'esprit d'émeute n'est pas le fait d'un individu, mais de la société; et ce fait, quelque heureux
que soient les événements dont il est le résultat, n'en
est pas moins en lui-même un immense malheur.
Sans autorité, sans hiérarchie, sans discipline, point
de liberté politique possible, puisqu'il n'existe plus
de moyens de faire régner la volonté générale : non
seulement les partis se révoltent contre le gouvernement, mais les partis se divisent et se subdivisent en
nuances infinies, qui se morcellent et s'entravent, en
attendant qu'elles luttent les unes contre les autres.
Au milieu d'un tel fractionnement, la puissance sociale devient stérile, car sans union point de force.

Tel est le résultat de l'esprit d'émeute. A ce mal de
notre époque le plus sûr remède est la liberté d'as-

semblée et d'association. D'abord, cette liberté ral-
lierait les partis autour d'une idée commune, en même
temps qu'elle les détournerait de la violence, en leur
faisant entrevoir les moyens d'obtenir un triomphe
pacifique. Ensuite, par la libre expression de l'opinion,
elle empêcherait les gouvernements, comme les partis, de se jeter dans des entreprises insensées, toujours
déterminées par une fausse appréciation de l'esprit
public.

Depuis 1830, si les institutions avaient permis à
l'esprit public de se manifester, avec ses sentiments
profondément nationaux, mais avec son amour de
l'ordre et de la paix ; avec ses sentiments d'égalité et
de liberté, mais avec sa crainte des malheurs passés et
son incorrigible confiance dans des piéges qui trom-
pent encore les hommes quoiqu'ils les aient toujours
trompés, la nation n'aurait pas eu peur d'elle-même ;
le gouvernement n'aurait pu suivre la voie dans laquelle il s'est engagé aux dépens de l'avenir ; le pays
surtout n'eût pas été déchiré par ces déplorables appels
à une population sur les mécontentements de laquelle
on se faisait une complète illusion.

Le gouvernement, en repoussant la liberté d'assemblée et d'association, perpétue l'esprit d'émeute, cette
plaie de notre époque ; il fait plus, après avoir enlevé à l'o-
pinion publique tout moyen régulier de manifestation,
forcé en définitive de lui céder lorsqu'elle devient trop

menaçante, il prend alors l'émeute en considération, il lui fait sa part d'influence dans les affaires de l'état, comme à l'un des éléments de la puissance publique. Des faits presque journaliers témoignent de cette vérité.

Au commencement de 1839 les céréales étaient à un prix élevé, moins élevé toutefois que sur les marchés anglais ; des exportations assez considérables avaient lieu des côtes de l'Ouest pour l'Angleterre ; alors notre population s'inquiète, s'agite, s'oppose au chargement des vaisseaux, se porte même dans les magasins des négociants ; des troupes sont envoyées, le peuple prend les armes, de nombreuses victimes tombent des deux côtés ; aussitôt le gouvernement prohibe l'exportation. Le gouvernement a donc reconnu qu'au fond les révoltés avaient raison, qu'ils réclamaient une mesure salutaire ; comment ne pas reconnaître aussi que des adresses délibérées par des assemblées ou des associations publiques auraient été moins contraires à l'ordre que des coups de fusil.

Le gouvernement, il est vrai, fit ensuite poursuivre et condamner un grand nombre de citoyens pour avoir pris part à ces troubles ; mais n'est-ce pas là une nouvelle contradiction, plus capable encore que la première de détruire toute notion d'ordre public ? chacun ne devait-il pas faire cette réflexion ? « Au fond, les **« révoltés avaient raison, puisque le gouvernement**

« s'est empressé d'accorder ce qu'ils réclamaient; la
« forme de leur réclamation était mauvaise, mais elle
« était la seule possible; les uns sont morts ou blessés,
« les autres sont condamnés, mais sans eux nous n'au-
« rions pas obtenu la mesure salutaire dont le gou-
« vernement lui-même a proclamé l'urgence; les con-
« damnés sont donc martyrs du bien public. » Ces
conséquences déplorables sont logiques, inévitables,
elles sont entraînantes pour les cœurs les plus ardents.

Il est impossible que le gouvernement ne cherche pas
à étouffer une guerre civile qui éclate dans plusieurs
départements; il est impossible qu'ensuite il laisse
impunis des actes de rébellion, des attentats contre le
domicile, la propriété et la personne des particuliers ;
il est impossible qu'un tel contraste de concession et
de vengeance de la part de l'autorité, de raison et
d'erreur, de dévouement et de condamnation du côté
des révoltés, ne développe pas dans le pays des idées
d'émeute et d'anarchie; mais toutes ces impossibilités
tiennent à l'absence d'institutions qui permettent au
public de manifester régulièrement ses besoins et
ses vœux. Admettez la liberté d'assemblée, d'association, et le gouvernement n'est plus réduit à céder à
la révolte; si la manifestation de l'opinion publique
lui indique des besoins réels, une volonté générale,
ses concessions devancent la révolte; si les besoins ne
sont pas réels, s'ils ne rallient pas une opinion puis-

santé, les mécontents acquièrent le sentiment de leur faiblesse et ne tentent rien contre l'ordre public.

On se plait à répéter qu'avec le caractère français les associations, les assemblées publiques ne peuvent que dégénérer en insurrection : on oublie que sous l'empire d'une loi qui proscrit le droit d'association et d'assemblée, il faut déjà s'insurger pour s'associer ou se réunir. Si nos associations et nos assemblées sont inséparables de l'insurrection, il ne faut pas s'en prendre au caractère national, mais à l'effet immédiat de la prohibition légale, qui transforme elle-même en insurrection tout acte d'association ou d'assemblée populaire.

Les effets de l'association sous le régime de la liberté sont loin d'être les mêmes que sous le régime de la prohibition. Dans le système des associations publiques autorisées par la loi, les opinions se discutent, se mûrissent, les partis se comptent, jugent de leurs forces, et dans l'impossibilité de se faire illusion, se dissipent ou ajournent leurs projets. Les associations secrètes, au contraire, sont une source de profondes méprises sur l'opinion publique. Les affiliés vivent dans un monde à part; ils ne voient et n'entendent qu'eux; la contradiction extérieure ne vient pas les chercher, la contradiction intérieure leur paraîtrait un blasphème inspiré par la peur; se répétant les uns les autres, ils prennent leur propre écho pour la voix du

13

peuple. Leurs cadres, leur hiérarchie, leur fantôme de gouvernement finissent par leur sembler des choses sérieuses et leur inspirer les idées les plus exagérées de leur importance; les derniers rangs, chez lesquels l'illusion est d'autant plus complète qu'ils sont plus éloignés de la scène, poussent à l'action, pleins de foi dans la force du parti ; les chefs se laissent entraîner, pour conserver une autorité fondée uniquement sur leur réputation d'énergie et de dévouement; lorsque sous l'influence de tant de motifs d'excitation, les associés ont redoublé leur fièvre, ils s'imaginent que le public partage leur délire, alors ils n'hésitent plus, ils entreprennent d'être les libérateurs de leurs concitoyens, et ils en deviennent les agresseurs ; ils se dévouent au salut de la patrie et ils aggravent tous ses maux.

On fait valoir contre le droit d'association et d'assemblée les fréquentes agitations qu'il provoque chez un peuple voisin ; mais un examen réfléchi démontre que chez ce peuple les associations et les assemblées populaires, quelque trouble qu'elles causent à la surface, sont au fond un élément puissant d'ordre et de stabilité.

Comment l'Angleterre avec son petit nombre de propriétaires, ses légions d'ouvriers affamés et la faiblesse de son armée permanente, peut-elle préserver son état politique et social d'un bouleversement? Si les assemblées et les associations avaient la tendance anarchique qu'on leur attribue, il y a longtemps qu'au milieu de circonstances aussi favorables à une révolution, elles auraient soulevé des orages qui auraient tout emporté. Nous voyons au contraire les questions qui intéressent au plus haut degré l'existence des partis, et par conséquent les moins susceptibles de transaction, recevoir une solution pacifique. L'émancipation des catholiques, la réforme électorale, qui semblaient ne pouvoir être conquises que par la guerre civile, sont le fait de ces assemblées tumultueuses, au moyen desquelles les partis se recrutent, se disciplinent, se rangent en bataille, puis se soumettent à une supériorité de force clairement démontrée.

En France, la volonté de la majorité et la nécessité qui en découle ne peuvent se manifester qu'à coups de fusil. Nous marchons au progrès de nos lois, de nos institutions, comme à la brèche. Vaincus, le pouvoir règne sur nous par droit de conquête; vainqueurs, nous sommes surpris d'une victoire arrivée sans transition, nous n'en savons que faire; privés d'une pensée de ralliement, nous nous divisons entre ceux dont les exigences s'exaltent et ceux qui prennent peur d'eux-mêmes. Dans ce conflit qu'elle sait envenimer, l'astuce enlève ce que la victoire a donné; et une révolution éconduite au milieu de son triomphe en resème une nouvelle. Voilà l'ordre fondé sur la compression de l'opinion publique.

Le caractère français, les conspirations des sociétés secrètes, les agitations de l'Angleterre sont le texte d'objections mal fondées. Toutefois le droit d'association et d'assemblée offre des dangers contre lesquels des garanties puissantes sont indispensables. Ce droit ne doit être qu'un moyen d'instruction, de discussion, de manifestation publique, qu'une voie ouverte à cette vie collective sans laquelle l'homme réduit à la vie individuelle est lésé dans le plus impérieux de ses besoins moraux et ne possède qu'une existence incomplète.

L'opinion publique formée, grandie par les associations et les réunions populaires, doit arriver au gouvernement, mais seulement lorsqu'elle est adoptée par les majorités électorales, autrement il y aurait bientôt vingt gouvernements dans l'État, ou, pour mieux dire, il n'y aurait plus de gouvernement. Le principe de l'autorité serait détruit si, après l'épreuve des élections, chaque association pouvait entraver l'action de la loi. Le gouvernement est responsable et la responsabilité est inconciliable avec l'intervention d'associations substituant leur influence à l'action des fonctionnaires publics. A chaque association appartient le droit de discuter, de manifester ses intérêts, son opinion ; à l'association universelle de la patrie appartient seule le droit de décider entre ces intérêts divers, de faire la loi et d'en confier l'exécution aux agents de son choix.

L'histoire de notre révolution offre cependant l'exemple mémorable d'associations affiliées sur toute la surface du territoire, qui se mêlaient activement de l'administration publique. Aux discours, aux chants d'enthousiasme, qui faisaient surgir des bataillons tout armés, succédait, dans le sein des sociétés populaires, l'examen des mesures pour assurer la rentrée de l'impôt, la vente des domaines nationaux, la subsistance du peuple et des armées. Sans aucun doute, cette dictature intellectuelle et administrative assura le salut du pays au milieu d'une crise trop terrible pour que le soin du salut commun fût bien en d'autres mains que celles du peuple. Mais dans des temps ordinaires, ces grandes mesures révolutionnaires sont impossibles ou n'offrent que des dangers sans compensation.

Réclamer des moyens réguliers pour des circonstances extraordinaires, ou des moyens extrêmes pour des temps réguliers, c'est commettre deux erreurs également éloignées de la vérité. On a vu un vaisseau prendre feu au milieu des mers, l'équipage s'épuiser en vains efforts pour arrêter l'incendie ; les flammes, comme soufflées par les obstacles, tout envahir, tout dévorer, et chacun avec désespoir s'attendre à une destruction inévitable ; alors le capitaine met la hache

aux mains des matelots, il ouvre les flancs du navire
et triomphe du fléau par un autre fléau non moins
redoutable, mais qui menace d'une mort moins prochaine. Le navire sauvé, la prudente énergie qui fit
le salut de tous sera-t-elle accusée d'être une tentative de naufrage? Une telle accusation serait odieuse,
absurde; ils ne seraient pas moins insensés ceux qui,
frappés de l'audace et du succès d'un tel moyen de
salut, voudraient en faire un moyen ordinaire de na-
vigation.

L'usurpation de l'action gouvernementale est un
des dangers du droit d'association; l'émission de doctrines anti-sociales en est un autre qui ne réclame pas
moins d'efficaces garanties. Après des heures laborieu-
sement consacrées à une industrie, à une profession
qui tourne au profit de la société comme de sa famille,
qu'un homme voie ses concitoyens réunis rendre hommage à la moralité du travail; qu'il entende développer
la pensée que les actes privés d'une vie probe concourent puissamment au bonheur général; qu'un lien
réciproque de reconnaissance doit attacher les gens de
bien les uns aux autres; il se sentira attiré vers une
institution qui lui assure estime et protection, en
même temps qu'elle offre un digne sujet d'affection à
son besoin de sociabilité.

Il faut empêcher qu'un esprit tout opposé ne domine les associations publiques, et qu'elles ne devien-

nent un moyen de propager dans la société des doctrines dont la simple manifestation répand partout
l'inquiétude et la discorde. Un homme, après avoir
vaqué à son industrie, rempli ses devoirs civiques, ne
doit pas être obligé d'aller argumenter pour soutenir
que sa légitime propriété n'est pas une usurpation,
que la vertu de sa femme ou de sa fille n'est pas un
sot préjugé, et que son industrie n'est pas un acte de
tyrannie contre les ouvriers qu'elle fait vivre. Si la
société, dans cette circonstance, manque à la protection
qu'elle lui doit, les associations publiques, au lieu de
réunir les hommes, ne servent qu'à les diviser, qu'à
les fractionner en partis hostiles. Le gouvernement qui
laisserait subsister un tel sujet d'inquiétude et d'irri-
tation négligerait le premier de ses devoirs, celui de
veiller aux intérêts moraux de la société; il négligerait
le soin de sa propre conservation, car il n'offrirait plus
de garanties aux droits les plus légitimes qui sont blessés dès que l'on excite ouvertement à les attaquer.

Pour que le droit d'association et d'assemblée ne
tende pas à un résultat contraire à son véritable but,
pour qu'il ne relâche pas les liens sociaux au lieu de
les resserrer, il faut qu'il soit contenu dans des limites
qui l'empêchent d'empiéter sur l'action légale du gouvernement, et de troubler la sécurité publique par des
doctrines anti-sociales.

Que le nombre des membres d'une même association soit limité; que l'affiliation entre sociétés soit prohibée; que le réglement de chaque association investisse son président d'un pouvoir suffisant pour diriger, clore les discussions, et que le président soit responsable vis-à-vis de la loi; qu'à l'infraction des prescriptions légales, les magistrats puissent prononcer la dissolution d'une association; que les assemblées publiques soient également soumises à la surveillance des magistrats; qu'un président et ses assesseurs soient responsables des atteintes qui seraient portées à l'ordre public; qu'aucun homme ne soit reçu individuellement dans une assemblée, qu'il n'y entre que dans les rangs d'une section formée et introduite sous la responsabilité d'un des assesseurs. Si toutes ces mesures préservatrices sont insuffisantes, on peut les augmenter, les exagérer jusqu'à compromettre l'exercice du droit pour prendre ses sûretés contre l'abus, mais il faut à tout prix que la liberté d'association et d'assemblée devienne le droit commun, car dans cette liberté réside le seul élément de pouvoir intellectuel et d'ordre moral que comporte la société actuelle.

L'exercice du droit d'association ne suppose pas l'établissement d'une société académique dans chaque village. L'association modifierait la forme de l'enseignement moral selon les circonstances, les habitudes, l'intelligence des populations. La fondation de bibliothèques communes, des lectures publiques, des cours

de morale, d'histoire ou de politique professés orale-
ment ou par écrit, des assemblées populaires et so-
lennelles, des réunions consacrées à la discussion,
offrent une gradation en rapport avec toutes les intelligences, depuis les plus simples jusqu'aux plus
exercées. La tendance prononcée du public, après
1830, à former des associations, et l'acharnement du
pouvoir à les détruire, prouvent que le droit d'association n'a besoin désormais que d'être respecté pour
devenir en France une réalité et un moyen puissant
de civilisation.

Le mal politique est moins matériel qu'intellectuel, et le remède n'est pas une augmentation de salaire, mais l'institution d'une autorité morale qui
donne une carrière à l'activité intellectuelle et une
sanction aux devoirs. Des millions d'hommes passent
leur vie dans la détresse, au milieu de toutes les excitations du luxe, sans avoir l'occasion d'entendre publiquement, avec la tolérance de la loi, une parole
morale capable de réveiller le sentiment du devoir
et d'élever l'esprit au dessus des intérêts purement
matériels.

Dans quel langage leur parle-t-on d'ordre social?
Obéissez, car nous sommes forts! Obéissez, car votre
intérêt est d'être soumis à l'ordre! Qu'avez-vous à leur
dire quand, devenus les plus forts, ils désobéissent,
ou quand ils s'agitent en vous répondant : « Nous som-

« mes juges de notre intérêt; ce qui nous plaît, c'est le dé-
« sordre, c'est l'émotion de l'insurrection? » Qui pourra
dominer cet esprit turbulent, cette disposition à nar-
guer la force et la mort? Rien dans le présent ne répond
au besoin moral, il faut, pour trouver une sanction au
sentiment du devoir, se tourner vers le passé ou vers
l'avenir. Le passé n'est plus possible, courez donc vers
l'avenir. Le principe d'autorité pour l'avenir c'est le
gouvernement par soi-même; en matière intellectuelle,
c'est l'association; et cet unique principe d'autorité
morale, au lieu de le hâter, vous l'étouffez : sitôt que
des hommes veulent se réunir pour travailler au progrès de leurs rapports sociaux ou politiques, au développement de leurs affections collectives, pour se relier
entre eux, pour se relier à la patrie, à l'humanité, vous
battez le rappel, vous sonnez la charge.

Proscrire le droit d'association et d'assemblée, c'est
priver la société de tout moyen d'arriver à une pensée
commune, à des convictions qui dominent les intérêts
matériels, c'est l'empêcher d'arriver à la possession
d'une autorité morale, qu'elle seule désormais peut
fonder et conserver; c'est combattre l'empire même
de la pensée. Puis auteurs et complices d'un pareil
système de gémir de ce que la société n'a plus ni morale ni croyance, de crier à l'anarchie, aux dangers
d'un avenir de révolutions; mais quoi de plus anarchique, de plus contraire à l'essence de l'ordre, que

de soumettre la détermination de l'homme et son but
social, non à sa pensée, mais à ses appétits? L'histoire dépose combien est éphémère l'existence des
pouvoirs qui veulent ne voir dans l'homme que de la
matière.

Les associations et les assemblées proscrites, qu'est-
ce que l'instruction publique? L'enseignement de la
jeunesse n'est qu'un moyen de donner à l'avenir
des hommes éclairés : enseigner la jeunesse pour né-
gliger et proscrire l'enseignement des hommes est un
contre-sens. L'instruction publique, réduite à l'enseignement de la jeunesse, n'est que la pédagogie. La
véritable instruction publique est celle qui s'adresse
aux hommes de tous les âges, de toutes les conditions,
qui a pour objet le développement intellectuel et moral
de la société entière; elle doit comprendre les moyens
de propager les doctrines qui font l'honnête homme et
le bon citoyen, d'imprimer aux passions humaines
une direction conforme au bien général, de développer
chez les citoyens le goût des arts en même temps
qu'une pensée morale dans les arts, d'exciter les citoyens à la vie collective par des fêtes et des cérémonies publiques. Mais tous ces moyens d'une instruction
sociale, sérieuse et puissante ont pour condition la
liberté d'association et d'assemblée.

En matière d'instruction publique, les associations
exercent une action bien plus efficace que le gouver-

nement. L'autorité des gouvernements, assise sur des
lois qui ne peuvent suivre les intérêts, les impressions
et les pensées si mobiles de la société, est dominée par la
puissance intellectuelle que la société ne peut abdiquer
sur elle-même ; c'est ce fait qu'exprime cette formule
si souvent répétée : *l'opinion est la reine du monde.*
Toutes les fois qu'il s'agit de faits positifs auxquels
s'applique la contrainte physique, le gouvernement
peut à la rigueur se passer de l'opinion et lui faire
violence au moins pour un temps ; mais lorsqu'il
s'agit d'une influence purement intellectuelle à exercer
sur les doctrines, sur les passions, sur les arts d'une
nation, l'opinion est le plus puissant moyen d'action ;
or, la source d'une opinion forte, éclairée, n'existe
que dans l'association et la réunion, qui seules donnent
assez de fécondité à l'esprit pour enfanter la vérité,
assez d'autorité à la vérité pour faire des prosélytes.

Les associations et les assemblées proscrites, qu'est-
ce que la liberté religieuse ? C'est uniquement la liberté
de n'avoir pas de religion. Libre à nous de n'être ni
chrétiens, ni juifs, ni musulmans ; et si nous savons
vivre et nous prêter à leur industrie politique, nos
gouvernants, saints personnages, sont assez tolérants
pour nous admettre à la gaieté intime de leurs raille-
ries épicuriennes.

La religion n'est pas dans la croyance à la divinité
de Jésus ; s'il en était ainsi, mahométans, juifs, sec-

tateurs de Confucius ou de Brama, et tant d'autres, seraient sans religion ; les peuples de l'antiquité auraient été sans religion ; dès lors la religion n'apparaîtrait plus comme un fait général, comme une condition de l'existence des sociétés. Les chrétiens peuvent prétendre que leur religion est la vraie, et non qu'elle est la religion unique; ils reconnaissent qu'il existait des religions avant le Christ, et Bossuet célèbre la force que les peuples anciens tiraient de leur respect pour la religion païenne.

Faut-il pour avoir une religion être soumis à des prêtres ? Alors les Gaulois avec leurs druïdes, immolant des victimes humaines au milieu de leurs danses sauvages, auraient eu bien plus de religion que Socrate et que les premiers chrétiens eux-mêmes, qui suivaient la simple et primitive loi de l'Evangile, où il n'est pas question de sacerdoce.

Quelle étrange mutabilité dans ceux qui ne veulent voir de religion que là où ils retrouvent le sacerdoce et la croyance à la divinité de Jésus ! S'agit-il pour eux de prouver les vérités fondamentales de toute religion, l'existence de Dieu, le besoin de l'homme de rattacher sa vie à cette croyance, ils invoquent le consentement universel, ils représentent l'homme irreligieux comme une exception extrêmement rare ; puis s'agit-il de fixer les limites que comporte la reconnaissance du droit accordé à chacun d'exercer sa religion, alors le mot *religion* n'a plus qu'un sens si restreint, qu'eux seuls ont une religion et peuvent invoquer la liberté religieuse.

Revenons à l'équité, au bon sens, à la grammaire. La religion est toute croyance qui relie ce monde à la pensée d'un autre monde, à une ordre futur, pour imprimer à la morale humaine une sanction que ne comporte pas le cours ordinaire de la vie actuelle; nous avons donc une religion. Si le nom de chrétiens veut dire simplement amis du Christ et de sa doctrine, nous sommes chrétiens, ou plutôt, nous, qu'on accuse d'être sans religion, nous sommes de toutes les religions, car nous sommes amis de tous les hommes qui ont fondé des doctrines conformes aux règles éternelles de la morale ou favorables dans leur temps aux progrès, à la civilisation de l'humanité.

Notre religion, c'est de croire à une intelligence providentielle, à un ordre moral, au perfectionnement intellectuel, fin suprême de l'homme; notre culte est dans l'application des idées de liberté et d'égalité, dans la pratique d'une généreuse philanthropie, dans le dévouement à la cause de la civilisation et de la patrie, culte qui depuis un demi-siècle inspira tant de courage et de génie, culte seul véritable, puisque seul de nos jours il sait enfanter des miracles. Au nom de cet impérieux besoin qui fait à l'homme une nécessité de vivre d'émotions collectives et d'appuyer sa vie sur des convictions communes ; au nom de la loi qui proclame la liberté de religion ; au nom du droit commun, nous réclamons le libre exercice de notre religion, le droit de nous associer, de nous assembler pour développer, pour exalter en nous les pensées qui seules élèvent les hommes à la hauteur de leur but social et de leur fin providentielle.

CHAPITRE XIII.

LIBERTÉ DE PENSER, PRINCIPE DE PAIX ET D'UNION.

L'unité de croyance fondée sur la contrainte est un principe d'anarchie. — Motifs qui rattachent la France au clergé catholique. — Motifs qui l'en éloignent. — La révolution c'est la France. — L'avenir du catholicisme dépend de son adhésion à la liberté.

L'unité de croyance n'existe pas et ne saurait exister ; les hommes se partagent en diverses opinions profondément tranchées qui se divisent et se subdivisent à l'infini, jusqu'au fractionnement individuel. Admettez que c'est insulter un homme que de nier sa religion, d'en professer une différente ; érigez en principe l'emploi de la violence en matière d'opinions, et que votre principe vienne à régler les rapports des hommes en-

tre eux, la conséquence serait une lutte interminable;
à la guerre de religion contre religion, de parti contre
parti, succèderait la guerre de schisme et de faction;
après un siècle d'extermination, lorsqu'une croyance
serait enfin parvenue à noyer toutes les autres dans
le sang, l'unité de croyance serait à peine d'un jour,
car le progrès est l'attribut essentiel de l'homme, une
idée nouvelle entraînerait bientôt l'esprit humain sur
sa trace et ferait renaître la diversité des croyances.

Avec la liberté de penser, les opinions tendent à l'assimilation par la démonstration, mais chacun reste
persuadé que la manifestation des opinions contraires
ne lui fait pas plus d'injure que l'expression de sa
propre opinion ne fait injure aux autres. Du sein
de mille contradictions quelques vérités s'élèvent
d'autant plus grandes aux yeux des hommes, que
tous s'inclinent librement devant elles, ou que les
attaques isolées tournent à la confusion de leurs auteurs. Ainsi la liberté de penser n'est pas seulement
un principe de paix et d'union, c'est aussi le principe
le plus assuré de l'autorité morale parmi les hommes.
La liberté est le principe nouveau de l'autorité intellectuelle, comme l'égalité est le principe de l'autorité
temporelle, car la liberté et l'égalité, chacune dans leur
ordre, ne sont autre chose que le gouvernement par
soi-même.

L'unité de croyance fondée sur la force loin d'être,

comme le soutient l'esprit de secte, une condition première de l'ordre social, n'a jamais enfanté qu'ignorance grossière et atroces violences. On a poussé le so-
phisme jusqu'à soutenir que la guerre entre les opinions supposant plusieurs opinions, cette guerre est
la conséquence, non du principe de l'unité de croyance
qui n'en comporte qu'une, mais du principe de liberté
qui en admet un nombre illimité; comme si la diversité d'opinions ne découlait pas forcément de la nature
progressive de l'homme : la vérité pour arriver de l'esprit, qui le premier sait l'entrevoir, jusqu'à l'intelligence
de la majorité des hommes, franchit beaucoup de degrés, traînant après elle une longue chaine d'autres
idées plus jeunes, destinées à la même progression,
d'où il résulte, dans la voie même de la vérité, une
variété presque infinie d'opinions. La diversité des
opinions étant un fait inévitable, providentiel, n'est-ce
pas prêcher la haine et la guerre aux hommes divisés
entre mille croyances, dont chacune est la vérité aux
yeux de ses adhérents, que de leur dire : une seule foi
parmi vous, et que ceux qui professent la véritable
emploient le fer et le feu à soumettre la conviction de
leurs semblables?

Si l'unité de croyance fondée sur la force était un
principe d'ordre, l'état social le plus avancé serait
celui où la soumission intellectuelle est la plus complète. Cependant chaque page de l'histoire nous mon-

tre le développement matériel et moral de l'homme constamment en raison inverse de sa compression intellectuelle. Les siècles qui virent le massacre des Vaudois et des Albigeois, les supplices de Hus et de Jérôme de Prague, les guerres fanatiques des protestants et des catholiques, étaient des temps d'affreux désordre auprès des deux derniers siècles où les lettres, l'industrie, la douceur des mœurs naquirent avec la liberté de penser. Les bûchers qui maintinrent l'unité de foi en Espagne plongèrent ce beau pays dans la barbarie, tandis que la France, l'Angleterre et la Hollande, sous un régime plus tolérant, prenaient place à la tête des nations. Henri IV signant l'édit de Nantes, Colbert défendant cet édit contre le bigotisme, faisaient de l'ordre, de la grandeur nationale en même temps que de la liberté de penser. Louis XIV expulsant du territoire 50,000 familles qui allaient fortifier l'étranger de leurs richesses, de leur industrie et de leur haine, livrant à l'intérieur un million de protestants au sabre de ses dragons, faisait de l'unité de croyance.

Il est vrai que l'intérêt qui s'attachait au schisme sur le mystère de l'Eucharistie parut bientôt disproportionné avec la rigueur de la persécution; l'esprit humain, contraint de porter plus haut l'objet de ses discussions, ouvrit le siècle d'une philosophie réformatrice. Par la révocation de l'édit de Nantes en 1685,

le grand roi hâta lui-même le mouvement qui devait
finir en 1792 par la révocation de sa race.

Lorsque nous voyons à chaque progrès de la civilisation l'ordre social et la liberté de penser grandir
conjointement, et la compression intellectuelle, base
de l'unité de foi, perdre de sa puissance, comment ne
pas reconnaître que c'est avec la liberté de penser que
l'ordre social est en rapport et avec la contrainte intellectuelle qu'il est en contradiction.

La liberté est un principe de majorité et de stabilité
pour le pouvoir politique. Les progrès continus de la
société font qu'elle n'a pas d'état permanent. Toute
époque est transitoire; cependant lorsqu'un principe
qui longtemps a servi de base à l'organisation de la
société arrive après des modifications successives à
être totalement rejeté, le principe appelé à lui succéder, tant qu'il n'est pas consacré par une longue expérience, ne jouit que d'une application incomplète;
entre le principe du passé qui n'est plus possible et
celui de l'avenir qui ne l'est pas encore, il est une
époque qui porte plus particulièrement le caractère de
la transition.

Aux époques de transition, l'opinion publique offre
rarement une majorité bien dessinée, elle se fractionne
en beaucoup de minorités. Si le pouvoir est oppresseur, violent, ces minorités hostiles entre elles, mais
plus ennemies encore de qui les opprime, se réunis-

sent et apportent à tout gouvernement un obstacle
presque insurmontable. Si le pouvoir, ferme et mo-
déré, respecte la liberté commune, chaque nuance
d'opposition se sent moins d'antipathie pour le gouvernement que pour les autres opposants, et, au lieu
de se coaliser pour renverser le pouvoir, elle est plus
disposée à lui venir en aide et à le défendre contre les
attaques qui n'ont pas son propre triomphe pour objet.

Dans tous les temps, dans tous les pays, la liberté
de penser est une condition d'ordre et de progrès pour
la société, de stabilité pour le pouvoir. Pour notre pays
elle est plus, elle est une nécessité. Au profit de quelle
doctrine pourrait-on aujourd'hui user de contrainte
intellectuelle? Le catholicisme, lorsqu'il avait pour
auxiliaire des institutions qui ne reposaient que sur
lui, n'a pu imposer silence aux progrès de la raison ;
comment le pourrait-il aujourd'hui en présence de
progrès plus grands et d'institutions dont il nie le
principe? La contrainte intellectuelle au profit d'une
doctrine philosophique ne serait pas moins impossible. Bien que les idées philosophiques soient en général au fond des esprits, aucune doctrine ne s'est encore
rallié un assez grand nombre de partisans pour songer à s'imposer; d'ailleurs la liberté de penser et le
progrès sont la base de toute doctrine digne de quelque crédit; quand on rejette l'autorité de la révélation
et de la foi, comment rejeter le libre examen et l'au-

torité de la raison? Enchaîné par de pareils liens, on ne peut invoquer la contrainte intellectuelle sans se détruire soi-même.

On a souvent parlé d'alliance entre le catholicisme et les idées de liberté et d'égalité. Une telle alliance ne saurait exister que dans le respect rigoureux d'une liberté de penser complète et réciproque.

Si le catholicisme s'était renfermé dans l'observation et la propagation de ces paroles de l'Évangile : *Tu aimeras le Seigneur ton Dieu de tout ton cœur , de toute ta force, de toute ta pensée, et ton prochain comme toi-même; c'est la loi et tous les prophètes,* — la cause de l'humanité et de la liberté se confondrait avec celle du catholicisme. Mais quand les prêtres exigent de l'homme qu'il se courbe devant une révélation dont ils se donnent pour les intermédiaires, qu'il répudie le témoignage de sa raison, cette révélation directe et commune à tous; lorsque les prêtres présentent des actes puérils de dévotion et la foi à des dogmes qui n'ont pas de sens comme l'objet de devoirs aussi impérieux que le dévouement à l'humanité, alors la cause de la civilisation, dont toute la force repose sur le développement de l'intelligence, ne peut ni approuver ni rester silencieuse. Le lion de la fable devenu le jouet de ceux auxquels il avait fait le sacrifice de ses armes serait l'image de la liberté si jamais elle renonçait à éclairer les hommes.

Entre le clergé et le principe de la nationalité française il existe des rapports contradictoires d'attraction et de répulsion.

Il faut juger de l'action des institutions sur le temps passé, d'après les idées et les besoins de l'époque où leur action s'exerçait. Depuis la dissolution de l'empire romain jusqu'à l'essor de la philosophie moderne, il revient au catholicisme une large part dans le développement de la civilisation européenne et de la nationalité française. Le clergé sert de refuge à la tradition des sciences, des lettres et des arts; il conserve la notion d'une autorité morale supérieure à la force; la hiérarchie, l'unité de son pouvoir spirituel indiquent au gouvernement le but vers lequel doit tendre constamment sa politique; il est le puissant auxiliaire de la royauté pour favoriser l'établissement d'un pouvoir régulier et dompter la turbulence de la noblesse.

L'influence du clergé sur l'esprit public y faisait germer alors l'affection et le dévouement pour la commune patrie qué tendait à faire oublier le fractionnement féodal. L'union de la foi catholique et de l'amour de la patrie enfanta le caractère le plus héroïque de notre histoire. Jeanne d'Arc n'est pas seulement une sublime individualité, elle est la représentation des sentiments qui animaient la génération contemporaine, Une simple bergère conçoit l'ardent désir de dé-

livrer son pays de l'invasion étrangère; c'est une
œuvre sainte dont la voix du Seigneur lui prescrit l'accomplissement. On ne peut voir dans cette résolution
extraordinaire le résultat d'une pensée isolée; c'est un
rayon de la pensée populaire qui versé dans le noble
cœur de l'héroïne s'y transforme en vifs traits de
flamme. Il est vrai que la libératrice de la France fut
condamnée au bûcher comme sorcière par un tribunal
d'évêques, et que le peuple et le roi qui lui devaient
tout laissèrent tranquillement exécuter son supplice;
mais une telle ingratitude ne prouve nullement que
Jeanne d'Arc ne fût point l'expression de l'esprit public; elle atteste seulement combien le public est sujet à ne pas se soutenir longtemps à la hauteur des
âmes grandes et généreuses et à perdre le souvenir de
leurs bienfaits.

Entre la France et le clergé catholique il n'existe
pas que des souvenirs, mais aussi des intérêts actuels
d'un haute importance. Les peuples qui ont le plus
d'affinité avec la France et dont la cause se rattache le
plus étroitement à son avenir et à sa fortune sont tous
les peuples catholiques de l'Europe. L'Espagne, la
France, l'Italie, la Belgique, les provinces du Rhin, qui
fournirent les éléments du faisceau politique de Napoléon, de la maison de Bourbon, de Charlemagne et de
l'empire Romain, ont évidemment entre elles des liens
intimes dont la communauté religieuse n'est qu'une

des manifestations. Le clergé exerce sur les autres pays catholiques infiniment plus d'influence qu'en France ; rien n'éloignerait donc plus de la France ses alliés naturels que des mesures qui donneraient lieu de croire que l'ascendant de la politique française tend à altérer le libre exercice du culte et le respect dû au caractère de tout homme qui accomplit auprès de ses semblables une mission morale et religieuse.

A l'intérieur, le clergé ne possède pas seulement une force d'organisation, il répond à des besoins sociaux, source d'une influence qu'il faut savoir apprécier. Quelques uns ont foi dans la mission du clergé, un plus grand nombre tiennent à lui par habitude, par motif politique ou même par un sentiment religieux qui n'est pas encore arrivé à placer la religion dans la pensée et le culte dans les œuvres ; la plupart demandent au clergé des cérémonies pour entourer de solennité ces trois grands événements de la vie humaine : la naissance, le mariage et la mort. L'homme qui vit dans l'aisance peut rompre le train ordinaire de ses habitudes et, dans le recueillement de son intérieur, se livrer aux impressions que provoquent les événements de la famille ; mais l'homme pauvre, soumis à toutes les nécessités de la vie, à moins d'une cérémonie officielle, est plus exposé à voir se confondre avec les actes les plus vulgaires de son existence les événements privés qu'il éprouve le

besoin de relever à ses propres yeux comme à ceux de
ses proches.

D'ailleurs, il est des formules auxquelles il semble
réservé d'associer l'idée de la divinité aux actes vulgaires de la vie. Isolées, par l'ignorance ou l'habitude,
des idées qu'elles sont destinées à réveiller, ces formules ne sont que de l'idolâtrie, mais revêtues de
leur caractère intellectuel elles éclairent la vie humaine d'un rayon qu'elles seules peuvent projeter.
Souvent la formule consacrée par le culte est l'introduction la plus simple, la seule introduction possible
de la pensée religieuse à travers le train ordinaire de
la vie, et la transition la plus naturelle pour passer
des actes indifférents qui composent la majeure partie
de notre existence aux considérations les plus élevées
de l'ordre moral. Au milieu de la famille assemblée,
qui rompra le silence ou interrompra la conversa-
tion mondaine, pour s'élever brusquement à l'expression de la pensée religieuse, à la mémoire des parents, des amis qui ne prendront plus leur place au
foyer, à la table commune, et dont le souvenir nous
crie : Ne livrez pas aux préoccupations exclusives du
gain et de la vanité, n'usez pas dans l'indifférence ou
la discorde toute une vie si courte pour s'aimer?

Le passé asservi aux formules d'un culte, était,
sous beaucoup de rapports, inférieur en moralité à
l'époque actuelle. C'est sans doute une raison péremp-

toire pour reconnaître que la moralité d'une époque
ne doit nullement se mesurer à l'observation du
culte. Mais tout nous porte à croire que le passé aurait
été pire s'il n'avait pas eu de culte, et que le présent
serait meilleur s'il trouvait l'appui d'un culte à la
hauteur de son intelligence. Le culte de nos pères,
approprié à leur ignorance, exerçait une heureuse
influence sur leur moralité, à plus forte raison un
culte en rapport avec les progrès de l'esprit humain
serait-il pour nous un puissant auxiliaire de moralité
et de civilisation.

Pour le culte et les prêtres il y aura toujours dans
la société une place vénérable et sainte, c'est à eux
de ne pas la laisser vacante. Après tout, mieux vaut
pour la société avoir de la religion sans prêtres, que
d'avoir des prêtres et pas de religion. La résistance
obstinée du clergé aux progrès de la raison amènera
peut-être le temps où les citoyens sauront eux-mêmes
entourer d'une solennité convenable les événements
importants de la vie de famille; ils consacreront le
nouveau né par le souvenir des travaux accomplis par les générations qui l'ont précédé, et par le
pressentiment des travaux et de la gloire réservés
à l'avenir; l'union conjugale par le tableau des dou-
ceurs d'une vie probe et pure, par l'hommage rendu
aux vertus privées, source assurée des vertus publiques; la mort, ils la glorifieront par l'expression

d'une confiance intime qu'à la mort du corps la pensée n'est pas arrêtée dans sa carrière de perfectionnement.

L'expression de sentiments vrais, de convictions profondes est plus digne, plus imposante que la pratique quotidienne de cérémonies tarifées. Le juré palpitant de l'émotion des débats, ou recueilli sous le sentiment de sa responsabilité morale, est plus digne que le magistrat blasé, qui a laissé étouffer dans son cœur la foi aux innocents et la pitié aux coupables. En matière de religion, comme en matière criminelle, la dignité serait avec le gouvernement par soi-même.

Le clergé catholique, par ses rapports avec des besoins actuels, par ses liens avec les alliés naturels du pays, et par les souvenirs historiques, se rattache à la nationalité française. Mais, sous un autre point de vue, il est en hostilité avec la nationalité. L'organisation du clergé en fait une cité distincte dans l'état, relevant d'un chef suprême qui est un étranger, presque toujours opposé à la politique comme à la pensée nationale. Les membres réguliers du clergé groupés, ou disséminés sur tous les points du territoire, répètent et soutiennent de leur influence la pensée de leur ordre. De nombreuses congrégations recrutent des citoyens auxquels est imposé l'engagement d'abandonner le sol natal au premier ordre de leur chef

ecclésiastique. De telles obligations sont peu conci-
liables avec le dévouement à la défense de la patrie,
cette loi fondamentale des sociétés humaines. La
probité répugne à admettre des engagements de nature à nous empêcher de contribuer à la défense des
frères, des amis, des concitoyens qui ont protégé notre enfance, notre famille, nos biens et notre personne.

L'attitude du clergé à l'égard de la révolution française est surtout le grand obstacle à sa nationalité.
La révolution française est la conséquence d'une
philosophie proclamant le témoignage de la raison
supérieur à celui du prêtre; la révolution a été une
cause de confiscations et de rigueurs contre l'église; à
ce double titre elle est odieuse au clergé, qui ne cesse
de mettre en relief ses mauvais côtés et de la frapper
de réprobation. Cependant la révolution c'est la
France. A une époque où les hommes croyaient, non
au témoignage de leur raison, mais à celui d'autres
hommes prétendus interprètes de la parole divine, il
ne s'agissait ni d'observer ni de réfléchir; la source
de l'autorité morale était toute entière dans les écrits
des pères, des docteurs et des commentateurs. Luther
remontant aux traditions primitives avait tourné
l'autorité de l'écriture contre l'autorité de l'église.
Le génie français s'élevant plus haut, proclama,
par la plume de Descartes, qu'en matière de reli-

gion excepté, les hommes ne devaient rien accepter de confiance, mais soumettre toutes les questions à un examen rigoureux, libre des préjugés qu'impose l'éducation ou la coutume. La philosophie française, après avoir mis de côté l'exception admise par Descartes, généralisa la méthode du libre examen et sut la rendre populaire. Alors la France offrit un spectacle inouï dans l'histoire du monde : un grand peuple pèse dans la balance de la raison son culte, ses institutions, ses lois, ses mœurs, le pouvoir et les prérogatives de ses chefs; il livre sa destinée aux expériences de la philosophie, il brise les liens qui l'attachent au passé, et se fiant aux lumières de sa raison, comme Christophe Colomb à l'aiguille de sa boussole, il s'aventure à la recherche d'un nouvel ordre politique et social. A tant d'audace, toutes les puissances de l'Europe accourent pour étouffer un exemple qui provoque les peuples à sortir de leur ignorance et de leur apathie.

La France a levé le glaive, son courage égale la hardiesse de sa pensée, le sentiment d'une grande mission anime toutes ses générations. Sous l'habit de l'atelier ou de la charrue, ses soldats triomphent en répétant :

> Du destin de notre patrie
> Dépend celui de l'univers ;
> Si jamais elle est asservie
> Tous les peuples sont dans les fers.

***

Lorsque enfin le soleil de la victoire a percé les nuages soulevés par tant de batailles et de ruines, l'œuvre du génie français apparaît; il a jeté les fondements d'un immense et glorieux avenir. Sous l'empire de la philosophie nouvelle, au milieu d'obstacles infinis, la France a grandi en industrie, en richesses, en intelligence, en moralité. L'expérience consacre les idées de liberté et d'égalité; désormais les peuples savent vers quel but diriger leurs pensées et leurs efforts.

Voilà l'œuvre immortelle de la France. Comme la Grèce, Rome antique et Rome chrétienne, la France a ouvert une ère nouvelle de civilisation qui fera glorifier et bénir son nom à travers les siècles. Que notre foi et notre dévouement à la cause de la patrie soient donc inaltérables, car sa cause est celle de la civilisation, de l'intelligence et de l'humanité. Si la France, au lieu d'être le foyer de la philosophie et de la civilisation, n'était, comme le prétend une partie du clergé, que le foyer de l'erreur et de l'impiété; si ses grandes réformes politiques et sociales n'étaient que révolte et spoliation; si la terrible énergie déployée dans la lutte avait pour objet le triomphe d'une injuste agression et non d'une juste défense; alors le droit serait du côté des étrangers qui venaient envahir notre territoire; alors, au lieu de les repousser, nous devions les aider à étouffer un monstrueux désordre; alors il nous faudrait bénir nos défaites et pleurer nos victoires.

Renier, maudire la révolution, c'est renier, maudire la France.

Par cela même que le clergé est ennemi du principe et des conséquences de la révolution, il est anti-national et ses enseignements tendent à étouffer dans les cœur l'amour de la patrie, cette première loi morale des sociétés, la plus puissante pour inspirer à l'homme le dévouement envers ses semblables et réaliser ainsi le dernier mot de toute religion sincère.

Il est vrai que l'esprit humain n'est pas toujours logique. Quelquefois il recule devant la conséquence de ses propres principes. Les païens, qui fêtaient le dieu des voleurs et la déesse des courtisanes, pratiquaient cependant la probité et la chasteté. Des ennemis de notre révolution peuvent aussi honorer les principes du pouvoir absolu qui, pendant vingt-cinq ans, fomentèrent toutes les coalitions dirigées contre la France, et cependant conserver dans leur cœur l'amour de la patrie; mais ce n'est pas à titre d'inconséquence qu'il est donné au patriotisme d'acquérir sur l'esprit public la puissance qu'il doit exercer.

Comment donc pourrait-on échapper à la liberté? Entraver l'exercice du culte catholique serait un acte de tyrannie absurde. Rendre l'observation de ce culte obligatoire, serait plus absurde et plus impossible encore; quant à l'alliance entre deux opinions dont l'une est la négation de l'autre, elle ne saurait être qu'une intrigue; quelle confiance peuvent inspirer des concessions qui ne sauraient être que des apostasies? Hors l'état de guerre, qu'en pareille matière le bon sens public fera désormais tourner contre l'agresseur, il n'y a donc de raisonnable et de possible que l'état de liberté qui n'est pas moins désirable pour le clergé que pour tous les autres citoyens.

A quel arbitraire n'est pas soumise l'immense majorité des membres du clergé? Si à force de tolérance, de bonnes œuvres, ils parviennent à se concilier l'affection et la confiance de leurs concitoyens, bientôt ils sont enlevés à cette récompense de leurs vertus, la plus belle qu'ils puissent espérer dans ce monde. On craint qu'un lien trop intime avec leurs concitoyens ne les rende des instruments moins dociles d'une pensée qui ne veut admettre aucune influence de la société sur elle-même.

Le régime d'une liberté largement conçue profiterait également aux vrais intérêts du culte. S'il est une portion de l'humanité qui ne peut être sensible à la lumière de la morale et de la philosophie qu'en la recevant à travers le prisme du culte, la mission du clergé est sainte, à la condition de suivre et non de combattre les progrès de la pensée. La religion chrétienne a répandu la sagesse des livres juifs, le génie des Platon, des Paul, des Augustin, des Chrysostôme. La morale privée comme science n'a point

fait de progrès depuis l'Évangile. Mais la morale politique est un progrès des temps modernes. Le gouvernement de la société par elle-même est l'affranchissement de la masse, comme l'abolition de l'esclavage
domestique fut l'affranchissement de l'individu. Le culte
s'associera-t-il à l'affranchissement collectif, comme
il s'associa jadis à l'affranchissement individuel ?
De là dépendent son avenir et sa moralité ; et il est
évident que rien ne saurait le déterminer à entrer dans
cette voie que des institutions de liberté qui lui feraient
entrevoir clairement qu'il est placé dans cette alternative : de rester attaché au passé et d'être entraîné dans
sa chute, ou de se régénérer en s'associant aux progrès accomplis et à la cause de l'avenir.

CHAPITRE XIV.

LA LIBERTÉ PRINCIPE DE PROSPÉRITÉ ET DE RICHESSE PUBLIQUE.

Le progrès de la richesse publique suit le progrès de la liberté. — La
liberté individuelle est le meilleur système d'organisation.

Tenter de séparer la liberté de ses agitations, de ses
dangers, de ses néfastes amis, c'est une glorieuse ta-

che ; mais répudier la liberté et vouloir conserver après
elle ses bienfaisantes conséquences, c'est une œuvre
d'aveuglement. Chacun traiterait d'insensé le passager
qui s'écrierait : la vapeur nous fait voler sur les flots,
mais éteignons ce feu qui cause une chaleur incom-
mode et trop souvent des explosions fatales. Pourquoi
accorderions-nous plus de raison aux hommes qui répètent : « Qu'importe la liberté, pourvu que l'indus-
« trie et le commerce prospèrent. Pourquoi toujours
« se préoccuper de la liberté et la défendre aux dé-
« pens d'intérêts bien plus précieux? »

La liberté, nuisible seulement à la fortune d'un petit
nombre de privilégiés, est la condition première de la
prospérité publique. L'Angleterre, la France, la Hollande, la Suisse et la Belgique sont les pays les plus
industrieux, les plus riches parce qu'ils sont les plus
libres. En secouant le joug féodal la France transforma
en champs fertiles les landes et les parcs féodaux.
Pour les colonies anglaises, l'ère d'une prospérité jusque alors sans exemple date de leur indépendance. La
Hollande brise le joug de Philippe II et les mers se
couvrent de ses flottes chargées des richesses du monde;
des lagunes arrachées aux flots se changent en fertiles
prairies, en somptueux villages. Dans le même temps
l'Espagne abandonne ses antiques libertés contre les
trésors inépuisables du Nouveau-Monde et la misère
la dévore. Les montagnards des Alpes écrasent sous

leurs rochers la chevalerie de la maison d'Autriche et leurs montagnes de neige surpassent en richesse les plus fertiles plaines. Au milieu de la confusion du moyen âge, des villes savent conquérir et défendre leur liberté : Venise, Florence, Gand, Bruges sont le centre de l'industrie, du commerce, des richesses, des beaux-arts. Lorsque la liberté succombe quelque part sous la force de ses ennemis ou plutôt sous l'insouciance et l'aveuglement de ses amis, aussitôt industrie, commerce, richesse, tout disparaît avec elle. Ce n'est pas la terre la plus féconde, la mieux arrosée, ni le plus beau ciel, mais les rayons de la liberté qui font éclore les plus riches moissons.

La liberté n'est pas seulement favorable à la production de la richesse sociale, elle est aussi le moyen le plus simple d'assurer sa meilleure répartition. Les inégalités, la misère que présente la société ont inspiré des projets de réforme d'une application impossible, parce qu'ils bouleverseraient l'ordre social et qu'ils sont en contradiction avec les conditions de toute société.

Une disposition plus commune et non moins fâcheuse peut-être que les projets de réforme chimériques, c'est la résignation du peuple poussée jusqu'au découragement et à l'indifférence la plus complète en tout ce qui touche les améliorations sociales. « Tout « le monde ne peut pas être riche ; si tout le monde

« était riche, qui travaillerait? » répètent une foule de
travailleurs, puis ils s'engourdissent dans leur misère.
Cette résignation, qui part d'un sentiment d'ordre et
de dévouement respectable dans son principe, exprime
une vérité et une erreur qu'il importe de démêler : il
est vrai que tout le monde ne peut pas être riche sans
travailler, car il n'est aucun des objets propres à la
satisfaction des besoins humains qui ne soit le fruit
du travail, mais sous l'empire de bonnes institutions publiques, sous l'influence de bonnes habitudes
privées, tous ceux qui travaillent peuvent être riches,
c'est à dire, jouir d'un état qui permette la satisfaction
des besoins physiques et intellectuels.

Repoussons loin de nous la pensée que la misère
et les inégalités qui affligent l'humanité sont des
maux incurables ; le remède est dans la liberté politique, dans l'action régulière de la liberté individuelle.

Quelque imparfaites que soient les dispositions se-
condaires de notre législation, nous pouvons cependant juger de la puissance de répartition qu'exerce la
liberté individuelle. Observons le double mouvement
de circulation qui divise les capitaux en salaires, et
rassemble le produit épars des salaires, pour en refor-
mer les capitaux.

Tout entrepreneur industriel ou agricole répand
son capital en frais d'établissement, en achat de ma-

tières premières, en salaires; puis les consommateurs, soit directement, soit par l'intermédiaire du commerce, acquérant ses produits, lui restituent un nouveau capital. Lorsqu'un fabricant, après la vente de ses produits, est ainsi rentré dans son capital, qu'a-t-il été, si ce n'est l'intermédiaire au moyen duquel les divers ouvriers qui ont concouru à sa production ont échangé la valeur de leur travail entre eux et avec les consommateurs dont les achats ont servi à solder leur salaire. Sans cet intermédiaire, sur quelle base et dans quelle proportion du produit commun pourraient traiter ensemble le nombre infini d'ouvriers dont le travail coopère à tout établissement industriel ou agricole? Comment le laboureur, le berger, le batteur, le moissonneur, le charron, le maréchal, les marchands, dont l'industrie ou le commerce concourent à la culture d'une ferme, pourraient-ils régler la part de chacun d'eux? Sans cet intermédiaire, il faudrait renoncer à la division du travail, source de puissance industrielle et de civilisation; ou bien il faudrait que la société se partageât en communautés soumises à un chef féodal ou dirigées par un chef élu dont l'autorité ne serait ni moins arbitraire ni moins inconciliable avec le progrès, car elle serait sujette aux mêmes erreurs, aux mêmes passions.

Tout entrepreneur n'est au fond que l'agent des ouvriers qui concourent aux productions de sa fabrique,

de sa ferme ou de son commerce. C'est l'agent le plus
économique; en somme, il ne retire que l'intérêt
de son capital et le salaire de sa peine; si quelques uns
retirent davantage, combien d'autres retirent moins et
se ruinent. C'est l'agent le plus vigilant, le plus probe, et
dont le bénéfice ou la ruine dépend du succès. C'est
un agent engagé à des conditions si onéreuses, qu'une
société n'oserait en imposer de semblables au gérant
de son choix, car il répond de toutes les mauvaises
chances; et si, malgré son habileté, des événements de
force majeure surviennent, la ruine tombe sur lui
seul. S'il gère avec habileté, avec économie, son capital augmente, sa gestion s'agrandit; par la force même
des choses, il monte en grade ; s'il gère avec noncha-
lance, avec légèreté, avec luxe ou seulement avec malheur, sa gestion décline d'importance ou lui est enle-
vée; la même force des choses le dégrade.

Combinez ces résultats de la liberté individuelle
avec l'égalité de partage dans les successions, avec la
libre transmission des biens. La fortune qui suffisait
pour assurer une oisive opulence à son possesseur se
divise entre ses enfants. Ceux-ci, s'ils ne veulent dé-
choir de la position paternelle et ne transmettre à
leurs enfants que la médiocrité et la gêne, doivent se
résigner à une vie d'activité et d'industrie. D'un autre
côté, dès que la propriété n'est plus immobilisée au
profit de quelques familles privilégiées par l'effet des

substitutions ou les entraves du fisc, elle tend
à se rendre entre les mains de qui la paie le prix le
plus élevé. Or, ceux qui payent la propriété le plus
cher sont généralement ceux qui l'exploitent eux-
mêmes, qui retirent le double bénéfice de la rente
et de l'industrie, qui achètent par faible portion,
qui mettent sur la terre le travail de leur personne
et de leur famille, dont souvent ils ne trouveraient
pas l'emploi, et peuvent à la rigueur considérer comme
revenu net de la terre le produit brut qu'ils en retirent.

Ainsi chacun, dans la plénitude et sous le stimulant
de sa liberté individuelle, concourt à la production
sociale et se trouve rémunéré selon son œuvre, sans
débats, sans arbitraire, par l'effet d'un enchaînement
infini d'échanges librement contractés. En même
temps, par une pente naturelle qui entraîne les choses,
lorsque la législation n'y apporte point d'obstacle, les
capitaux et les propriétés se divisent au profit du travail et de l'économie.

Tel est le résultat de la liberté individuelle ; ce qui
se passe sous nos yeux en est une preuve d'autant plus
manifeste que cette liberté n'est encore pour nous
qu'une conquête bien imparfaite. Un demi-siècle s'est
à peine écoulé depuis qu'en France les deux tiers des
propriétés ne sont plus immobilisées entre les mains
de la noblesse et du clergé ; vingt-cinq ans de guerre,
l'invasion étrangère, la protection dévorante des

gouvernements n'ont pas cessé de faire obstacle au développement de la population et de sa richesse ; encore aujourd'hui, le domaine royal, l'indivision des biens communaux, l'aveugle rapacité du fisc luttent contre la propagation de la propriété. Cependant, malgré tous ces obstacles, la liberté individuelle a produit des résultats bien éloignés sans doute de répondre aux besoins de la société, mais qui ne doivent plus laisser d'incertitude sur la portée des bienfaisantes conquêtes auxquelles bientôt elle conduirait la société, sous une législation libérale et une administration sincère.

CHAPITRE XV.

LIBERTÉ D'INDUSTRIE.

L'emploi du travail est un devoir de la société vis-à-vis des individus. — Restrictions nécessaires. — Garanties qui doivent accompagner ces restrictions. — Livrer l'industrie privée à l'arbitraire de l'administration, c'est propager l'esprit de servitude ou l'esprit d'oisiveté.

Les bras d'un homme, ses facultés personnelles sont de toutes les propriétés la plus incontestable, celle à laquelle il est le moins permis de porter atteinte,

Lorsque les travailleurs étaient obligés, pour obtenir protection et sécurité, de suppléer par l'association à l'impuissance de l'autorité publique, les corporations étaient une institution de liberté. Lorsque les travailleurs étaient les serfs de seigneurs durs, avides, les jours de repos prescrits au nom de la religion étaient un affranchissement partiel. C'est ainsi que des institutions bienfaisantes et philosophiques à une époque deviennent tyranniques et absurdes lorsqu'elles survivent à leur motif.

La liberté complète de travail est un droit pour l'individu; bien plus, l'emploi du travail est, dans la limite du possible, un devoir de la société vis-à-vis de l'individu. L'entreprise par la société de travaux qui feraient concurrence aux travaux des particuliers serait une iniquité déraisonnable; mais des travaux de routes, de canaux, de dessèchement, de défrichement et d'autres travaux pour des personnes peu valides, ne font concurrence à aucun autre. Tous les souverains ont joui d'immenses dotations pour s'entourer de palais, de magnificences destinées à relever leur majesté; si le peuple est devenu le souverain, qu'il ait donc aussi sa liste civile destinée à lui assurer du travail, car la majesté d'une nation est surtout intéressée à ce que ses institutions et son ordre social permettent à tous les citoyens de vivre en travaillant.

La liberté d'industrie doit être la règle générale;

cependant la nature des choses et l'intérêt public apportent des limites à cette liberté. Lorsqu'il s'agit de défoncer les rues d'une ville pour établir des conduits souterrains d'eau ou de gaz, d'établir un service de voitures qui peuvent encombrer la voie publique, d'arrêter des rivières pour construire des usines, d'occuper par une route des passages quelquefois uniques, pour assurer les voies de communication d'un grand pays, il est évident que le gouvernement représentant le public doit intervenir. Alors il y a lieu de réclamer, non le libre exercice de la volonté des particuliers, mais l'établissement d'institutions qui donnent des garanties efficaces contre l'arbitraire des fonctionnaires publics.

Les plus minimes intérêts qui se rattachent à l'ordre civil ont la garantie d'un débat public, d'un tribunal d'appel et d'un tribunal de cassation. Comment expliquer que des intérêts d'une immense importance soient livrés au pur arbitraire de l'administration ? Pourquoi ne pas avoir recours à la garantie d'un jury spécial, d'un débat public, d'une décision motivée, d'un tribunal supérieur ? Lorsqu'il sagit de concessions qui équivalent à des sommes considérables, pourquoi ne pas procéder par voie d'adjudication publique, sauf les avantages dus aux inventeurs, au lieu d'user de dons gratuits qui enrichissent quelques particuliers aux dépens du public et trop souvent aux dépens de la réputation du magistrat.

Cet arbitraire exerce une influence corruptrice. L'administration tient déjà dans sa main une multitude de fonctionnaires, de possesseurs d'offices, d'intérêts privilégiés, il faudrait au moins que l'industrie ne dépendît que de la loi. Si vous exploitez une chute d'eau, si vous êtes entrepreneur de travaux publics, si vous avez une usine, si votre maison borde une route ou une rue, vous êtes à la discrétion d'une administration qui traite en ennemi tous ceux qui font acte de civisme et d'indépendance. Un régime sous lequel toutes les conditions de succès industriel restent inutiles sans les bonnes grâces de l'autorité tend évidemment à faire prévaloir l'esprit d'oisiveté ou l'esprit de servitude.

CHAPITRE XVI.

LIBERTÉ COMMERCIALE.

Restrictions nécessaires. — Elles doivent être inspirées par la pensée de protéger le bien-être et la moralité du public. — Une liberté commerciale illimitée pourrait placer l'ordre social et politique d'une nation sous l'influence de gouvernements étrangers.

La richesse publique est en raison de la richesse des particuliers, et ceux-ci appliquent toujours leur volonté, leur sagacité à choisir la branche de com-

merce la plus productive; il semble donc naturel de
penser qu'aucune entrave ne doit être apportée à la liberté commerciale.

Mais dans beaucoup de circonstances, la spéculation
qui rapporte le plus à son entrepreneur n'est pas la
plus avantageuse au public; quelquefois même elle
lui est fort préjudiciable; ainsi un commerce très
immoral peut être très lucratif, c'est ce qui arrive
pour la traite des nègres. Une industrie qui lèse profondément les facultés physiques et morales de la population est quelquefois plus lucrative qu'une autre
industrie qui développe une race vigoureuse.

Le spéculateur préfère toujours l'entreprise qui
lui rapporte le plus grand produit net, tandis que souvent une entreprise dont le produit net est moindre emploie plus d'ouvriers, suppose un plus
grand nombre de petits profits, donne l'impulsion à
une production beaucoup plus considérable et favorise
une répartition plus équitable.

D'un autre côté, on ne peut abandonner la subsistance d'une grande nation aux calculs de la spéculation, de l'agiotage, ni à la concurrence de nations
plus riches. Dans les temps de disette, les personnes
aisées ne sont atteintes d'aucune privation personnelle. Le prix du grain entre pour une si faible proportion dans la somme de leurs dépenses qu'elles
ne retranchent rien de leur consommation habituelle.

Il est vrai que le nombre des personnes aisées est trop restreint pour que cette circonstance ait un effet appréciable; il n'en serait pas de même si une population pauvre était mise en face d'une population riche. Qu'on laisse sur les marchés nationaux une libre concurrence entre les ouvriers anglais qui gagnent 3 ou 4 francs par jour et notre population de Bretagne qui ne gagne que le quart ou le cinquième, et il est évident que nos Bretons seraient morts de faim avant que leurs voisins étrangers ressentissent des privations sérieuses.

On cite souvent l'exemple de la Hollande qui n'a jamais souffert de famine et où le commerce des céréales jouit d'une complète liberté; mais la Hollande se trouve dans des circonstances spéciales: c'est un pays opulent qui ne peut redouter sur aucun marché la concurrence de pays plus riches. La Hollande possède d'immenses capitaux fécondés par la science des spéculations commerciales; enfin la Hollande est baignée, découpée par la mer, couverte du réseau de mille canaux; les denrées de tous les points du globe abordent presque sans frais au sein de toutes les villes, de tous les villages. Quelle comparaison peut-on établir entre une telle position et celle de la France, où la majeure partie d'une population de trente-trois millions d'habitants réside au milieu des terres, privée de canaux, de fleuves, de routes praticables, de capitaux et de

commerce ; s'il fallait que la subsistance de la France
reposât sur le commerce et non sur la production intérieure, dans les temps de rareté générale une partie
de la population serait menacée de destruction.

La concurrence illimitée du commerce extérieur ex-
poserait une nation à voir son ordre social et politique
placé sous l'influence d'une nation étrangère.

Un homme qui travaille seize heures par jour à
moitié vêtu ne prend qu'une nourriture grossière et
insuffisante, néglige l'éducation de ses enfants et les
soumet au travail dès l'âge le plus tendre ; un tel
homme produit plus et consomme moins, il peut
livrer ses produits à meilleur marché que celui qui
élève convenablement ses enfants, satisfait aux exigences de la vie matérielle et prend quelques loisirs
favorables au développement de son intelligence. Sup-
posez d'une part un gouvernement aristocratique qui
voie dans l'abrutissement des classes ouvrières le double avantage d'assurer l'ascendant d'une classe privilégiée ainsi que la supériorité commerciale de son
pays, et d'autre part un état démocratique dont la
force repose sur le développement physique et intellectuel du peuple ; il est évident que la liberté du commerce conduirait forcément la population du second
état à la déplorable situation du premier, et compromettrait par cela même sa constitution politique.

Ce n'est donc pas la liberté absolue du commerce

qu'il s'agit d'invoquer, mais bien des restrictions qui ne soient inspirées que par des vues conformes à l'intérêt général. Sous ce rapport le système actuellement suivi en France laisse beaucoup à désirer. Si la législation cessait de faire obstacle à la division des propriétés par une absurde accusation de droits fiscaux, si elle cessait de grever le travail et l'industrie au profit d'intérêts privilégiés, si le système commercial était conçu d'après la pensée du progrès matériel et moral de la population, que d'importantes améliorations sociales seraient obtenues. Mais ce résultat n'est possible qu'avec la participation du pays aux lois qui le régissent, car le pouvoir du public pèse bien plus que son intérêt dans la balance du législateur.

CHAPITRE XVII.

LIBERTÉ POLITIQUE.

Définition. — Éléments de l'intérêt social. — Rapport entre la civilisation et la liberté ; — Entre la liberté et les gouvernements. — La liberté politique est plus une question de fait qu'une question de logique.

La liberté politique est l'accomplissement de la volonté publique. Mais ce n'est pas la volonté, c'est l'intérêt de la société qui fait la justice et le droit.

Les hommes ont des besoins matériels et des besoins

intellectuels; la société, comme les unités dont elle se compose, tend au bien-être et à la satisfaction morale. De plus, la société ne meurt pas, son intérêt embrasse l'avenir aussi bien que le présent. Une génération qui serait indifférente au sort de sa postérité serait coupable d'un monstrueux égoïsme et indigne autant qu'incapable de perpétuer son existence nationale. Le bien-être, le perfectionnement moral, l'avenir, tel est le triple élément de l'intérêt général, dont l'appréciation est la règle unique pour prononcer sur la légitimité des gouvernements et sur la limite de leur pouvoir.

Les gouvernements ne sont jamais qu'un moyen. La liberté politique est le moyen qui convient aux sociétés avancées, celui sur lequel repose le gage de leur progression continue. Lorsque les hommes sont arrivés à un sentiment distinct de leurs droits et de leurs devoirs, à des rapports de discussion et de tolérance, à l'intelligence de la vie sociale et politique, quoi de plus rationnel et de plus simple que l'exercice, par le public lui-même, d'un pouvoir qui n'a d'autre but que la satisfaction de ses véritables intérêts?

Cependant lorsque le public n'a l'intelligence ni de ses besoins matériels et intellectuels, ni de ses devoirs envers l'avenir; lorsqu'il ne sait ni démêler ni réprimer les factions qui, sous le masque du dévouement, ne cherchent qu'à l'exploiter; en un mot, lorsque l'exercice de sa volonté est contraire à ses véritables intérêts, on ne doit pas sacrifier le but au moyen, on ne doit pas, en préférant la liberté au bien public, perdre l'un et l'autre, car il n'est pas de liberté pour un peuple qui ne sait pas en faire un usage éclairé.

Chacun présente et croit souvent ses prétentions intimement liées à la cause de l'intérêt général. S'il est des cas où le public doive être réputé incapable, quelle autorité en dehors de la liberté politique choisira entre tant de partis rivaux pour fonder le gouvernement? L'histoire répond à cette question : depuis les premiers âges de la société il est arrivé bien rarement qu'un gouvernement ait émané de la volonté publique; presque toujours les gouvernements ont été le résultat de la tolérance, du consentement tacite, de la nécessité des circonstances, et une réflexion doit nous persuader que la société ne subissait en cela rien d'inférieur à son degré de lumières et de civilisation; en effet, quand l'incapacité politique d'une nation laisse un gouvernement s'établir sans l'expression régulière de la volonté publique, cette même incapacité ne permet pas de supposer que le choix de la société eût donné un résultat préférable à celui qui est né de la force des choses. En étudiant le passé nous trouvons les gouvernements tout à la fois en dehors de la liberté politique et de bien loin en arrière des idées les plus avancées de leur époque; mais en observant de près les

circonstances sociales, nous trouverons presque toujours que, sous l'empire de la volonté publique, la
raison et la justice n'eussent pas été moins outragées.

Entre deux pays, celui qui se rapproche le plus de la
liberté politique possède presque toujours un gouvernement plus éclairé; est-ce à dire qu'en implantant la
même constitution dans l'autre pays on obtiendrait un
résultat semblable? Non, car le pays qui possède une
moins grande liberté politique est aussi moins éclairé,
moins civilisé, et par cela même l'exercice de sa volonté ne saurait amener des résultats semblables.

Tout progrès de la société en lumières, en civilisation amène, sous une forme ou sous une autre, un
progrès dans l'influence de la volonté publique, c'est-
à-dire un progrès de liberté politique; et tout progrès
de liberté politique, s'il n'est pas prématuré, ni poussé
au delà des limites que comporte l'état social, amène
un progrès de lumières et de civilisation. La civilisation
et la liberté politique sont donc unies entre elles par
une action réciproque de cause et d'effet.

Entre le gouvernement et la liberté politique il
existe aussi un rapport de réciprocité. Dans une
certaine limite, il est donné au gouvernement de
favoriser le progrès de la liberté politique, et il est
donné à celle-ci d'améliorer le gouvernement. Mais
cette action réciproque ne peut pas dépasser une certaine portée; il est une limite au delà de laquelle le

gouvernement ferait de vains efforts pour fonder un
degré de liberté politique que ne comporte pas l'état
social, et par la même raison la liberté politique ne
saurait amener dans le gouvernement des améliorations prématurées, car la volonté du public ne peut
s'élever au dessus de son intelligence. Dans une sphère
plus étendue, le gouvernement et la liberté politique
cessent donc d'avoir entre eux le rapport réciproque de
cause et d'effet, et ne sont réellement que les deux
effets d'une même cause : le degré de civilisation. Cette
conséquence ne résulte pas seulement d'une déduc-
tion historique, elle se présente comme le résultat
nécessaire de la nature des choses : la liberté politique n'étant que l'accomplissement de la volonté
publique, là où le public est ignorant, superstitieux,
barbare, étranger à toute notion d'intérêts généraux,
comment admettre que sa volonté puisse être autre
chose que ce qu'il est lui-même?

En présence des vices de tant de gouvernements, de
l'incapacité, du vertige de leurs agents, nous sommes
frappés de plusieurs considérations. D'abord nous
admirons d'autant plus l'institution en elle-même,
qu'avec des rouages si défectueux elle ne laisse pas que
de fonctionner à l'avantage de la société et de protéger
son développement, et nous prenons confiance dans
les destinées humaines, en songeant combien sera
grande la force progressive de la société, du jour où elle

sera assez avancée pour remplacer au gouvernement l'égoïsme, l'ignorance, l'orgueil, par l'intelligence, la moralité et le dévouement. Une autre considération nous frappe : les hommes qui, dans des vues désintéressées et avec discernement, bravent les dégoûts, les persécutions, les injustes soupçons pour éclairer le gouvernement sur les intérêts sociaux et la société sur la marche du gouvernement, accomplissent une œuvre de civilisation digne de la reconnaissance publique.

Toutes ces considérations sont dominées par une considération supérieure : c'est qu'on ne peut juger un gouvernement comme un particulier ; s'agit-il d'un particulier, nous n'avons d'autre question à examiner que de savoir s'il est bon ou méchant ; lorsqu'il s'agit du gouvernement la question est complexe, il ne suffit pas de le juger, il faut aussi juger celui qui le remplacerait. Ainsi après avoir atteint et convaincu un gouvernement d'être inhabile, fourbe, corrompu, tyrannique, nous n'avons encore entrevu que la moindre face de la question ; ce qui importe pour le condamner, c'est qu'il y en ait un autre qui soit possible et meilleur.

La liberté n'est pas un droit absolu ; les restrictions qu'elle comporte doivent être exprimées nettement et non dissimulées sous l'artifice du langage. Ceux qui nous disent que la liberté est la faculté de faire tout ce que la loi ne défend pas, et de ne pouvoir être contraint à faire ce qu'elle n'ordonne pas, n'ont pas de restrictions à énoncer; car, en réalité, c'est la servitude légale qu'ils nous donnent pour la liberté. Mais qu'arrive-t-il? Le public, oubliant une définition sophistique, applique leurs protestations de dévouement à l'idée que réveille en lui le mot de liberté dans sa signification véritable. De là beaucoup de préjugés anarchiques et le reproche infaillible d'apostasie qu'encourent nos modernes tribuns lorsqu'ils arrivent au pouvoir; car il est évident que lorsqu'ils parlent de liberté, ils entendent tout le contraire de ce que comprend le public. Cette confusion leur paraît sans inconvénients, tant qu'elle leur procure applaudissements et ovations; mais ils paient cher cette popularité de mal entendu lorsque arrivés au pouvoir ils ne peuvent plus reculer devant la nécessité de s'expliquer.

La liberté politique comporte des restrictions fondées sur des circonstances spéciales à chaque pays, à chaque époque; on conçoit donc que dans l'étude des questions de liberté l'appréciation des faits soit un meilleur guide que les déductions d'une logique abstraite. Comment la logique, invariable de sa nature, pourrait-elle offrir une règle pour juger des institutions dont la bonté est toute relative. En Russie, la logique est la même qu'à Zurich et à Philadelphie, qui prétendrait cependant que les institutions doivent y être les mêmes?

Nos plus grandes erreurs en politique viennent peut-
être d'une confiance aveugle dans la logique, non pas
que cette science soit en elle-même un mauvais instrument, mais parce que la faiblesse de nos facultés
ne nous permet pas de nous en servir convenablement. Presque toujours, lorsque nous voulons pousser
trop loin la conséquence d'un principe, nous négligeons
quelqu'une des conditions nécessaires à l'exactitude
du résultat. Les mathématiques sont certainement la
science qui offre l'application la plus rigoureuse
de la logique; cependant, si en appliquant l'une des
règles de cette science nous arrivons à un résultat
tout à fait déraisonnable, nous ne l'adoptons pas,
nous supposons de suite que nous avons négligé un
chiffre ou tout autre élément du calcul; notre bon
sens, c'est-à-dire le sentiment et la raison contrôlés
l'un par l'autre, vient alors rectifier le résultat d'une
science positive, mais mal appliquée. A plus forte
raison doit-il en être ainsi, lorsqu'il s'agit de la logique
appliquée à une science morale; il faut que le bon
sens confirme le résultat. Au moral, la certitude doit
naître du contrôle de nos connaissances, comme au
physique elle naît du contrôle de nos sens.

C'est bien pénétré que la liberté politique est un droit
qui doit se mesurer à l'usage que la société est en état
d'en faire, et que les institutions politiques dépendent
moins d'une question de logique que d'une question

de fait, qu'il faut rechercher quel degré de liberté politique comporte une nation.

CHAPITRE XVIII.

LIBERTÉ POLITIQUE EN FRANCE.

Du droit de suffrage dans d'autres pays. — Le suffrage universel et le droit d'assemblée publique pour délibérer sur les affaires de l'État sont l'ancien droit de la France. — Citations de l'ancienne législation. — Droit actuel d'élection. — Ses conséquences. — L'exagération d'une réclamation n'autorise pas à rejeter ce qui est dû. — Ce qui rend la réforme électorale inévitable.

Aux Etats-Unis d'Amérique, tout citoyen concourt à l'élection des pouvoirs législatifs et du chef suprème de l'Etat.

En Suisse, dans plusieurs cantons, le droit de suffrage est universel; dans les autres, il est fort étendu.

En Angleterre, pour jouir du droit électoral il suffit d'occuper, à titre de propriétaire ou de locataire, un bien quelconque, maison, boutique ou ferme, d'un revenu de dix livres sterling (260 fr.). Sur une population de 26 millions d'habitants, 900,000 sont électeurs. C'est un électeur par vingt-huit habitants.

En Belgique, on compte un électeur sur quatre-vingt-cinq habitants. En Espagne, le droit électoral est plus étendu qu'en Belgique.

En France, autrefois, les états généraux étaient le résultat d'élections toutes populaires. Non seulement les nobles, les ecclésiastiques, tous les membres de corporations privilégiées procédaient directement ou par délégués à la nomination des députés aux états généraux ; mais tous les Français âgés de vingt-cinq ans, habitants des villes ou des campagnes, étaient convoqués publiquement pour rédiger leurs plaintes et remontrances, et pour nommer les délégués chargés de nommer, dans l'assemblée du tiers-état ou dans l'assemblée des trois états, les députés aux états généraux.

Les anciennes lois, en matière d'élection, ne reconnaissent que le suffrage de tous. D'après l'ordonnance d'Amboise, du mois de mai 1471, relative aux privilèges de la ville de Troyes, tous les citoyens devaient se réunir au son de la cloche pour élire trente-six personnes, lesquelles désignaient douze d'entre elles pour être échevins, et les vingt-quatre autres demeuraient conseillers de la municipalité. (Voir les *Anciennes Lois françaises.* Isambert, tome XVII, page 426.)

Les ordonnances du mois de mars et du mois de mai 1472 établissaient le même mode d'élection à Poitiers, à Tours, à Niort, à Fontenai. (Voir le même recueil, même volume, pages 470-492.)

Aux élections pour les états généraux, le tiers-état votait de la même manière que dans les élections municipales.

« La délibération prise en 1483 par l'assemblée des états constate d'anciens usages et de sages maximes. Les états déclarèrent que pour élire les représentants de la nation les ecclésiastiques, les nobles et le tiers-état étaient appelés en vertu d'un ordre du roi dans les bailliages et sénéchaussées, *qu'on admettait tous ceux qui voulaient s'y rendre.* » (*Nouvelles Observations sur les États-Généraux de France,* par Mounier, publié en 1789, page 66.)

Les états généraux de 1614, les derniers qui eurent lieu avant 1789, furent élus selon les anciens usages constatés par la délibération de 1483, d'après lesquels on admettait tous ceux qui se présentaient pour voter. C'est ce qui résulte de la lettre du roi du 9 juin 1614 aux baillis et sénéchaux du royaume : « Nous vous mandons qu'incontinent la présente reçue, vous ayez à convoquer en la principale ville de votre ressort *tous ceux* des trois états d'icelui, ainsi qu'il est accoutumé et qu'il s'est observé en semblables cas, pour conférer et communiquer tant des remontrances, plaintes et doléances, que des moyens et avis qu'ils auront à proposer en l'assemblée générale de nosdits États, et ce fait, d'élire un d'entre eux de chacun ordre, tous personnages de suffisance et intégrité, qu'ils envoyeront

et feront trouver en notre ville de Sens le 10 septembre
prochain, avec amples instructions, mémoires et pouvoirs suffisants, pour, selon les bonnes, anciennes et
louables coutumes de ce royaume, nous faire entendre
leursdites remontrances, plaintes et doléances, ainsi
que les moyens qui leur seront le plus convenables
pour le bien public, manutention de notre autorité,
soulagement et repos d'un chacun; les assurant que
de notre part ils trouveront toute bonne volonté et affection de faire suivre, observer et exécuter entièrement
ce qui sera résolu. » (*Recueil de pièces originales et
authentiques concernant la tenue des États-Généraux*,
publié en 1789 par Barrois, tome 7, page 2.)

En 1788, le gouvernement fit rechercher dans tous
les bailliages les anciennes lois et coutumes suivies en
1614 et aux époques antérieures pour les élections des
états généraux. Le règlement du 24 janvier 1789 pour
l'exécution des lettres de convocation ne fut promulgué
que comme la fidèle reproduction des anciens usages.
Il n'est pas sans intérêt de nous reporter aux principales dispositions de ce règlement qui attestent, comme
un fait au dessus de toute contestation, que le suffrage
universel était depuis des siècles le droit politique de
la France :

« Le roi, en réglant l'ordre des convocations et la
forme des assemblées, a voulu suivre les anciens usages
autant qu'il était possible. Sa majesté, guidée par ce

principe, a conservé à tous les bailliages qui avaient député directement aux états généraux en 1614 un privilége consacré par le temps.

« Article 24. Huitaine au plus tard après la notifi-cation et publication des lettres de convocation, *tous les habitants* composant le tiers-état des villes ainsi que ceux des bourgs, paroisses et communautés de campa-gne ayant un rôle séparé d'impositions, seront tenus de s'assembler dans la forme ci-après prescrite, à l'effet de rédiger le cahier de leurs plaintes et doléances, et de nommer les députés pour porter ledit cahier aux lieu et jour indiqués.

« Art. 25. Les paroisses et communautés, les bourgs, ainsi que les villes non comprises dans l'état annexé, s'assembleront dans le lieu ordinaire ; à laquelle assem-blée auront droit d'assister *tous les habitants* compo-sant le tiers-état, nés Français ou naturalisés, âgés de vingt-cinq ans, domiciliés et compris au rôle des impo-sitions, pour concourir à la rédaction des cahiers et à la nomination des députés.

« Art. 28. Les députés choisis dans les différentes assemblées particulières formeront à l'hôtel-de-ville, et sous la présidence des officiers municipaux, l'assem-blée du tiers-état de la ville, dans laquelle assemblée ils rédigeront le cahier des plaintes et doléances de la-dite ville, et nommeront des députés pour le porter aux lieu et jour qui leur auront été indiqués. » (Voir l'*Histoire parlementaire de la Révolution*, par Buchez et Roux, tome 1, page 262.)

Les documents suivants sont un précieux commentaire du règlement du 24 janvier 1789 que nous venons de citer :

Règlement pour la province de Bourgogne pour la convocation des états généraux.

« Le roi s'étant fait rendre compte en son conseil des formes anciennement observées pour la convocation des états généraux dans la province de Bourgogne... Et comme ces formes ont l'avantage *d'assurer la représentation la plus universelle et la liberté la plus entière,* sa majesté a cru devoir conserver à tous les bailliages de cette province leur droit ancien, en leur adressant avec les lettres de convocation le règlement arrêté en son conseil le 24 janvier dernier. »

Ordonnance de M. le bailli d'Auxerre du 3 mai 1789.

« Ordonnons : 5° qu'au jour le plus prochain *tous les habitants* du tiers-état desdites villes, bourgs, paroisses et communautés de campagne , nés Français ou naturalisés, âgés de vingt-cinq ans, domiciliés et compris au rôle des impositions, seront tenus de s'assembler au lieu accoutumé, à l'effet par eux de procéder d'abord à la rédaction du cahier de plaintes, doléances et remontrances que lesdites villes, bourgs et communautés entendent faire à sa majesté, ainsi qu'à tout ce qui peut intéresser la prospérité du royaume et celle de tous et de chacun des sujets de sa majesté; ensuite de procéder à haute voix à la nomination de députés dans le nombre déterminé par l'article 31 du réglement du 24 janvier. »

Suit la notification pour avoir à convoquer au son de la cloche, en la manière accoutumée, l'assemblée des habitants pour, par lesdits habitants et communautés, tenir leur assemblée, dresser leur cahier de doléances et nommer leurs députés.

Modèle de procès-verbal d'assemblée des villes, bourgs, villages et communautés, pour la nomination des députés.

« Aujourd'hui....... 1789, en l'assemblée convoquée au son de la cloche, en la manière accoutumée, sont comparus en l'auditoire (ou hôtel-de-ville) de ce lieu, pardevant nous.......... tous nés Français ou naturalisés, âgés de vingt-cinq ans, compris dans les rôles des impositions, habitants de cette ville (bourg, village ou communauté composée de..... feux), lesquels, pour obéir aux ordres de S. M........ nous ont déclaré qu'ils

allaient d'abord s'occuper de la rédaction de leur cahier de doléances, plaintes et remontrances, et en effet
y ayant vaqué, ils nous ont représenté ledit cahier qui
a été signé par ceux desdits habitants qui savaient
signer et par nous.

« Et de suite lesdits habitants, après avoir mûre-
ment délibéré sur le choix des députés qu'ils sont tenus
de nommer, en conformité desdites lettres du roi....
la pluralité des suffrages s'est réunie en faveur des
sieurs.......... etc. » (Archives de la ville d'Auxerre,
pièces déposées à la bibliothèque publique).

Aujourd'hui en France pour être électeur il faut
payer 200 fr. d'impositions ; il n'existe que deux
cent mille électeurs sur une population de trente-trois
millions d'habitants, ou un électeur sur 165 habitants.
Et ceux qui réclament l'extension d'un droit électoral
ainsi restreint jusqu'à la dérision sont accusés de réclamer une innovation chimérique, une mesure d'a-
narchie. En vérité, on ne sait ce qu'il faut le plus ad-
mirer, de l'ignorance ou de la mauvaise foi, qui seules
peuvent inspirer de semblables reproches.

L'extension du droit électoral une innovation ! Mais
ce n'est que le retour vers les institutions anciennes.
Non seulement le suffrage de tous les Français âgés de
vingt-cinq ans, mais le droit d'adresser des plaintes,
des remontrances, et par conséquent le droit de s'assembler, de discuter et de délibérer pour les affaires de

l'état et les questions politiques ont été le droit commun de la France pendant des siècles.

L'extension du droit électoral une mesure d'anarchie! Mais sous le régime du suffrage universel le trône n'a cessé de se transmettre sans aucune atteinte au droit héréditaire, malgré l'occupation du territoire, malgré les minorités, les guerres civiles, les guerres de religion; tandis que c'est après une interruption de 175 années dans la convocation des assemblées élues par la nation que le trône est tombé en 1792. Depuis quarante-deux ans que le droit électoral n'a plus été qu'un vain simulacre, quelle stabilité le gouvernement en a-t-il retirée? Deux fois l'empire, deux fois la restauration sont tombés; nous en sommes à un cinquième gouvernement que ses amis ne cessent de proclamer sur le bord de l'abime.

L'extension du droit électoral, au lieu d'être anarchique, est une mesure de conciliation destinée à mettre fin à nos divisions politiques : on se résigne sans humiliation et de bonne foi au vœu d'un grand peuple; on ne se soumet jamais dans le fond du cœur au triomphe d'une minorité forte seulement de fourbe et de corruption.

La France, après des siècles de progrès intellectuel, avec son heureuse division de la propriété et sa classe moyenne si nombreuse, si intéressée au respect des conditions de l'ordre public, ne saurait avoir moins de capacité politique que l'Angleterre, la Belgique et l'Espagne. Elle ne saurait avoir moins de capacité politique qu'à l'époque où sa noblesse ne savait pas lire, où le régime féodal la fractionnait en cinquante peuples distincts et souvent ennemis. En présence des faits, il faut ou ériger en principe que les droits politiques doivent être en raison inverse de l'intelligence et de l'influence sociale, ce qui est absurde, ou bien reconnaître que la liberté politique est en France fort au dessous de l'état social. Continuons cependant l'examen des faits, comparons les assemblées législatives émanées de l'élection populaire avec les assemblées qui sont le résultat de la législation actuelle.

L'assemblée constituante accomplit tout à la fois la réforme des institutions politiques, des lois civiles, des lois pénales; elle abroge les droits féodaux, décrète la vente des biens de l'église, établit l'unité de territoire, l'unité de loi, le principe de la souveraineté nationale, l'égalité de tous les citoyens devant la loi.

L'assemblée législative poursuit l'œuvre de la constituante et repousse le premier choc de l'Europe coalisée.

La convention, au milieu des nécessités d'une lutte à mort contre l'Europe, contre les ennemis intérieurs de la révolution et même contre un grand nombre de ses amis, détourne en partie contre l'étranger la fougue des passions qui l'entraînent. Elle réprime les sectaires qui s'attaquent aux conditions de toute société, elle fait respecter le principe de la propriété, dont elle tempère la rigueur en introduisant la charité dans les lois. Après avoir fondé nos plus belles institutions industrielles et scientifiques, après avoir fait triompher la révolution de ses ennemis et d'elle-même, la convention mit fin à son propre pouvoir. Si plus tard la constitution populaire vint à succomber, la cause n'en est pas dans les vices du peuple, mais dans sa trop grande facilité à se défier de lui-même pour croire aux calomnies de ses ennemis; la cause en est dans l'ambition de ses faux amis, hommes aveugles qui trahirent le peuple pour s'élever, et coupèrent ainsi la branche qui les soutenait.

Qu'ont-elles donc fait de si grand nos chambres constitutionnelles pour repousser avec dédain la loi électorale d'où sortirent nos assemblées nationales? Elles n'ont fondé, dans la sphère de leur influence, qu'égoïsme, lâcheté, corruption. Elles ne laisseront après elles que quelques pages de nos codes et de notre histoire à déchirer.

La réforme électorale ne peut être l'objet d'aucune objection sérieuse, aussi ne lui oppose-t-on que des considérations étrangères au fond de la question. Une de ces considérations, c'est que la réforme est invoquée par un parti qui veut en tirer des conséquences exagérées. Mais quand donc la vérité et le droit seraient-ils accueillis s'il fallait attendre que personne ne voulût aller au-delà des justes bornes?

Lorsque les anciens états généraux réclamaient l'ordre dans la levée et la dépense des impôts, une justice impartiale, le respect des franchises communales, l'indépendance de l'église nationale, avaient-ils tort parce qu'il y avait une Jacquerie qui brûlait les châteaux?

Lorsque les protestants réclamaient la liberté de conscience, avaient-ils tort parce que dans le même temps des fanatiques prêchaient la communauté des biens et des femmes?

Lorsque la philosophie du xviiie siècle préparait tant de bienfaisantes réformes, fallait-il l'étouffer parce qu'il y avait des écrivains aveuglés qui attaquaient les opinions les plus respectables?

Lorsque la France commença l'admirable mouvement de 89, fallait-il s'arrêter et rebrousser dans la carrière parce qu'il y avait des bandits qui commettaient des désordres?

S'il faut réprimer la liberté parce que derrière elle on entrevoit la licence, on réprouvera aussi le pouvoir parce que derrière lui on entrevoit la tyrannie; alors rien n'est possible que l'incertitude et l'impuissance.

Admettons ce qui est juste, repoussons ce qui est injuste: ainsi le veut l'équité, car l'exagération d'une réclamation n'autorise pas à refuser le paiement de ce qui est légitimement dû; ainsi le veut la saine politi-

que, car une prétention injuste est sans crédit par
elle-même, et pour ruiner toutes ses chances d'influence, le plus sûr parti est de lui ôter les moyens de
s'étayer sur des réclamations bien fondées.

L'extension du droit électoral n'est pas seulement
une mesure de justice, d'intérêt public confirmée par
l'autorité des précédents et de l'expérience, c'est de
plus une mesure de nécessité. Ceux qui vivent au milieu de la population française, mêlés à ses travaux, à
ses habitudes, à ses pensées, sont frappés de ses ra-
pides progrès en intelligence, en industrie, en dignité; il est impossible qu'une population tellement
supérieure à ce qu'elle était avant la révolution consente à rester inférieure sous le rapport des droits politiques; il est impossible que sous un gouvernement
qui relève de la souveraineté nationale, elle ne prenne
pas, dans les affaires publiques la part de pouvoir
qu'elle possédait sous le régime du droit divin. La
France exigera l'extension du droit électoral.

D'un autre côté, en voyant le gouvernement si faible au dehors qu'il ne peut faire la guerre, ni assurer la paix; si faible au dedans qu'il n'ose prendre
l'initiative des questions, où l'intérêt général se trouve
en opposition avec des intérêts particuliers quelque
peu influents; si déchu aux yeux mêmes de ses amis
qu'il ne peut acheter leur concours qu'en se dé-
pouillant à leur profit du pouvoir administratif; il est

évident qu'à la première crise le gouvernement sera obligé d'asseoir sa puissance sur une base plus large. Il ne pourra trouver que dans la réforme électorale la force qui le délivrera de l'insolence de l'étranger, de l'exigence des intérêts particuliers et de l'usurpation administrative de ses dispendieux amis. Ne serait-il pas plus prudent et plus sage d'accepter cette nécessité que de reculer devant elle, pour la subir dans un temps où un changement dans le système électif sera une complication grave de circonstances plus graves encore.

CHAPITRE XIX.

DU GOUVERNEMENT.

Trois principes de gouvernement : la force, le droit divin, la souveraineté du peuple. — Le gouvernement est fait pour la société — Les lois doivent avoir pour objet non la fondation ou la conservation d'une forme de gouvernement, mais le bien public. — Pas de monarchie sans noblesse héréditaire — la majorité des amis de la monarchie ne veut pas de privilèges héréditaires. — Gouvernements de transition. — Serment politique. — Les gouvernements passent, les nations leur survivent. — Prétendant dont l'opposition et le pays ne doivent jamais oublier la puissance et les droits. — Solidarité de la puissance avec les gouvernements. — Les reproches contre la révolution ne prouvent rien contre les institutions démocratiques.

L'histoire des gouvernements présente trois grandes époques liées entre elles par le double caractère de filiation et de lutte. Telle est la condition des choses humaines, qu'il arrive un jour où l'idée engendrée ne peut parvenir à son application qu'en achevant violemment le règne de l'idée génératrice.

Le gouvernement de l'antiquité n'a d'autre principe que la force; dans les républiques de la Grèce et de l'Italie, les magistrats sont, il est vrai, des délégués des citoyens; mais ceux-ci disposent comme souverains et comme maîtres du reste des hommes, sans autre raison que le fait lui-même. Si le sort des armes fait tomber une cité au pouvoir d'une cité rivale, les vaincus sont réduits en servitude; la communauté de race, de culte, de patrie, l'égalité de civilisation et de lumières, n'apportent aucune exception; le plus faible est la propriété du plus fort, tel est le droit public de l'époque.

Lorsque la Grèce eut subi le joug de Rome, son génie chercha dans le monde intellectuel l'indépendance et la grandeur que la victoire lui avaient ravies. Les stoïciens entrevirent un ordre moral supérieur aux atteintes de la violence humaine, mais leur doctrine ne put adoucir le peuple dominateur qui se repaissait des jeux sanglants du cirque. Au christianisme fut réservé d'enseigner aux hommes que les gouvernements tiennent leur pouvoir de Dieu. Admirable révolution! par elle la légitimité ne fut plus à la force brutale, mais à la force consacrée par le droit : par elle les gouvernements durent exercer le pouvoir selon la volonté de Dieu, selon la morale religieuse, c'est-à-dire non pour eux, mais pour le bonheur de tous; ainsi fut proclamé implicitement le principe libérateur que les gouvernements sont faits pour le peuple et non le peuple pour les gouvernements.

Le droit de Dieu amenait forcément le droit du peuple. Dans un temps où les prestiges ne trouvent plus de foi, où l'intelligence ne peut admettre d'autre témoignage que celui de la raison commune à tous, le droit divin devait se transformer en souveraineté nationale. Le gouvernement de l'antiquité peut se résumer dans ce mot : En vertu de ma force et pour moi; le gouvernement chrétien : En vertu de Dieu et pour le peuple; le gouvernement selon la souveraineté nationale : Par le peuple et pour le peuple.

Dans le droit divin, comme dans la souveraineté nationale, le but est le même. Ceux qui luttent de nos jours, au nom du droit divin, contre la liberté, combattent pour une lettre morte, pour une formule séparée de son principe, sous l'effigie de laquelle ils embrassent des intérêts contraires à l'intérêt général; et ceux qui luttent pour la souveraineté nationale combattent réellement pour le principe du christianisme, pour le principe moral dont le droit divin n'était qu'une formule appropriée à l'âge de la civilisation.

La force a fondé les gouvernements ; le christianisme a fait planer sur eux la notion du droit, en leur assignant pour principe, non la volonté d'une multitude alors esclave et méprisée, mais la volonté de Dieu paternelle pour tous ; enfin la civilisation confirmant la notion du droit et perfectionnant son moyen d'application, a placé le droit dans la délégation réelle de la société. Ainsi, l'unité est au fond dans les principes dont les progrès humains amènent la succession ; la lutte n'est que dans l'ignorance et les passions des hommes.

Le gouvernement est fait pour la société ; d'où il suit que les gouvernements doivent la servir et non l'exploiter, et que les institutions, les lois doivent être adoptées en vue des besoins de la société, plutôt qu'en vue des conditions que réclame telle ou telle forme de gouvernement. Il faut donc se déterminer dans le choix des lois d'après leur rapport avec l'intérêt général, et non d'après leur rapport avec l'essence du gouvernement existant ou de tel autre vers lequel on se sent porté d'affection. Autrement ce ne seraient plus les besoins de la société, mais ceux du gouvernement qui dicteraient les lois, ce serait la société qui existerait pour le gouvernement.

Des hommes recherchent d'une manière abstraite le gouvernement qui leur semble le plus favorable au bien public ; puis, fixés sur ce point, ils approuvent ou rejettent les lois selon leur rapport avec le gouvernement de leur prédilection. Suivre une telle voie, c'est, en réalité, vouloir la souveraineté de sa théorie, de son affection, au lieu de la souveraineté nationale. L'observation des faits démontre combien une telle voie est vicieuse.

Ainsi, nous ne trouvons pas dans l'histoire de monarchie sans une noblesse héréditaire investie d'importants priviléges, participant au pouvoir politique, transmettant à sa postérité ses richesses et son influence par des droits de substitution et de primogéniture. En effet, on conçoit le pouvoir suprème et la pompe royale attachés à une famille, si telle est l'application d'une règle générale gravée dans les lois et les mœurs d'une nation; si tout ce qui est grand et puissant repose sur le même principe et travaille à conserver le culte de la race comme la source de sa propre existence. Mais il est difficile de croire à la durée d'une souveraineté lorsqu'au lieu d'analogies elle ne rencontre que contradictions dans toutes les existences, dans toutes les idées pratiques, dans toutes les lois civiles d'une société imbue de l'esprit d'égalité.

Un peuple, dont l'opinion et les lois n'admettent aucune prééminence de race, doit voir dans l'hérédité du pouvoir souverain une combinaison de transition et de convenance plutôt qu'une institution permanente? Sans droits d'aînesse et de substitution,

sans transmission héréditaire des grandes charges de
l'Etat et des attributions politiques, la noblesse, soumise au droit commun d'une législation d'égalité,
n'est plus une institution, mais un hochet qui ne peut
relier la monarchie à l'édifice social. Aussi tous les
publicistes qui ont écrit sur la nature des gouvernements, tous les hommes d'Etat, tous les souverains
qui ont voulu fonder ou relever une monarchie se
sont-ils accordés pour voir dans la noblesse héréd
taire et les priviléges qu'elle entraîne la condition inséparable de la monarchie.

Cependant cette condition ne peut plus exister en
France. La noblesse déchirant ses titres dans la célèbre nuit du 4 août n'a pas fait acte de générosité,
mais de nécessité. Napoléon jugeait sa gloire insuffisante pour fonder une monarchie; il rétablit une noblesse héréditaire entourée de majorats, de substitutions, et il tomba deux fois au bout de dix années,
isolé, par sa politique rétrograde, d'une nation que
lui rattachaient si étroitement son génie et ses triomphes. La restauration fut réduite à un coup de tête,
parce qu'elle se sentait sombrer sous voiles faute d'a-
voir pu plier la nation à des lois de priviléges nobi-
liaires. La royauté de 1830 sollicita vainement des
électeurs et des députés de 1831 l'hérédité de la pairie,
comme condition de l'avenir de la monarchie. Tous
ces faits prouvent que les droits de primogéniture,

que les priviléges héréditaires, universellement regardés comme la condition essentielle de la monarchie, sont repoussés en France avec une insurmontable persévérance.

D'un autre côté, la position de la France vis-à-vis
de l'Europe, l'éducation de sa population encore trop
arriérée sous le double rapport du sentiment et de la
pratique des droits politiques sont des objections graves contre l'établissement actuel de la démocratie. Entre ces deux dispositions contradictoires d'une nation,
dont les idées et les habitudes politiques ne sont
pas à la hauteur de ses lois civiles, de ses mœurs
et de son intelligence des droits sociaux, quel parti
prendre?

On ne peut étouffer l'égalité pour revenir aux conditions de la monarchie. L'égalité, c'est la civilisation,
c'est le but de tous les amis sincères de l'humanité;
l'égalité c'est la foi politique de la France, le trait essentiel, le principe vital de sa nationalité. D'ailleurs,
qui serait assez téméraire pour lutter contre tous les
intérêts, toutes les affections qui reposent sur le sentiment et les conquêtes de l'égalité? Proposez comme
moyen nécessaire au salut de la monarchie, proposez
de déshériter les autres enfants au profit de l'aîné,
d'accepter un régime de substitution qui empêche
les citoyens d'exercer leur créance sur les propriétés
d'un débiteur gentilhomme, et vous verrez les amis

les plus ardents de la monarchie qui s'en croient les partisans quand même, s'écrier que c'est à la monarchie à se modifier selon leurs besoins, et qu'ils ne veulent pas d'une monarchie au prix de leurs intérêts et de leurs affections de famille.

D'un autre côté, on ne peut imposer au public une puissance politique qui dépasse sa volonté, on ne peut, devançant les temps ou l'heure de la nécessité, remettre la foudre de la souveraineté aux mains d'une population qui, dans sa méfiance d'elle-même, pourrait la rejeter et la faire retomber sur son propre sein.

Telle est la réalité de ces impossibilités opposées, qu'une longue expérience a dû nous apprendre que les partisans de la monarchie, qui pour la servir veulent faire violence à l'esprit d'égalité, ne travaillent qu'au profit de la démocratie; comme les partisans de celle-ci, qui ne ménagent pas les répugnances ni les appréhensions du public, sont, contre leur gré et en dépit d'eux-mêmes, les plus puissants auxiliaires du pouvoir qu'ils combattent.

Cependant l'opposition entre le gouvernement et les mœurs d'un peuple est un état transitoire. La nation pour en sortir reviendra-t-elle sur ses pas, sacrifiant son esprit d'égalité, son bon sens, ses idées, ses mœurs démocratiques, à son attachement pour une forme de gouvernement que depuis cinquante ans elle a renversé trois fois ; ou bien livrée au courant de l'avenir dérivera-t-elle vers les institutions politiques qui sont en rapport avec ses mœurs, ses idées, ses lois civiles? L'avenir n'est pas douteux.

Quant au présent, la seule voie qui puisse répondre à ses nécessités, c'est de remonter au principe que les gouvernements sont faits pour la société, pour se plier à ses besoins, à ses circonstances, et non la société pour obéir aux conditions de tel ou tel gouvernement. Le but n'est pas de faire de la monarchie ou de la démocratie, mais de faire le bien public. Les lois, les institutions doivent toujours être ce que réclament les besoins, l'état de la société, et le gouvernement ne doit être autre chose que le règne de la loi.

Le mouvement, le progrès, voilà l'état normal de la société. C'est pourquoi l'ensemble des époques et des pays divers présente une variété presque infinie de situations sociales. Si les gouvernements doivent être l'expression de la société, comment donc concevoir la pensée de les enfermer dans le type de cinq ou six gouvernements théoriques; il faut au contraire qu'ils se transforment et se multiplient, sans autre mesure que les degrés par lesquels passe la société.

Montesquieu remarque que « souvent les états fleurissent plus dans le passage d'une constitution à une autre, qu'ils ne le faisaient dans l'une ou l'autre de ces constitutions. » (*Esprit des lois*, chap. 2, liv. 13.) Les observations auxquelles nous venons de nous livrer donnent l'explication de ce phénomène social. Les époques de transition sont celles où la forme politique se modifie, docile à l'influence des besoins, des idées nouvelles qui se développent dans la société. Les époques de fixité, qui s'écoulent entre le moment où une forme politique s'est définitivement constituée et le moment où elle commence à s'altérer, sont ordinairement une halte qui met le pouvoir en arrière d'une société progressive. Or il est tout naturel, lorsque la forme politique suit le progrès social, que la prospérité des états soit plus grande qu'aux époques de fixité, où le progrès est retardé par la forme politique.

La société est le but, le gouvernement n'est qu'un moyen subordonné aux besoins, aux circonstances de la société. De ce point de vue nous pouvons encore apprécier la valeur du serment politique. Le serment est le plus solennel des engagements. Au milieu de toutes les circonstances qui entraînent les hommes, il faut entourer de vénération la formule avec laquelle l'honneur ni la religion des peuples n'admettent pas de transaction ; mais à la condition que cette formule soit la garantie d'une obligation morale. S'il n'existe pas d'obligation, le serment ne la fait pas naître ; si le serment est contraire au devoir il ne l'efface pas, il devient alors un tort grave et son accomplissement un tort plus grave encore.

Que les fonctionnaires publics de tous les degrés

prêtent serment à la nation et à un gouvernement qui s'en répute toujours le représentant, c'est un acte rationnel. Dans ce cas le serment est la sanction d'une obligation, il offre la garantie d'une adhésion solennelle, dont l'effet est de rendre plus coupable, plus odieuse et par conséquent plus rare l'infidélité ou la trahison ; mais exiger des citoyens un serment de fidélité au gouvernement qui ne doit avoir d'autre but ni d'autre principe que l'intérêt et la volonté des citoyens, c'est vouloir obliger celui à qui il est dû envers celui qui lui doit, c'est un contre-sens dénué de valeur. La loi qui impose une telle obligation aux citoyens, comme condition de l'exercice de leurs droits civiques ou de leur profession, attente à la sainteté du serment, en rendant confuses et obscures les notions qui lui servent de base.

Le serment fait au gouvernement par les officiers publics ne doit être qu'un acte d'adhésion à la forme politique consentie par la société. En cas de dissension entre le pays et le gouvernement, c'est au pays que le serment les engage. Lorsqu'un général déserte, les soldats qui le suivent sont ses complices ; ceux qui restent fidèles à leur devoir, à leur serment, sont ceux qui lui désobéissent. Or, quels que soient le grade et le titre du magistrat, le principe reste le même, la fidélité est toujours du côté de la société, car c'est envers elle seule que le devoir existe.

Les gouvernements, auxquels il est plus facile d'imposer des serments que de prouver la justice de leur autorité, présentent comme le premier des devoirs l'aveugle accomplissement du serment. Mais il en est de la fidélité au serment comme de toutes les autres actions humaines, sa moralité dépend tout entière de la justice du résultat. L'homme qui jure de faire un acte qui est contraire au devoir, s'il manque à son serment, n'a commis qu'une faute, celle de l'avoir prêté; et s'il l'observe il commet une double faute.

Tout gouvernement à la hauteur de sa mission s'efforcera de relever la majesté du serment, en faisant qu'il ne soit jamais que la sanction du devoir. Le serment exploité comme moyen d'étouffer la conscience devient bientôt une formule méprisée. L'opposition entre le serment et le sentiment du devoir amène une confusion fatale, où chacun peut reprocher à ceux qui accomplissent leur devoir de violer leur serment, et à ceux qui observent leur serment de violer leur devoir.

La perpétuité des gouvernements repose sur leur constant rapport avec les besoins de la société. Trop souvent ils cherchent ailleurs la condition de leur puissance, se fondant sur la violence, sur la corruption, sur des serments sans valeur parce qu'ils sont contraires à la raison et à la conscience. Un autre de leurs moyens est de persuader que le salut de la société est étroitement lié à leur sort. Heureusement l'existence des nations est moins précaire; les débris des pouvoirs politiques tombés devant le progrès social forment le sol sur lequel vivent et grandissent les sociétés.

Dans une monarchie constitutionnelle, le membre d'une assemblée législative, qui émettrait la pensée que de tel ministère dépend le salut du gouvernement et de la dynastie, soulèverait une tempête; chacun de lui reprocher qu'il offense la majesté royale, mine la confiance publique, en donnant à penser que la royauté et les institutions n'ont pas de racines plus profondes, qu'un ministère en butte à toutes les vicissitudes parlementaires. Mais autant la royauté est placée au dessus des ministères qui se disputent l'administration, autant et plus la nation plane dans une région supérieure à tous les gouvernements qui la régissent ou aspirent à le faire. S'il n'est pas permis de dire que le sort de la royauté est attaché au maintien de tel ou tel ministère sans être rappelé à l'ordre, il doit être encore moins permis de dire que le salut et l'existence du pays sont attachés à un gouvernement infidèle, sans être rappelé au culte de la patrie, à la foi dans ses destinées.

Le salut d'une grande nation est dans les ressources de son territoire, de son industrie, de sa population, dans son intelligence, sa moralité et son courage; en un mot, le salut d'une grande nation est en elle-même.

Son gouvernement peut s'aveugler, se perdre comme tant d'autres, mais il ne lui est pas donné de l'entraîner avec lui. Tous les hommes politiques qui ne sont pas fermes dans cette conviction lutteront vainement pour les libertés et les droits du pays ; ils sont incapables d'une opposition sérieuse. Le pouvoir, fort de leur timidité, sait toujours les placer dans cette alternative, de céder à ses prétentions, ou de provoquer une crise devant laquelle ils sont condamnés à reculer sans cesse par leur défaut de foi dans les destinées du pays.

Quelle peut être la portée d'une opposition politique, qui se fatigue à proclamer qu'au delà du pouvoir dont elle combat les prétentions, il n'est plus rien que bouleversement et destruction ? Tenir un tel langage, n'est-ce pas étouffer au cœur de la nation le sentiment de sa force et détruire d'avance le principe de son salut, en lui apprenant à désespérer d'elle-même ? N'est-ce pas surtout encourager le pouvoir à oser toutes les résistances, toutes les déceptions, toutes les trahisons ? Qu'a-t-il à craindre d'hommes qui lui promettent l'impunité, en déclarant qu'il est une nécessité, que sans lui il n'est plus de salut, et qui ne lui reconnaissent ainsi que des obligations dénuées de sanction ?

Sans doute ce qui recommande au pays une opposition politique, ce n'est pas la violence ni même la justice de ses attaques, c'est la preuve qu'elle comprend et garantit mieux les intérêts publics; car le sort du gouvernement dépend bien moins du jugement porté sur lui, que du jugement porté sur celui qui lui succèderait. Mais ce que l'opposition ne doit pas laisser oublier, c'est qu'une révolution chimérique, comme résultat d'une attaque dirigée contre le pouvoir, s'accomplit lorsque c'est le pouvoir qui en donne le signal par son agression contre les institutions du pays.

Il est presque toujours d'un patriotisme bien inspiré d'accepter le gouvernement établi; mais il ne faut pas lui sacrifier l'avenir du pays; il faut, tout en le soutenant, lui faire sentir qu'après lui, s'il se perd, le pays est à même d'adopter un gouvernement plus fidèle et plus habile. On regarde l'existence d'un prétendant comme la source d'une appréhension salutaire qui engage le gouvernement à ménager les intérêts du pays. Or, il est un prétendant, sur lequel ne peuvent rien, ni le fer ni le poison, qui sagement ajourne ses prétentions lorsque le gouvernement agit selon l'intérêt général, pour les faire valoir lorsqu'il donne de justes sujets de mécontentement; cet admirable prétendant dont la dynastie est immortelle, c'est le public lui-même; et la crainte qu'il inspire au pouvoir, comme la confiance que la société doit mettre en lui, sont des conditions précieuses de liberté qu'il faut bien se garder d'altérer.

On est trop disposé à diminuer la part d'influence et de responsabilité qui revient à la société dans son régime politique. Les partisans du gouvernement approuvent tous ses actes et lui en gardent la louange; ses adversaires les désapprouvent et font retomber le blâme sur lui seul; de sorte qu'amis et ennemis semblent d'accord pour méconnaître l'action de la société sur elle-même. Les facultés, le caractère, la volonté des hommes placés à la tête de l'Etat, la constitution politique jouent un grand rôle dans la destinée des peuples, mais cette influence a des limites. Pour que le bien s'exécute, il faut que la société s'y prête, et de plus que les éléments de son accomplissement se trouvent en elle; quand le mal se fait et se perpétue, c'est la faiblesse ou le vice de la société qui le tolère ou le provoque.

Lorsque nous reconnaissons qu'une large part des actes politiques revient à la société, nous n'avons certes pas l'intention de lui adresser une flatterie, mais nous constatons que le gouvernement est en elle beaucoup plus qu'on ne le suppose; d'où il suit que lorsque le gouvernement se perd la société porte en elle les conditions de son remplacement; d'où il suit encore que dans le jugement des institutions politiques, nous devons prendre en considération leurs résultats généraux, plutôt que des faits exceptionnels qui ne sont imputables qu'aux circonstances, aux passions du moment et à l'infirmité de la nature humaine. Depuis 1830, nous reprochons au gouvernement français sa résistance aux progrès de la liberté politique, son hostilité à toutes les mesures favorables au développement matériel et moral de la population, son immoralité, le caractère anti-national de sa politique extérieure; ces reproches il les mérite, mais il ne les mérite pas seul. Si le public avait une vue plus nette de ses intérêts, si ses efforts tendaient plus à des résultats généraux qu'à des résultats individuels, si la corruption, l'abandon de la nationalité réveillaient dans son cœur plus de mépris et d'indignation, s'il avait plus de motifs de se fier au parti qu'il saurait tirer de sa puissance, certes la marche du pouvoir ne serait pas la même. Que veulent les gouvernements? l'étendue et la durée de leur autorité; du moment où cette autorité est gravement compromise par les sentiments excités dans le public, la marche du pouvoir change ou il périt.

La restauration n'eut pas quinze ans tenté de nous ramener vers le passé, sans la fatigue et l'apathie de la population, sans la mobilité de la classe bourgeoise et son indifférence à l'égard des intérêts démocratiques, sans l'esprit de réaction du clergé et de l'ancienne aristocratie.

Nos vertus militaires nous associent à la gloire de Napoléon. Nous ne sommes pas moins associés à ses fautes par la fascination qu'exerce sur nous tout ce qui brille, par notre incrédulité aux principes, en nous-mêmes, et notre crédulité envers les hommes. Si la grandeur et la gloire de Napoléon ne nous avaient pas tourné la tête, peut-être n'auraient-elles pas obscurci son génie.

Le gouvernement peut dans de certaines limites être au dessus ou au dessous de la société ; de l'usage qu'il fait de cette latitude dépend la moralité de ses actes. Cependant il est un rapport obligé entre le gouvernement et la société, il est une distance au delà de laquelle le gouvernement ne peut s'éloigner de la société sans rompre avec elle. De cette nécessité découle une solidarité inévitable entre la société et le gouvernement. Il faut donc se garder d'attribuer à quelques hommes ou aux institutions ce qui doit être attribué à l'époque, à l'état social ; il faut aussi ne pas oublier que les reproches amers qui nous échappent quelquefois contre les gouvernements retombent en grande partie sur la société même, dont nous croyons embrasser la défense ; car tout acte odieux émané du pouvoir convainc le public de vice s'il est complice, de faiblesse et d'ignorance s'il n'est que victime.

C'est pourquoi, quand on évoque le fantôme de 93 contre les institutions démocratiques, nous n'apercevons là aucun argument contre ces institutions. Nous n'y voyons qu'une calomnie contre l'humanité. Nous

ne nions ni ne justifions le mal, et nous n'avons pas
recours à la réponse facile des récriminations. Dans la
nature, le mal est partout à côté du bien ; comment ne
serait-il pas dans les œuvres de l'homme? Nous aban-
donnons le mal de la création à ceux qui éprouvent le
besoin de repaître leur impiété, le mal d'une bienfaisante
révolution, à ceux qui éprouvent le besoin de repaître
leur haine contre la cause du peuple et de la liberté.
Qu'ils évoquent le génie du mal, qu'ils ramassent la
hache sanglante des dissensions civiles et en comptent
les brèches avec triomphe. C'est ailleurs que s'adressent
nos évocations :

La patrie nous apparaît grande et glorieuse; tra-
hie, déchirée, la France défend contre l'Europe entière le foyer de la philosophie et de la liberté, en
même temps qu'elle y allume le flambeau d'une ère
nouvelle; son drapeau descend dans l'arène inconnu,
méprisé, aussi humble d'origine que la crèche de
Jésus, mais bientôt devant lui roulent dans la poussière les oriflammes de tous les rois; autour de ce
drapeau rayonnant de gloire, nous voyons, sous la
toge, les hommes choisis par le peuple, qui trouvèrent
des ressources inépuisables dans leur culte pour la
patrie et accomplirent la réforme de nos lois, en leur
donnant pour fondement les idées d'égalité; sous les
armes, les bataillons de Sambre et Meuse, du Rhin et
de l'Italie, à leur tête Carnot, Hoche, Marceau, Kléber,

Bonaparte. Du sein de cette apothéose, entendez-vous
s'élever les cris héroïques du *Vengeur*!

CHAPITRE XX.

LIMITE MORALE DU POUVOIR POLITIQUE. — OBÉISSANCE
AUX LOIS.

Pas de droit ni de pouvoir absolu. — Du point de vue de l'obéissance
passive, quel serait l'homme irréprochable? Bossuet cité et commenté
par M. Royer-Collard. — La loi providentielle ne dispense pas l'homme
de délibérer.

Il n'y a pas de pouvoir absolu. Tous les gouvernements, quels que soient leur principe et leur forme, ont
une limite où finit leur droit. Cette limite commune à
tous, c'est l'intérêt général. Nous entendons l'intérêt
général largement compris, embrassant le bien-être,
l'intérêt moral et l'avenir de la société. (Voir au chapitre Liberté politique.)

L'intérêt général ne peut jamais se rencontrer dans
l'oppression de la minorité. L'oppression, qu'elle parte
du grand nombre ou du petit nombre, est toujours
contraire à l'intérêt, à la sécurité de tous. Lors même
qu'elle aurait pour conséquence immédiate une amélioration de bien-être, l'oppression n'en serait pas

moins contraire à l'intérêt général, en ce qu'elle porterait atteinte à la moralité et à l'avenir de la société.

Non seulement la majorité, mais l'unanimité n'a pas un pouvoir absolu. Une nation qui serait unanime pour sacrifier la règle morale à ses passions, pour sacrifier l'avenir à des avantages présents, serait en opposition avec l'intérêt social, elle franchirait la limite de son droit.

Ni le monarque ni la nation ne peuvent faire que l'erreur soit la vérité, ou que le mal de la société soit son bien; toute loi contraire à l'intérêt général est donc vicieuse, injuste, quelle que soit l'autorité dont elle émane.

Mais la limite morale du pouvoir politique n'est pas la limite de l'obéissance que lui doivent les sujets ou les citoyens. Où finit la justice de la loi ne commence pas le droit de lui résister. Car généralement l'observation d'une loi injuste est préférable à sa violation. Il peut cependant arriver que l'injustice de la loi soit telle que sa violation entraine un moindre mal que son observation; alors seulement l'extrême limite de l'obéissance est atteinte, la soumission des sujets ou des citoyens n'est plus une question de devoir, mais une question de force.

Ainsi les magistrats, les particuliers, dans le jugement qu'ils portent d'une loi, ne doivent pas se placer au même point de vue que le législateur. Celui-ci, pour

peu qu'il doute de l'utilité de la loi, la rejetera ; les
autres, pleinement convaincus des mauvais effets de la
loi, ne doivent pas hésiter à s'y soumettre, tant qu'il
ne leur demeure pas démontré que l'erreur ou l'injustice est tellement excessive, que l'observation de la
loi serait plus fâcheuse que sa violation.

Dans une appréciation aussi délicate, il est plusieurs
considérations importantes : Il faut d'abord nous tenir en garde contre notre disposition à trouver injuste
la loi qui contrarie nos intérêts ou nos passions ; il ne
faut pas perdre vue que si la violation d'une loi injuste est un bien par soi-même, elle peut être un mal
grave par l'atteinte portée à une foule de lois utiles ;
enfin les lois nuisibles sont placées sous la protection
du même pouvoir que les lois utiles, il faut donc souvent, au lieu de se borner à l'appréciation d'une seule
loi, juger l'ensemble, avant de s'engager dans une lutte
dirigée contre une loi que l'on réprouve, lutte qui
bientôt compromettrait les lois auxquelles on porte le
plus de respect.

Le principe d'appeler de la loi à ses propres lumières est accompagné de dangers, il présente de
graves inconvénients ; cependant il faut l'admettre,
parce que le dogme de l'obéissance passive à la loi entraîne des conséquences encore plus funestes.

Si l'exécution de la loi, quelque mauvaise qu'elle
soit, était toujours le parti de la justice, il serait

juste que le gouvernement le plus contraire aux intérêts de la société fût défendu et respecté comme le
meilleur des gouvernements; il serait injuste d'en
délivrer la société et de lui donner un gouvernement
conforme à ses intérêts, car sous tous les gouvernements la première des lois prescrit de respecter et
de défendre le gouvernement établi. Si le devoir était
toujours dans l'observation des lois, les citoyens
devraient donc, sous un gouvernement d'oppression
et de violence, devenir des instruments de persécution les uns envers les autres, se dénoncer, s'empri-
sonner, s'envoyer au supplice, parce qu'aux yeux du
législateur ils sont hérétiques ou séditieux; ils devraient employer toutes leurs forces et leur énergie
non à changer, mais à maintenir une situation aussi
contraire au bien public.

Ainsi, les injustices les plus monstrueuses pourraient être commises sans que personne en fût responsable. La loi étant rendue, alors que le législateur
n'aurait fait qu'user de son droit souverain, alors
que le magistrat aurait fait son devoir en réclamant
l'application de la loi, que le juré et le juge auraient
fait leur devoir en l'appliquant, que la force armée et
le bourreau auraient aussi fait leur devoir, précisément parce que tout le monde aurait fait son devoir,
on verrait se consommer les plus horribles, les plus

sanglantes injustices. Une telle doctrine est évidemment fausse; l'injustice ne peut être la conséquence du devoir. Tout homme qui participe à l'application d'une loi en est responsable vis-à-vis de la société et de lui-même; il doit donc examiner et obéir à la voix de sa conscience.

Le dogme de l'obéissance passive à la loi, au nom d'un pouvoir qui ne repose que sur la force, n'est pas une inconséquence, ce n'est qu'une question de fait. Mais l'obéissance passive au nom d'un pouvoir qui relève du droit divin, du droit social, est un non-sens insoutenable; car l'idée du droit est inconciliable avec ce qui est contraire au salut de la société, quelle que soit la source à laquelle on veuille faire remonter l'origine du droit.

Que le législateur, à la volonté de conserver et d'augmenter son pouvoir, réunisse la connaissance que les hommes, en devenant plus industrieux et plus moraux, acquièrent le désir et la capacité de se gouverner eux-mêmes, et la société devrait rester stationnaire, rétrograder même à l'état le plus complet d'ignorance et d'esclavage; qu'un gouvernement sentant son impuissance à retenir la nation sous le joug conspire avec l'étranger et tente d'être vassal pour rester tyran, la société serait donc tenue à une obéissance qui serait de sa part un véritable suicide.

Les lois ne doivent être faites et ne doivent être observées qu'en vertu de l'intérêt social; puisqu'il est constant que la loi et son observation peuvent être fatales à la société, il faut bien reconnaitre que la soumission à la loi n'est pas une règle sans exception, et dès lors qu'il y a lieu d'admettre la liberté d'examen, l'appel à la conscience des citoyens. Le droit moral de résistance à la loi, quelque dangereux que soit son usage, quel que soit son abus possible, est cependant la sauvegarde de la société. Si les hommes avaient toujours obéi à la loi, ils seraient encore soumis à l'empire de leur premier gouvernement, à la hache du chef militaire ou au couteau du prêtre.

Les faits qui se sont passés en France, sous les yeux de la génération actuelle, suffisent pour démontrer combien est fausse et dangereuse la doctrine de l'obéissance passive à la loi. En France, depuis cinquante ans, sept ou huit gouvernements se sont succédé. On comprend que des hommes entraînés par le désir de la tranquillité publique et privée, par la nécessité des circonstances, par l'ascendant du parti vainqueur, se soient empressés d'adhérer tour à tour à chacun de tous ces gouvernements. Mais se soumettre à un gouvernement est autre chose que d'accepter toutes les lois qu'il traîne à sa suite. Cependant, pour suivre constamment le parti le plus juste, le plus utile à la société, selon la doctrine de l'obéissance passive à la loi, il aurait fallu respecter et défendre en 1789 les lois de la monarchie contre les révolutionnaires; en 1793, les lois de la république contre les royalistes; en 1804, les lois de Napoléon contre les républicains; en 181 , les lois de la royauté contre Napoléon; dans les cent-jours, les lois de Napoléon contre les royalistes. Du point de vue de l'obéissance passive, il n'y aurait de notre temps qu'un seul homme irréprochable; cet homme serait le bourreau.

L'obéissance passive à la loi n'est donc pas une règle absolue. La faculté d'appeler de la loi à sa conscience est une exception dont les limites peuvent être discutées, mais dont la nécessité et la moralité sont incontestables.

Ecoutons sur cette question les paroles de Bossuet. Nous les rapportons accompagnées de l'adhésion énergique de M. Royer-Collard, qui les citait contre les lois exceptionnelles de la restauration.

« Il s'agit de savoir, disait M. Royer-Collard, si moralement la loi peut tout. Nous disons, nous, que la loi ne peut pas tout, qu'elle est elle-même soumise au droit, ou, en d'autres termes, à la justice, et que là où le droit est renversé par elle, il y a oppression, il y a tyrannie. Quoiqu'il ne fût guère besoin d'autorité pour confirmer un principe aussi certain, je me suis appuyé sur cette belle maxime de Bossuet, qu'*il n'y a point de droit contre le droit*. Je l'avais abrégée tout

en la rapportant; mais puisque le sens en a été con-
testé, je vais la reprendre en entier. « On se tourmente
en vain, dit Bossuet, à prouver que le prince n'a pas
le droit d'opprimer les peuples ni la religion ; car qui
a jamais imaginé qu'un tel droit pût se trouver parmi
les hommes, ni qu'il y eût un droit de renverser le
droit même, c'est-à-dire une raison d'agir contre la
raison, puisque le droit n'est autre chose que la raison,
et la raison la plus certaine. » (*Cinquième Avertisse-
ment aux Protestants*, 5, 32.)

   « Quelques lignes plus bas, Bossuet raisonne dans la
supposition que le prince fait mal. Résout-il là-dessus
que, par la volonté du prince ou de la loi, le mal devient
le droit, et qu'il y a obligation morale de l'accomplir?
Vous ne le pensez pas, messieurs..... Nous soutenons
avec les moralistes de tous les âges, avec les saints
docteurs dont nous ne faisons que répéter le plus pur
langage, nous soutenons sur le tombeau des martyrs
que si la loi vient trouver un particulier pour l'inter-
peller par un commandement injuste, ce particulier
doit, à tous risques, refuser son obéissance; que si la
loi le dispense d'un devoir de morale naturelle, il
ne doit pas se tenir pour dispensé. » (*Comptes-Rendus
de la Chambre des Députés*, du 1er mars 1827.)

   Les inconvénients d'appeler de la loi à la conscience
sont réels, dangereux. Toutefois il ne faut pas s'exagérer leur portée. Les lois les plus essentielles à l'ordre

social portent avec elles l'évidence de l'utilité qui les
rend justes; l'intérêt, la passion les font enfreindre
plutôt que l'erreur d'un jugement consciencieux. La
législation n'est pas un tout dont les parties soient
tellement inséparables, que l'inexécution des lois nuisibles entraîne forcément celle des lois utiles. Après
l'insurrection de 1832, on rappela par ordonnance une
loi qui contraignait les médecins à dénoncer les blessés confiés à leurs soins. Si un médecin s'était con-
formé à une pareille loi, il est bien certain que son
respect pour la loi dans cette circonstance ne lui aurait pas valu la réputation d'honnête homme, et ne
l'aurait pas fait regarder par ses concitoyens comme
un homme plus disposé à respecter scrupuleusement
les lois morales de la société. En effet, sous plus d'un
rapport, la probité courageuse qui repousse les mauvaises lois est une garantie de dévouement aux lois
conformes à l'intérêt social; d'ailleurs la violation
des lois immorales n'est en quelque sorte qu'une
application plus large des lois morales.

Il ne faut donc pas croire qu'en dehors de l'obéissance passive à la loi il n'y ait plus qu'anarchie dans
la société. L'anarchie, c'est tout ce qui pousse les
hommes à tourner leurs forces les uns contre les autres, c'est l'absence d'un pouvoir supérieur. Ainsi,
en réalité, rien de plus anarchique que la doctrine de
l'obéissance passive qui détruit la puissance la plus

élevée, la plus stable parmi les hommes, celle de la morale et de la conscience, pour la remplacer par l'autorité absolue de la loi, souvent aveugle, immorale, insensée, et que se disputent quelquefois une multitude de prétendants.

Sans doute, du point de vue politique, il serait à désirer que les hommes eussent toujours pour se guider une règle fixe qui les dispensât de toute délibération, de toute incertitude sur leur devoir. Mais une telle règle ne saurait exister; car si vous enlevez à l'homme le droit d'examiner la justice de la loi, il faudra lui reconnaître le droit d'examiner la légitimité du pouvoir qui fait la loi, puisque presque toutes les époques présentent des schismes religieux ou politiques. D'ailleurs une règle fixe n'est désirable qu'autant qu'elle conduirait les hommes à un résultat en harmonie avec le bonheur général, et puisque la loi, si elle pouvait offrir une règle invariable, conduirait à des écarts beaucoup plus funestes que l'appel à la conscience, il faudrait encore, si cette règle invariable était possible, la repousser pour rester dans la liberté.

Les lois qui découlent de la nature humaine et de la suprême intelligence ne dispensent pas l'homme de délibérer. Placé entre son individualité, l'affection de ses proches et les sympathies plus générales qui le rattachent à ses semblables, l'homme est obligé d'hésiter, de discuter en lui-même et de choisir d'après

l'inspiration de ses passions ou les lumières de sa
conscience. Comment donc abdiquerions-nous vis-à-
vis de la loi humaine si souvent incertaine et aveugle
une faculté qu'a respectée la loi providentielle de notre
être? La liberté est accompagnée de dangers, mais ses
avantages l'emportent, car elle est la condition et l'attribut de l'intelligence.

CHAPITRE XXI.

EXÉCUTION DE LA LOI.

L'exécution de la loi, comme sa confection, ne doit avoir d'autre but que
le bien public. — La barbarie dans l'exécution de la loi en devient une
odieuse infraction. — Les gouvernements doivent être d'autant plus
forts que le public est plus libre. — De la part de tous les gouvernements l'erreur, l'injustice est inévitable, il faut qu'elle ne soit pas irre-
médiable — Peine de mort en matière politique. — Ne peut être abolie qu'en l'abolissant en toute matière criminelle.

La loi n'existe, obéissance ne lui est due, et contrainte ne doit être exercée que dans l'intérêt de la
société. L'exécution de la loi a donc pour caractère essentiel d'être un acte de protection et non un acte de

guerre vis-à-vis de la société. Comment une vérité
si simple peut-elle être aussi complétement méconnue?

Pourquoi ces détonations? Ces soldats sont-ils l'ennemi ou les enfants, les frères, les défenseurs de ce
peuple qui fuit décimé? Cette foule, sans doute, a tenté
de renverser le gouvernement, incendié, pillé les propriétés; peut-être, aveuglée par le fanatisme, a-t-elle déchiré des citoyens innocents? Non, il s'agit de groupes
paisibles ou tumultueux, peut-être de chansons ou de
quelques centimes refusés par tête de bétail sur un
champ de foire. Voilà pourquoi du sang, des blessés,
des cadavres; ô stupide orgueil! ô délire!

Que des officiers publics méconnaissent le principe
fondamental de la puissance au nom de laquelle ils
agissent, oubliant que s'ils sont au service du gouvernement celui-ci est au service du public; c'est une
aberration à laquelle nous devons être depuis longtemps habitués. Mais que ces magistrats ignorent les
notions les plus élémentaires du droit sur l'emploi de
la force publique, que leur ignorance ensanglante le
pays, et que les fonctionnaires de l'ordre le plus élevé,
au lieu de les rappeler à leur devoir, se croient obligés
de partager la responsabilité de leurs violences; c'est
là un aveuglement que nous ne saurions trop déplorer.

Sans doute, il faut que force reste à la loi; mais la

loi dans tout pays civilisé, c'est que les contraventions
et les délits relèvent du pouvoir judiciaire et non de la
force armée. Une légère infraction ne comporte pas la
même peine qu'un crime qui met la société en péril,
elle ne comporte pas non plus les mêmes voies de répression. Si la sûreté de l'État, celle des personnes ou
des propriétés est compromise d'une manière grave, il ne
s'agit pas de verbaliser, il faut dans ce cas prévenir
par la force un mal considérable et peut-être irréparable. Hors ces cas d'urgence faciles à discerner pour
tout homme intelligent et de bonne foi, c'est aux tribunaux qu'il appartient de faire respecter la loi.

Cette distinction est écrite dans la loi ; c'est ainsi
qu'il est défendu aux agents de la force publique d'arrêter ou de désarmer celui qui commet un délit de
chasse. S'il est connu, il est cité devant les tribunaux ;
inconnu, il est tenu de suivre l'agent de la force publique et de se faire reconnaître par le magistrat le
plus prochain. Sans cette distinction tout serait occasion de massacre et de guerre civile. Si la foule dans une
cérémonie publique s'écarte de la ligne qui lui est as-
signée, ferez-vous charger votre cavalerie ; si le ban
de vendange n'est pas observé, enverrez-vous vos ti-
railleurs contre des vignerons qui coupent leurs rai-
sins ; si l'ordonnance sur le balayage n'est pas exécutée
passerez-vous les contrevenants au fil de l'épée ? Certes
des extrémités aussi absurdes ne sont pas dans la loi,

c'est à la justice publique de punir les délinquants,
c'est à la force publique de les lui dénoncer. Hors le cas
d'une tentative sérieuse contre la sûreté de l'État, la
vie ou les propriétés des citoyens, l'officier public qui
fait couler le sang ne fait pas respecter la loi, il la
calomnie, il la viole outrageusement dans son texte
comme dans son principe.

Quand le magistrat sait épargner le sang de ses concitoyens, laissant aux tribunaux le soin de la répression, et à la raison le temps de dissiper l'erreur d'une
multitude égarée, l'estime, la confiance qui s'attachent
à sa personne décuplent la force des lois; quand le
magistrat se montre prodigue de violences, la haine,
la vengeance semblent toujours prêtes à éclater; l'autorité de la loi est alors tellement compromise, que si,
dans toutes les parties du territoire national, les mêmes violences étaient exercées, la moitié de la nation
ne suffirait pas à comprimer l'autre moitié.

Lorsque les brebis s'écartent du troupeau, le berger
les fait ramener et non dévorer par ses chiens. Pourquoi des actes de violence qui feraient expulser un
pâtre s'ils étaient exercés envers des animaux, sont-
ils justifiés et glorifiés dès qu'ils sont exercés par un
magistrat envers des citoyens dont les intérêts et les
vœux sont l'unique principe de toute autorité légitime. Si vous ne voulez pas considérer vos compa-
triotes comme des citoyens, comme des hommes,

daignez au moins voir en eux des contribuables qui ne vous paient plus la taille lorsque vous les avez fusillés. Accordez à leur vie l'intérêt que l'on accorde à des animaux dont on tire profit; ce n'est pas une conséquence bien ambitieuse du principe de la souveraineté nationale.

Sous le régime de la liberté politique, l'exécution de la loi est, sous un rapport, d'autant plus facile et plus spontanée qu'elle est l'expression de l'opinion publique; en même temps des magistrats issus de l'élection, habitués à regarder la volonté publique comme la source de la loi et de leur propre autorité, sont plus disposés, dans les cas de résistance, à user de patience et de conciliation. Souvent même cette disposition est portée au delà des justes bornes, et l'exécution des lois, qui imposent aux populations des devoirs contraires à leurs préjugés ou à leur intérêt matériel, ne peut pas toujours être confiée à des magistrats électifs, sans risquer d'affaiblir l'autorité sociale. De ce point de vue, la douceur dans l'exécution des lois est la conséquence de la liberté politique.

Toutefois, sous d'autres rapports, la liberté politique exige dans les mesures d'exécution plus de promptitude et d'énergie que tout autre régime politique. Sous un gouvernement qui prohibe l'expression de la pensée, les associations, les assemblées, l'organisation militaire des citoyens, s'il arrive que ceux-ci sortent du cercle étroit de la loi, ils sont encore bien loin d'avoir franchi l'espace qu'ils ont à parcourir avant de pouvoir se livrer contre le pouvoir à une agression sérieuse; le gouvernement a du temps devant lui, et des mesures préventives lui suffisent pour étouffer l'insurrection dans son premier germe. Mais sous un gouvernement libre, lorsqu'un parti a la liberté de la presse pour répandre ses doctrines et ses moyens de séduction, des associations pour se recruter, des réunions pour faire montre de ses forces et propager l'effervescence, la garde nationale pour s'armer et organiser ses cadres; alors, à peine la limite de la loi est-elle franchie, que le gouvernement se trouve en face d'une insurrection prête à livrer bataille. Il faut bien que des droits politiques si étendus aient pour contre-poids des moyens de résistance qui permettent au gouvernement de protéger l'ordre fondé sur l'expression de la volonté nationale; plus le champ est spacieux et permet un vigoureux élan, et plus la barrière a besoin de force et d'élévation.

La faiblesse du gouvernement n'est pas la mesure de la liberté politique; mais cette liberté et les droits qu'elle comporte sont la mesure de la force que la prudence permet d'accorder au gouvernement. La liberté politique est l'accomplissement de la volonté publique; on ne peut donc concevoir la liberté avec un gouvernement qui n'aurait pas la force de protéger la volonté

publique contre l'attaque des minorités mécontentes.
« La multitude qui ne se réduit pas à l'unité est con-
« fusion ; l'unité qui ne dépend pas de la multitude
« est tyrannie. » (Pascal, *Pensées*, deuxième partie,
« art. 18, p. 114.)

Sans doute le pouvoir attribué au gouvernement
pour assurer le triomphe de la liberté peut être tourné
contre elle-même ; toutefois la faiblesse des gouvernements libres offre de bien plus grands dangers que
leur puissance, car cette faiblesse ne manque jamais
d'entraîner la ruine de la liberté. Au 31 mai 1793, la
Convention nationale vit sa majorité, forte de l'adhésion presque unanime des départements, décimée par
l'insurrection partielle des sections de Paris. Au 9
thermidor, le sort de cette assemblée victorieuse de
l'Europe et de toutes les insurrections intérieures fut
décimé par quelques rassemblements tumultueux qui
n'auraient pas tenu devant une batterie d'artillerie.

Reconnaissons donc que plus la liberté politique est
étendue et plus l'autorité publique doit être entourée
de barrières insurmontables, par cette double raison
qu'alors, chez le public, la facilité d'abuser de la
puissance est plus grande, en même temps que l'abus
en est infiniment plus funeste ; car, dans un pays où
la liberté est en deçà de la civilisation, l'insurrection
est un mal que peuvent racheter d'heureuses améliorations, tandis que, dans un pays où la liberté est

au niveau de l'état social, l'insurrection est un mal
que centuplent des mesures de réaction ou des inno-
vations prématurées.

Lorsqu'un gouvernement a pour principe de comprimer la volonté publique, on travaille à la liberté
en restreignant les forces de ce gouvernement, mais
lorsque le gouvernement représente la volonté publique, pour travailler à la liberté, il faut l'entourer de force et le mettre pleinement à même d'assurer l'accomplissement de la volonté nationale.
L'inconséquence, la contradiction sont à persister
dans les mêmes moyens, lorsqu'ils mènent à un résultat différent; la véritable persévérance est de changer de moyens pour toujours tendre au même but;
tel est le caractère de la suprême sagesse : *Opera mutas nec mutas consilium.* (Saint Augustin, *Confessions*, ch. IV.)

La force des gouvernements libres importe plus
encore à la liberté que la faiblesse des gouvernements
despotiques. Mais sous tous les gouvernements, les
passions des hommes pouvant amener de déplorables
abus, il faut que la loi fixe des bornes au pouvoir qui
permettent de revenir sur ses erreurs inévitables.
Ainsi, en matière politique il ne doit pas y avoir de
peines irrémédiables. Les crimes politiques, aux yeux
de la raison et de la saine morale, sont aussi absolus
dans leur réalité et leur caractère que les crimes pri-

vés; mais aux yeux des hommes qui les jugent, ils sont entièrement relatifs et deviennent trop souvent l'objet des condamnations les plus erronées; la loi doit donc ménager à la société les moyens de revenir sur son entraînement.

Après le danger, dans d'autres circonstances, lorsque le moment est venu de reconnaître l'exagération de la peine, de distinguer la foule des innocents confondus avec les coupables, ou bien lorsque le crime politique qui conduisait à l'échafaud est devenu un acte d'héroïsme auquel on décerne des statues, il est plus facile d'ouvrir les portes d'une prison que d'apaiser des mânes.

La peine de mort en matière politique n'a-t-elle pas été le fléau de la France? Dès que la différence de parti est réputée un crime digne de mort, et que les citoyens d'une même patrie, tour à tour vainqueurs et vaincus, se sont envoyés alternativement au supplice, c'est vainement que la fièvre s'apaise : tous les partis consentiraient à se rapprocher, à transiger; mais il y a du sang entre eux, des parents, des amis à venger, des réactions terribles à redouter, et la guerre se prolonge jusqu'à ce que l'épuisement plutôt que la concorde fasse tomber les armes. C'est ainsi qu'une nation est arrêtée dans son élan le plus rapide vers les améliorations. Décimée dans l'élite de ses citoyens, que leur supériorité d'intelligence ou de courage a portés au premier rang de tous les partis; épuisée et se défiant d'elle-même, elle succombe sous les usurpations des ambitieux; le repos devient sa passion dominante, et bientôt elle le satisfait au prix des longues souffrances que lui prépare sa dégradation.

Cependant un crime qui peut compromettre le salut d'une nation ne saurait être moins puni que le crime commis envers un particulier. Cette disproportion de la peine, en raison contraire de la gravité du crime, aurait le double danger de n'être pas acceptée du public et celui de corrompre son sens moral. L'abolition de la peine de mort en matière politique suppose donc l'abolition générale de la peine de mort: est-ce une raison d'hésiter? La punition n'est pas un acte de vengeance, c'est un acte de prévention réelle envers le coupable, de prévention morale envers le public.

A l'égard du coupable, la détention perpétuelle est un empêchement aussi absolu que la mort. En effet, ce n'est pas la crainte qu'éprouve le criminel au moment de subir sa peine, mais celle qu'il éprouve lorsqu'il médite le crime qui agit sur sa détermination. Or, la mort, si formidable quelquefois lorsqu'elle nous touche, nous effraie peu alors qu'elle nous apparaît dans un vague éloignement. Les métiers les plus périlleux sont embrassés sans plus de répugnance que les autres et sans augmentation de salaire. A distance, nous tenons fort peu de compte de la mort, souvent même elle est l'objet de nos vœux.

« Un malheureux appelait tous les jours
    « La mort à son secours :
« O mort, lui disait-il, que tu me sembles belle !
« Viens vite, viens finir ma fortune cruelle. »

Quand la mort fut venue, le malheureux changea de langage :

« N'approche-pas, ô mort ! O mort, retire toi ! »

Cette indifférence et cette frayeur à propos du même événement, selon la distance, ne sont pas une contradiction ; elles tendent au même but et peuvent passer pour une condition de l'existence humaine. Si l'homme était fortement ému par l'idée d'une mort éloignée et incertaine, il serait en proie à des inquiétudes continuelles qui paralyseraient en grande partie toutes ses facultés ; et s'il était indifférent à une mort imminente, il se trouverait au moment du danger privé de cette force si féconde en moyens de salut qu'il puise dans l'horreur de la mort.

A raison de la crainte inspirée aux hommes qui méditent le crime, la détention perpétuelle offre à la société autant de garantie que la peine de mort ; à raison de l'action morale produite sur le public, le résultat de la détention perpétuelle est bien supérieur à celui de la peine de mort. Combien de fois l'exécution des criminels les montre-t-elle bravant la peine et la puissance des lois, au lieu de les montrer domptés et repentants. A ce dernier moment, rassemblant toute leur énergie, exaltés dans leur amour-propre par les regards de la multitude, il est bien rare qu'ils n'arrivent pas, sinon au mépris de la mort, du moins à l'apparence de ce mépris, et une courte résolution leur suffit pour mourir bravement; quelquefois même c'est le rire et le sarcasme à la bouche qu'ils montent sur l'échafaud, où expire avec eux toute la puissance de la société à leur égard.

Dans ce courage de l'homme qui seul contre tous ne se laisse pas abattre, qui par la fermeté de son âme s'élève au dessus des coups qu'on lui porte, il y a un sentiment de dignité et de force avec lequel on est entraîné à sympathiser, alors même que ce sentiment se rencontre dans le cœur d'un criminel. Tant qu'il a vécu, il a défié, bravé la société qui, en le frappant, vient de mettre fin à son pouvoir sur lui, sans avoir pu lui inspirer quelque repentir ou quelque crainte; c'est le crime qui triomphe, la société et les lois sont vaincues.

Quelle leçon la multitude emporte-t-elle de la place du supplice? Un homme souillé de crimes, digne objet de l'exécration publique, n'avait en lui qu'un côté digne d'intérêt, sa force d'âme, et c'est elle que la loi met en relief. Le sang, les dernières convulsions de l'agonie ont fait frissonner la foule, mais à cette impression se mêle le souvenir de l'indifférence et du courage affectés par le supplicié; l'exemple de l'indifférence n'inspirera pas la terreur; le courage atténue la haine et le mépris publics, ces puissants auxiliaires de la loi; la peine de mort, au lieu de réflexions morales, n'aura donc provoqué que dégradante curiosité et funeste endurcissement.

L'abolition de la peine de mort serait un acte d'humanité, de moralité publique; elle serait surtout une nouvelle condition de force acquise à l'exécution des lois. Chaque jour nous voyons l'impunité naître de la répugnance qu'éprouve le jury à provoquer l'application d'une peine à laquelle il ne participe pas sans troubler le repos de sa conscience. Or, il ne saurait y avoir doute sur les conséquences de l'impunité : « Qu'on « examine, dit Montesquieu, la cause de tous les relâ- « chements, on verra qu'elle vient de l'impunité des « crimes et non pas de la modération des peines. L'ex- « périence a fait remarquer que dans les pays où les « peines sont douces l'esprit du citoyen en est frappé, « comme il l'est ailleurs par les grandes. » (*Esprit des Lois*, liv. 6, ch. 12.)

CHAPITRE XXII.

DE LA NATIONALITÉ.

L'amour de la patrie est l'affection la plus large que les lois aient sanctionnée. — La concentration est pour les peuples comme pour les individus une condition de force. — Corrélation entre l'humanité et la
patrie. — Recomposition des familles primitives de l'Europe. — Assistance mutuelle des peuples.—De l'union des citoyens lorsque la patrie
est en danger.—Motifs et obstacles à cette union.—Intime liaison entre
la puissance militaire et la politique intérieure.—Où est la force vitale
de la France. — L'intérêt matériel ne motive pas l'abnégation. — De
l'honneur national et de la religion.

L'amour du genre humain est une religion dont le
patriotisme est le culte. De tous les sentiments qui
font battre le cœur de l'homme, le plus propre à lui
donner la puissance de l'abnégation et du dévouement,
c'est cet amour qui, nous passionnant pour un peuple
entier, concentre sur sa destinée notre orgueil, notre
affection et nos espérances. Qu'y a-t-il de plus désin-
téressé de toutes impressions matérielles que cette
faculté d'absorber l'individualité dans la vie collective
de la patrie? Au dessus plane l'humanité, mais ses
intérêts sont plus vagues, plus difficiles à saisir ; peu
d'actions sont capables d'exercer sur eux un résultat
immédiat ou une influence appréciable; d'ailleurs le

genre humain ne vient jamais sommer d'échanger des protestations de dévouement en des sacrifices actuels, absolus. Par l'amour du genre humain, élevons, épurons notre âme ; puisons dans l'amour de la patrie la force et l'énergie nécessaires pour faire triompher la cause de l'humanité. La civilisation est redevable de ses plus grands progrès aux peuples qui poussèrent jusqu'au fanatisme le sentiment patriotique. Les sciences, les lettres, la philosophie ne connaissent pas de frontières, mais le génie qui les enfante n'est fécond que sur le sol où les hommes sont assez libres pour obéir à ses inspirations, assez forts pour défendre et propager ses bienfaits contre les efforts de la barbarie.

D'où vient cette affection qui souffle au cœur des plus humbles le feu du courage et du génie, les pousse au combat et à la mort sans espoir personnel de gloire ni de fortune? se puise-t-elle dans la communauté d'origine et de langage, dans la lumière du même soleil, dans la vue des mêmes campagnes? sa source est-elle dans la commune reconnaissance envers les ancêtres qui ont défendu et fécondé le sol, dans la commune dette envers la postérité à laquelle doivent se transmettre les mêmes bienfaits? ou bien l'amour de la patrie est-il un instinct providentiel reliant les individus, les familles, les tribus et les peuples pour les empêcher d'être brisés sous les efforts de l'ambition et de la tyrannie? Quelle que soit sa source, la patrie est l'intérêt le plus général auquel l'homme ait su sacrifier son individualité ; la patrie est l'affection collective la plus large qu'aient encore embrassée la passion, la morale et les lois.

L'homme absorbé tout entier dans l'amour d'autrui perd de sa force. Sa vie, pour être complète, a besoin tout à la fois d'individualité et d'expansion ; un de ces deux éléments ne peut étouffer l'autre qu'au détriment des facultés humaines. En effet, l'égoïsme, cette lèpre de l'intelligence, la dessèche et la tarit, tandis que la vie transportée en dehors de soi, sans retour sur elle-même, s'évapore et se dissipe impuissante. Dans le recueillement, nous puisons une énergie intellectuelle qui nous sert à pénétrer plus avant dans la pensée des autres hommes, à leur approprier plus sûrement notre propre pensée. D'une vie concentrée nous sortons avec une force d'assimilation qui nous associe bien plus intimement à l'existence des autres. Nous devons croire la vie collective de l'homme assujettie à la même loi que sa vie individuelle, puisque les peuples qui nourrirent dans leur cœur le patriotisme le plus exalté sont ceux qui exercèrent la plus grande puissance d'assimilation, et que leurs mœurs, leurs lois, leur pensée, leur histoire sont devenues communes à tous les peuples.

La vie des nations se trouve donc placée sous l'influence de deux mouvements divergents en apparence, mais qui se coordonnent et tendent au même but; l'un, mouvement de cohésion, groupe et serre les hommes autour du drapeau national, en les passionnant pour la patrie; l'autre, mouvement d'expansion, les rattache à l'humanité en leur faisant chercher la grandeur de la patrie dans la grandeur des services rendus au genre humain. Tel est le double mouvement qui, dans l'organisation physique de l'homme, tour à tour attire le sang au cœur et l'en précipite dans tous les membres pour y porter la force et la vie.

Entre l'humanité et l'amour éclairé de la patrie il n'y a pas contradiction, mais corrélation intime. L'homme manquerait de sympathie et d'intelligence pour embrasser les intérêts du genre humain, c'est en servant la patrie qu'il sert l'humanité. Tel est le degré indispensable; et le philanthrope qui tenterait d'étouffer le patriotisme serait aussi aveugle que le patriote qui chercherait à détruire les affections de famille.

La communauté de race, de langage, d'intérêts, de mœurs, les limites naturelles déterminent l'étendue des nations. Dès les époques les plus reculées de l'histoire, l'Europe nous présente des familles primitives bien arrêtées, telles que l'Ibérie, la Gaule, l'Italie, la Germanie. Le régime féodal a morcelé les nations européennes, mais depuis plusieurs siècles la tendance à la recomposition est manifeste et suit tous les progrès de la société. En effet, le régime féodal, détruit

comme droit civil et droit politique, ne saurait survivre comme droit des gens ; d'un autre côté, la facilité,
la rapidité des relations font disparaître les distances
de mœurs et d'opinion, non moins que les distances
de lieu. Ces causes puissantes d'agglomération ne permettent pas de douter que le fractionnement né de la
féodalité ne tende à sa fin. Aussi la recomposition des
grandes familles primitives n'est-elle pas la face la moins
apparente de la révolution vers laquelle l'Europe s'a-
chemine. Ce changement n'est pas une question de
conquête, mais de sympathie, d'intérêts communs,
auxquels donneront satisfaction la force des choses et .
l'occasion née du premier ébranlement général. La
France de 1792 à 1800 avait réuni toutes les portions
de la terre nationale. Plus tard, Napoléon outrepassa
le but ; il aurait pu se faire l'homme des nationalités
italienne, allemande, espagnole, polonaise ; il lui eût
été plus facile de faire des peuples que des rois ; mais,
soumis aux antiques maximes de la diplomatie monarchique, il maintint le morcellement des nations
voisines ; l'histoire dira si cette politique fut une erreur de son génie ou une nécessité de la situation ;
quant aux conséquences, elles sont écrites en caractères
trop ineffaçables pour qu'il soit possible de les méconnaître. Une politique contraire à l'esprit du temps, à
la tendance prononcée de la société, à l'indépendance
des nationalités voisines, souleva contre la France non

seulement tous les rois dont elle se serait jouée, mais tous les peuples qui l'accablèrent.

L'amour de la patrie, comme toutes les autres affections, a besoin de discernement. Le rayon qu'il embrasse n'est pas invariable; nous sommes loin des temps où Bretons, Normands, Bourguignons cessèrent d'être des peuples distincts, et nous touchons à l'époque où il ne doit plus exister qu'un peuple entre le Rhin et les Pyrénées, qu'un peuple en Italie, en Espagne, en Allemagne.

Les peuples ont besoin de se prêter une mutuelle assistance; malheur à eux, lorsqu'un patriotisme aveugle les soumet à des préjugés de répulsion et d'isolement. Si les hommes ne vivaient pas en société et ne s'assuraient pas réciproquement contre la violence et le crime, ils seraient victimes des bandits assez habiles pour se rassembler; car cent hommes réunis seraient facilement vainqueurs d'un million d'hommes attaqués individuellement. L'alliance des peuples n'importe pas moins à leur liberté que la société civile au salut des individus. Tous les gouvernements oppresseurs savent étouffer leur rivalité lorsqu'il s'agit de réprimer les efforts d'un peuple pour conquérir sa liberté. Si les nations, par un faux sentiment de patriotisme, se vouaient à l'isolement, elles se condamneraient par cela même à être vaincues les unes après les autres, car chacune d'elles serait réduite à lutter

seule et à toujours contre la coalition des gouvernements oppresseurs. L'alliance entre les peuples est une
nécessité. Les principes sur lesquels doivent reposer
cette alliance et son application offrent seuls matière
à discussion.

La liberté imposée est stérile ou ne porte que des
fruits pernicieux. Le gouvernement qui paraît oppresseur à une nation voisine se trouve souvent en rapport avec la civilisation et les mœurs du pays qu'il
régit. L'assistance d'une nation envers l'autre doit
donc être réclamée, et doit l'être non par une minorité
dissidente, mais par l'opinion publique clairement
manifestée. Cette assistance ainsi provoquée est tout
à fait exceptionnelle, car lorsque la majorité d'un pays
veut sérieusement changer le gouvernement, elle n'a
besoin d'aucun secours étranger. Cependant si, dans une
lutte engagée entre une nation et son gouvernement,
ce dernier, par des forces puissamment organisées,
contrebalance un soulèvement national, l'humanité
et une prudente politique commandent à la nation
voisine de défendre sa propre cause en embrassant la
cause de la liberté. Agir ainsi, c'est pratiquer sur une
grande échelle le principe de faire aux autres ce qu'on
voudrait qu'ils nous fissent, c'est ranger sous le drapeau des peuples et transformer en allié reconnaissant
une nation jusque alors engagée dans les rangs ennemis. Si, dans une lutte comme celle que nous suppo-

sons, d'autres gouvernements se rendent les auxiliaires de l'oppression, le devoir des nations libres n'en devient que plus impérieux ; le peuple qui voit les gouvernements despotiques se coaliser contre la liberté, doit provoquer la coalition des autres peuples contre le despotisme. Les nations libres ne peuvent accepter un droit des gens qui considérerait la liberté comme inférieure au despotisme, et d'après lequel la propagande serait permise en faveur de l'oppression, tandis qu'elle serait interdite en faveur de l'affranchissement et de la civilisation.

Les hommes qui appellent les ennemis sur le sol de leur pays pour comprimer la volonté nationale sont traîtres et rebelles à la première et à la plus sainte des lois sociales. Mais ceux qui appellent au secours du pays ses alliés pour l'aider au triomphe de la volonté nationale sont des patriotes irréprochables qui méritent bien de la patrie. Où sera donc la raison de distinguer? elle sera facile à saisir; car jamais on n'a confondu le serviteur qui ouvre la porte aux voleurs avec celui qui ouvre à des amis pour aider à expulser des ravisseurs. L'Allemagne protestante doit son émancipation à l'épée de Gustave-Adolphe et à la politique de Richelieu. Les réfugiés anglais qui débarquèrent sur les côtes d'Angleterre avec Guillaume III et ses Hollandais furent les auteurs de la révolution de 1688. Jamais ils n'ont été accusés d'avoir trahi leur pays, car il était évident que Jacques II, stipendié de Louis XIV, n'était pas un roi national; et les Hollandais pouvaient contribuer à la victoire, sans pouvoir en abuser contre l'indépendance anglaise. Franklin fut proclamé le fondateur de l'indépendance américaine pour avoir acquis à sa patrie l'alliance et les secours de la France. C'est vainement qu'on a cherché à établir quelque analogie entre l'émigration de 1792, auxiliaire d'une coalition qui menaçait l'indépendance, l'existence de la France, et les Français qui déployèrent en 1823 le drapeau tricolore sur les bords de la Bidassoa; les constitutionnels espagnols ne pouvaient en aucune façon porter atteinte à l'indépendance française, ils ne pouvaient qu'appuyer la démonstration des patriotes français qui, devant les canons de l'armée française, lui criaient : « Ici sont nos alliés dont la défaite sera notre défaite; sur le Rhin, nos ennemis qui ne nous font pas la guerre, à condition que nous la ferons pour eux contre la liberté, contre la civilisation, contre notre propre principe. » Ceux qui payèrent de leur vie cette généreuse provocation sont bien morts pour la cause nationale.

L'état actuel de la civilisation ne permet pas aux peuples de vivre dans l'isolement. Opprimés, ils ont besoin, pour secouer le joug, de l'initiative ou de l'alliance des autres peuples; et libres, ils doivent se prêter un mutuel appui pour repousser la propagande du despotisme par la propagande de la liberté.

Forte et armée contre les gouvernements oppresseurs, bienveillante et fraternelle envers les peuples,
que toute nationalité se relie avec eux à l'édifice de la
société humaine. Puisque l'alliance, non moins que la
guerre, est devenue la condition de la force de chaque
nationalité, le patriotisme ne doit s'attacher qu'à des
moyens de grandeur qui ne soient pas inconciliables
avec la prospérité des autres peuples. Le premier caractère d'une politique bien conçue, c'est qu'elle tende
à un résultat qui ne soit pas exclusif du bonheur des
autres nations. L'égoïsme et le mépris d'autrui, adoptés comme base de la politique extérieure d'un état,
envahissent promptement sa politique intérieure. Une
prospérité assise sur l'infériorité et le malheur des
autres peuples ne saurait rester en possession d'un
long avenir, puisqu'elle a contre elle les intérêts, la
haine de tous et le mouvement de la société dont chaque progrès lui ménage un revers. Si la perpétuité
pouvait être l'attribut d'une institution humaine, elle
se trouverait dans une nationalité qui, constante auxiliaire de la civilisation, possèderait la sympathie des
peuples, l'intelligence, les ressources de la science et
de l'industrie, ainsi que la force morale que porte toujours à son plus haut degré la conscience que l'on fait
cause commune avec l'humanité, avec l'avenir.

Si le patriotisme intelligent réclame bienveillance,

• fraternité envers les étrangers, à plus forte raison
exige-t-il l'union, l'affection à l'égard des citoyens
enfants de la même patrie. Comment donc toutes les
haines, toutes les dissensions qu'enfantent la différence de parti religieux ou politique, la rivalité de
castes ou de prétentions, ne s'effacent-elles pas au
jour du danger pour se confondre dans un commun
dévouement à la patrie? En remontant à la cause de
ces divisions, il faut faire la part des passions mal
inspirées, de la funeste prévention des partis qui presque toujours se voient par leurs mauvaises faces, et ne
se jugent entre eux que par les actes et les hommes
qui les déshonorent. Il faut aussi reconnaître que
parmi ces divisions, il en est que les dangers extérieurs
doivent rendre plus inévitables et plus ardentes.

En effet, la force et la grandeur, ou la faiblesse et
la décadence d'une nation au dehors, sont les conséquences directes de son régime intérieur. Pour relever
la nationalité, le pouvoir, qui se contente de tirer
l'épée, à une humiliation fera succéder la honte et le
désastre, s'il ne s'attache pas à réformer les vices intérieurs qui ont rendu possible l'abaissement national.
Lorsque les ressources du pays sont follement dissi-
pées, que les grades et les emplois servent de récompense à la bassesse, à l'esprit de faction, plutôt qu'au
mérite et au dévouement; lorsqu'une partie des forces
nationales est employée à comprimer la nation, com-

ment songer à jeter la patrie dans une lutte où le salut est le prix de la force, comment chercher ou accepter le combat lorsqu'on refuse de trancher les entraves qui paralysent la puissance nationale? L'étroite liaison entre la politique extérieure et la politique intérieure d'un état est de toutes les vérités celle que l'histoire a rendue la plus certaine, la plus vulgaire.

Oui, sans doute, lorsque l'indépendance est menacée, tous les autres intérêts sont subordonnés à cet intérêt suprême des nations. Toutes les divisions politiques qui ne touchent pas directement à l'indépendance du pays doivent donc transiger ou du moins s'ajourner. Mais par cela même que l'indépendance nationale est l'intérêt suprême, les divisions provoquées par l'impuissance ou le mauvais vouloir du gouvernement, par l'infidélité à la patrie, doivent devenir profondes, irréconciliables. Que serait-il advenu si nos pères en 92 avaient adopté pour devise : *En face de l'ennemi plus de partis politiques*, et se fussent rangés pleins de confiance autour de la monarchie constitutionnelle qui conspirait avec la coalition étrangère?

Quant aux divisions que provoque la différence d'opinion sur les institutions, sur l'administration intérieure, elles doivent s'effacer devant un intérêt plus grand, sans toutefois oublier que des institutions et de l'administration intérieure dépend le salut du pays; car le triomphe définitif demeure toujours au peuple dont le gouvernement sait le mieux développer et ménager les forces nationales. « La supériorité militaire, dit Machiavel, est l'effet d'une bonne administration intérieure. » (*Décades*, liv. I, chap. 4.)

Comment donc mettre de côté la question des institutions et de l'administration intérieure au milieu de circonstances où cette question se lie étroitement au salut du pays, et comment se diviser sur cette question, lorsque ces mêmes circonstances font de l'union la condition du salut commun? Dans cette alternative, il faut reconnaître et adopter le gouvernement ou le parti qui réunit au plus haut degré la volonté et le pouvoir de défendre le pays. Quelque justes reproches qu'ait encourus un gouvernement, ceux qui, en face de l'ennemi, font tomber l'épée de ses mains, s'ils n'ont pas la force de la relever plus terrible, sont coupables d'aveuglement ou de trahison.

Plus on étudie la société française, plus on reste convaincu que sa force vitale réside dans son élément démocratique. A toutes les époques les revers ou les triomphes de la France sont la conséquence de la compression ou du développement de la démocratie. Aux XIV⁰ et XV⁰ siècles, la double invasion de notre territoire est la suite d'une réaction aristocratique contre les communes. La faiblesse des Valois, arrivés au trône avec des droits contestés, ne leur permit pas de per-

sévérer dans la politique d'affranchissement suivie
par leurs prédécesseurs. Après la défaite des communes de France et de Flandre par les forces réunies
de la royauté et de la noblesse, l'administration publique ne fut plus qu'un vaste brigandage. Les armées
n'offrirent plus qu'une foule inoffensive de vilains,
tenus dans une ignorance calculée du métier des
armes, et une noblesse sans discipline, sans chefs,
entraînée par une fougueuse témérité qui la livrait
aux coups des archers exercés des communes d'Angleterre.

Le témoignage des écrivains contemporains ne permet pas de révoquer en doute la cause des désastres
éprouvés alors par la France :

« Le conseil du roi réfléchissant aussi à l'avantage
qu'avaient donné aux Anglais ces francs archers tirés
des communes d'Angleterre, dont le courage et l'a-
dresse avaient décidé les batailles de Crécy et de Poitiers, songea à procurer cet avantage aux communes
de France. En même temps on profita de l'occasion
pour interdire sévèrement tous les jeux de dés, de
cartes et de paume, qui s'étaient introduits dans le
peuple, à l'imitation de la cour, en les remplaçant
par l'exercice de l'arc et de l'arbalète. C'était une belle
ordonnance qui aurait été bien utile pour les guerres
à venir; elle plut beaucoup au peuple : il prit goût à
ce jeu de l'arbalète. Il n'y avait pas jusqu'aux petits

enfants qui n'y devinssent fort adroits. Mais bientôt on eut peur que le commun peuple ne connût sa force et ne devînt plus puissant que les princes et les nobles. Il fut défendu de par le roi de continuer ces exercices, sauf dans certaines compagnies d'arbalé-triers; le peuple retourna, comme auparavant, aux mauvais jeux de hasard. » (Juvénal des Ursins, le religieux de Saint-Denis, rapporté par M. de Barante, *Histoire des ducs de Bourgogne*, p. 220, t. 2, édition de 1825.

La France, deux fois perdue par la tyrannie et les désordres de la noblesse, fut deux fois sauvée par les bandes plébéiennes des aventuriers de Duguesclin et par l'énergie populaire dont la paysanne Jeanne d'Arc est l'héroïque image.

La grandeur de la France sous Richelieu et sous les belles années de Louis XIV fut l'œuvre d'une politique, qui au dedans détruisait le pouvoir de la noblesse et au dehors s'alliait au protestantisme, le libéralisme de l'époque. Les revers qui flétrirent la fin de Louis XIV furent la conséquence d'une politique toute contraire à celle fondée par Richelieu et transmise par Colbert.

Les prodiges de la révolution, les triomphes de l'empire appartiennent à l'ère de la démocratie. Les désastres dont nous avons été les tristes témoins appartiennent à une politique de contre-révolution monarchique et nobiliaire,

Les conditions de la nationalité française, loin d'être changées, reposent plus que jamais sur la démocratie. C'est par tout ce qu'il y a de démocratique en nous; c'est par notre philosophie, notre littérature, nos lois civiles, notre esprit d'égalité; c'est par la liberté de nos chaumières, que nous exerçons notre force de sympathie et d'assimilation sur les autres peuples. Au contraire, c'est par ce qui reste encore d'aristocratie sur notre sol que les gouvernements étrangers exercent sur nous leur funeste influence. Partout sur notre sol, sur le sol étranger, où se rencontre un intérêt, un sentiment démocratique, se trouve enlacé l'amour de la France, le dévouement à son indépendance.

Comment donc isoler la politique extérieure de la France de son régime intérieur? La France en butte à la coalition des gouvernements aristocratiques est assez forte pour en triompher, mais à la condition d'y employer toutes ses forces. Pour cela il ne faut pas que les Français soient seulement des contribuables acquittant leurs contributions et tirant à la milice, mais des citoyens décidés à vaincre pour une patrie qui protége leurs intérêts, leur dignité, et qui les traite en hommes libres. Il faut des institutions capables d'inspirer à la nation la volonté de les défendre, et aux peuples étrangers le désir d'en obtenir de semblables. Il faut aussi qu'emplois, récompenses soient au concours en faveur du courage, du mérite, des services accomplis;

chose impossible avec un régime électoral, sous lequel tout ce qui devrait encourager au service public sert au pouvoir pour acheter la majorité parlementaire, et aux députés pour acheter une majorité électorale.

Il est chimérique, disent des hommes d'état, de croire que dans ses négociations avec les puissances étrangères, la France puisse obtenir des ménagements, en prenant pour point de départ la certitude que la paix ne sera point troublée, car l'on n'accorde jamais rien en politique quand le refus ne fait courir aucun risque.

Mais il n'est pas moins chimérique de supposer que la France puisse faire la guerre contre l'Europe entière, sans que toutes ses forces soient développées par un gouvernement national. Si vous voulez que la France obtienne des concessions lorsqu'elle fait entrevoir la guerre comme conséquence d'un refus, il faut qu'elle soit en état de faire la guerre contre la coalition de ses ennemis; et pour qu'elle ait cette puissance, il faut avant tout mettre fin au régime sous lequel on étouffe le courage, le patriotisme, le génie qui sauvent les nations, pour exalter l'égoïsme, la bassesse, la vénalité qui les livrent à leurs ennemis.

Sous le régime actuel, Hoche, Masséna, Desaix et tant d'autres auraient végété dans les rangs inférieurs de l'armée, pour laisser la place libre aux complaisants du

ministère et aux grands hommes de naissance. Leur
courage, leur génie seraient restés stériles, l'exemple
de leur gloire n'aurait pas entraîné un million de soldats; ils auraient été tenus pour suspects, car les
gouvernements qui dépossèdent le mérite doivent le
supposer mécontent. Quel enthousiasme excitait l'aspect de ces généraux, camarades hier des soldats qu'ils
conduisaient à la victoire! Dans leur élévation il y
avait bien plus qu'une promesse de fortune et de
gloire, il y avait admiration, reconnaissance, culte
pour le dévouement à la patrie. Napoléon voulut faire
deux parts de la révolution : prendre sa puissance
militaire, son ascendant politique sur l'esprit des
peuples, et rejeter ses conséquences démocratiques;
malgré son génie, sa fortune et sa gloire, il s'est
perdu dans l'impossibilité de son œuvre.

En présence des dangers de la patrie, plus de haines, plus de dissensions ni de rivalités; rallions-nous,
serrons nos rangs, mais sur le terrain de la démocratie,
seul champ de bataille où il soit donné de vaincre à la
nationalité française.

Ce n'est pas en s'adressant seulement aux intérêts
matériels que les institutions peuvent fortifier dans
le cœur des citoyens l'affection primitive qui les attache
à la patrie, c'est surtout en développant l'empire des
idées de devoir et de dévouement envers ses semblables. L'intérêt matériel ne motive pas l'abnégation.

La patrie impose souvent de grands sacrifices à la génération actuelle en vue de résultats qui ne sauraient profiter qu'à l'avenir. Comment d'un point de vue égoïste ou d'une sympathie restreinte qui ne saurait s'étendre aux générations futures, les individus et les masses pourraient-ils se soumettre aux souffrances, aux immenses efforts d'où dépendent quelquefois la grandeur et la destinée d'une nation ? L'honneur national n'est au fond que la préférence donnée à l'avenir sur le présent, préférence que les nobles peuples n'hésitent pas à payer quelquefois si cher. Mais cette pensée de dévouement, pour n'être pas une brillante exception dans la vie d'un peuple, a besoin d'une sanction, et la sanction indispensable du dévouement, c'est la religion. Gardons-nous de croire qu'ils fussent sans religion les hommes qui mouraient en foule pour la défense de notre révolution. Les paroles de l'athéisme pouvaient être sur les lèvres de quelques uns, mais sous cette forme à laquelle entraînait la réaction des temps bouillonnait un instinct plus élevé, plus clairvoyant. Les sociétés populaires étaient l'assemblée des fidèles où s'exaltaient les sentiments de vive sympathie et d'abnégation, les chants nationaux étaient le cantique, le dévouement était le culte, les défenseurs de la patrie glorifiaient Dieu en tombant pour elle.

Le patriotisme comporte des excès en ce sens qu'il peut se tromper de route et s'attacher à des erreurs, mais dans la voie de la vérité il ne saurait aller trop loin. L'amour de la patrie, voilà où doit prendre son essor toute l'énergie de notre âme, sans crainte de dépasser le but. Lorsqu'il s'agit de la patrie, la modération c'est l'exaltation, c'est l'enthousiasme, c'est l'indomptable fanatisme qui triomphe ou s'ensevelit sous des débris avec le germe d'une victoire future.

CHAPITRE XXIII.

MORALITÉ POLITIQUE.

Nécessité, accident, volonté. — L'empire. — Le comité de salut public, la révocation de l'édit de Nantes. — La volonté ou la moralité d'une nation fait sa fortune. — La politique est placée sous l'empire de la loi morale. — Napoléon, Louis XI. — Quelle main invisible châtie ou élève les peuples.

La morale, ou l'harmonie de notre volonté et de nos actions avec le bien général, n'est pas une sympathie arbitraire, mais une loi réelle sanctionnée par la force même des choses, confirmée par un ordre général et providentiel.

A Dieu ne plaise que nous discutions sur la nécessité et le libre arbitre. Voltaire semble avoir résumé avec une netteté remarquable cette stérile discussion : « L'homme est libre quand il peut ce qu'il veut, mais il n'est pas libre de vouloir; il est impossible qu'il veuille sans cause. » (Voltaire, *Dictionnaire philosophique*, *Du principe d'action*, art. XIII, v. 40, p. 222).

Que le désir prépondérant qui l'emporte sur les désirs opposés et nous détermine, en un mot que la volonté soit une force spontanée ou bien l'effet passif de circonstances antérieures, il est constant que la volonté est la cause immédiate de nos actions; nous voulons marcher et nous marchons, nous arrêter et nous nous arrêtons. Le fataliste le plus entêté, s'il tombe à l'eau, ne croise pas les bras parce qu'il pense que sa vie dépend d'une nécessité à laquelle sa volonté ne peut rien, mais ses bras fendent les flots et le portent au rivage. Nos actions morales comme nos actions physiques sont placées sous l'empire de notre volonté; nous le voulons, et nous sommes tempérants, probes, fidèles à nos devoirs et à nos affections.

L'éducation, les opinions, les impressions, la tentation, toutes circonstances dont nous ne sommes pas les maîtres, peuvent, il est vrai, empêcher ou produire en nous la volonté de faire le bien. Mais quelle que soit son origine, quand cette volonté existe elle détermine nos actions; tout ce qui influence la volonté, influence la conduite et la destinée de l'homme.

Agissons donc sur cette volonté par l'éducation et les institutions, par la persuasion, par l'exemple. Et d'abord, sachons reconnaître les bornes assignées à l'action de la volonté humaine; car, de tout ce qui peut enfanter la volonté, la cause la plus féconde, la plus infaillible, est la confiance même qu'inspire sa puissance.

Dans l'appréciation des événements, l'on attribue souvent aux faits un caractère de nécessité qu'ils ne comportent pas. Les faits nécessaires sont ceux qui ne peuvent manquer d'arriver, parce qu'ils sont l'effet d'une force constante et supérieure. Les faits non nécessaires sont ceux qui peuvent arriver ou ne pas arriver, parce qu'ils sont l'effet de circonstances diverses et variables.

Après avoir tenté d'énumérer toutes les circonstances qui ont précédé et déterminé un événement, si vous dites que toutes ces circonstances préexistent, leur effet, c'est-à-dire l'événement, était inévitable, nécessaire, vous tombez dans une double confusion. D'abord, l'homme ne peut connaître toutes les circonstances dont le concours joue un rôle dans la génération des événements : ainsi, la santé et la pensée d'un homme tiennent à des causes si variées, si obscures, qu'il nous est impossible de les saisir d'une manière complète. Puis, c'est précisément parce qu'un fait a tenu à des circonstances accessoires, minimes, et que le défaut d'une seule d'entre elles eût changé le résultat, que ce fait est fortuit, accidentel et nullement nécessaire : autrement les deux mots *être* et *nécessaire* exprimeraient une seule pensée identiquement la même. Si dans toutes les langues les deux mots existent, c'est qu'ils répondent à une distinction de la pensée fondée sur la nature même des choses. Un fait fortuit, accidentel, c'est celui qui tient à une ou plusieurs circonstances sans lesquelles il ne serait pas arrivé ; le fait nécessaire est celui qu'aucun accident ni aucune circonstance ne peut empêcher de se réaliser.

Nous regardons, par exemple, comme un événement qui n'avait rien de nécessaire la puissance de Napoléon appliquée à relever les institutions renversées par la révolution française. Avant que Napoléon arrivât au pouvoir souverain, un nombre infini d'accidents pouvaient changer sa destinée ou terminer sa vie ; une fièvre, plus ou moins de poudre dans un canon ennemi, la vitesse de son cheval ont peut-être mille fois décidé de sa vie ; à moins de dire que toutes ces circonstances essentiellement fortuites sont des événements nécessaires, à moins de dire que tout ce qui se passe dans le monde, jusqu'au galop d'un cheval, est un événement nécessaire, et de confondre ainsi toutes les notions du langage et de la pensée, il faut bien reconnaître que l'individualité de Napoléon et tout ce qui découle de la puissance de cette individualité n'ont

rien de nécessaire. Parmi tant de généraux, tant de
soldats moissonnés par la guerre, ne peut-on pas admettre qu'il en existait un qui, s'il eût échappé aux
chances des combats, eût dominé l'ascendant de Napoléon et imprimé aux événements une direction toute
différente?

Si nous observons de combien de ménagements et
de détours Napoléon usa pour amener la nation française de l'état politique de 1802 à celui de 1810, ne
devons-nous pas croire qu'il y avait autant d'obstacles
à surmonter pour arriver au régime caduc de 1810,
que pour consolider le régime glorieux de 1802? Il
était plus facile à Napoléon de continuer le consulat et
la politique du consulat que de fonder l'empire : le
résultat ne l'a que trop prouvé. Ce n'est donc pas la
force des choses ni de l'esprit public ; ce n'est donc
pas une force constante et supérieure, mais une force
purement individuelle et par conséquent soumise à
tous les accidents auxquels l'individu ne cesse d'être
exposé, qui a déterminé la politique impériale.

Ce que nous disons du régime impérial est également vrai du comité de salut public. Les grands périls
de la révolution une fois écartés, le retour vers une
politique plus modérée, désiré, tenté par des hommes
d'un dévouement sans bornes à la révolution, fut re-
poussé par l'influence de quelques autres. Si Robes-
pierre ne partagea point avec Danton une opinion qu'il

adopta quelques mois plus tard, ce ne fut pas l'effet
d'une force supérieure, permanente, mais l'effet d'un
jugement ou d'une passion personnelle. A ne consulter
que les circonstances générales, un retour vers la
modération soutenu par les deux partis dans lesquels
résidait la force de la révolution, était plus facile que
la brusque réaction thermidorienne. Malgré la réprobation provoquée par le paroxisme de la terreur, malgré l'entraînement d'une réaction suscitée par tous ses
ennemis, la révolution triompha : combien son triomphe eût-il été plus certain et plus complet si elle avait
eu la gloire de s'arrêter elle-même, et si ses plus fermes défenseurs ne se fussent pas entre-dévorés.

La révocation de l'édit de Nantes ne présentait aucun caractère de nécessité au milieu de l'oubli complet
des dissensions passées; elle ne tenait qu'à l'ambition
de quelques prêtres groupés autour d'une femme et à
la faiblesse d'un homme.

Ainsi l'accident, l'imprévu ont une part dans les
choses de ce monde; mais cette part, c'est la volonté
humaine qui la trace.

L'empire de Napoléon n'avait rien de nécessaire,
puisqu'il fut surtout le résultat d'une individualité
soumise comme toute les autres à une multitude
d'accidents; mais il était possible, et cette possibilité
tenait à l'esprit de son temps et de son pays. Une opinion publique, plus éclairée, plus réfléchie, plus éner-

gique, en un mot une moralité plus avancée, eût rendu impossible l'établissement du régime impérial.

La période délirante de la terreur n'était pas nécessaire, car quelques hommes auraient pu avoir sur elle la même opinion que plusieurs autres hommes dont ils avaient jusqu'alors partagé les sentiments, opinion qu'eux-mêmes adoptèrent quelques mois plus tard; mais cette déplorable époque était possible, et les conditions de sa possibilité résultaient du degré de moralité politique.

La révocation de l'édit de Nantes n'était pas nécessaire, car elle ne fut déterminée que par une intrigue de ruelle et de confessionnal, mais elle était possible faute d'une volonté publique assez éclairée pour l'empêcher.

Dans une foule d'événements, l'accident existe donc; toutefois il n'existe et ne peut exister que dans la limite du possible, qui dépend en grande partie de la volonté du public, c'est-à-dire de sa moralité.

La nécessité exerce sur la destinée humaine une influence plus large et plus décisive que l'accident; mais la volonté est encore l'un des principaux éléments de la nécessité. Aucun homme ne peut se soustraire à la mort, cependant ses actions et mille circonstances fortuites avancent ou reculent le terme fatal; de même l'humanité, qui ne peut se soustraire au progrès social, est retardée ou précipitée dans sa marche progressive par les effets de sa volonté et d'accidents imprévus.

L'influence de la volonté publique sur le sort des nations est bien plus grande que l'influence des volontés individuelles sur le sort des individus. Tandis qu'un nombre infini de circonstances se jouent des volontés particulières, presque aucune ne peut surmonter une volonté nationale. La volonté des nations les soustrait à la misère, à l'oppression, à la mort.

Le sort des nations dépend de leur volonté; non pas qu'une volonté déraisonnable puisse être réalisée pourvu qu'elle soit énergique, mais en ce sens qu'une volonté ambitieuse, folle, capricieuse, légère, aveugle, fera le malheur public, tandis qu'une volonté éclairée, ferme, inspirée par le devoir, assurera le salut et la grandeur de tous. La fatalité peut planer au dessus de la volonté, mais il suffit qu'entre la volonté humaine et le but il n'y ait pas de puissance supérieure, pour que les hommes fassent reposer leur salut sur la sagesse et l'énergie de leur volonté.

Parmi les époques les plus désastreuses de notre histoire, il n'en est pas une qui ne soit la conséquence d'une erreur morale, et qui n'eût été prévenue par une inspiration plus sage de la volonté publique. C'est la volonté qui fait la fortune des nations. Que la politique d'une nation soit d'accord avec le bien des autres peuples, qu'elle tende au progrès matériel et intellectuel des citoyens; que chez les particuliers le travail, l'activité intellectuelle, le respect des liens de famille, le dévouement à la patrie soient dans les mœurs, et cette nation surmontera toutes les tempêtes.

Le climat, toutes les autres circonstances physiques produisent des influences, des dispositions, mais non des nécessités. Aux déserts, où l'Arabe refuse aujourd'hui l'abri d'un toit, gisent les portiques renversés de Thèbes et de Palmyre. Où l'Anglo-Américain se livre avec tant d'ardeur au commerce et à l'industrie, l'on voit errer les débris de tribus sauvages vouées à la chasse et à la guerre, qui préfèrent la mort au travail. Le Tibre, dont les échos répètent les concerts de la chapelle du pape, a vu Brutus condamner ses fils à mort et Horatius combattre contre une armée.

La première richesse d'un peuple n'est donc pas dans son climat, comme l'a dit un grand écrivain; elle est dans sa moralité. Non seulement parce que la fin suprême de la société est le perfectionnement moral, mais aussi parce que tous les autres dons qu'un peuple possède ne lui sont profitables et solidement acquis qu'en raison de la puissance morale qu'il consacre à leur emploi et à leur défense.

La vérité ne saurait être avec ceux qui disent : Le mal était inévitable, nécessaire; en nous rendant complices, nous avons servi notre fortune sans aggraver le mal public. Parce qu'on ne peut empêcher un crime, on n'est pas excusable de s'y associer; parce qu'on ne peut empêcher le désastre de la patrie, on n'est pas excusable de la trahir. Ce n'est pas seulement par la victoire, c'est aussi par la lutte et le dévouement qu'il est donné de servir la cause de la vérité et de la justice.

D'ailleurs en politique, pas plus que dans la vie privée, il n'est pas de nécessité ni de hasard qui dispense de la moralité. Ce qui est inévitable, c'est le progrès social, c'est le triomphe final de la moralité sur la corruption; voilà les nécessités qui règlent le cours des événements humains. L'accident, l'imprévu, les puissantes individualités sont à l'humanité ce que les vents impétueux sont aux fleuves : la tempête soulève, pousse leurs vagues qu'elle semble tour à tour précipiter ou faire refluer; cependant l'agitation n'est qu'à la surface, une pente irrésistible les entraine.

La politique, loin d'être en dehors de la morale, est au contraire la sphère où l'infraction et le respect à la loi morale portent avec le plus de certitude leur peine et leur récompense. Observons attentivement la politique des hommes qui jouent un grand rôle dans l'histoire. Sans doute leur politique apparait trop souvent en opposition avec les principes de la morale et dirigée uniquement par des inspirations d'ambition et de passions personnelles. Mais s'ils ont eu les faiblesses et les vices des autres hommes, ce n'est pas là le principe de leur force. Analysons leur vie, et nous trouverons le secret de leur grandeur dans une vue morale, dans une pensée de progrès social dont ils se font l'auxiliaire, tandis que leurs vices, qui nous frappent et que nous associons légèrement aux causes de leur fortune, ont été en réalité le plus grand des obstacles qui les ont empêchés d'accomplir de plus hautes destinées.

Napoléon, qui porta si haut sa puissance et sa gloire, ne s'est pas montré scrupuleux observateur de ses engagements. Républicain exalté, il renverse le gouvernement républicain, en lui reprochant le coup d'état du 18 fructidor dont lui-même avait été l'un des principaux instigateurs. Arbitre du roi et de l'infant d'Espagne, il dispose de leur trône en faveur de son propre frère; ramené en 1815 par un mouvement populaire et presque républicain, il rentre aux Tuileries et rappelle un passé qu'il avait abjuré. Mais qui ne voit que ses fautes morales furent aussi ses plus grandes et peut-être ses uniques fautes politiques? La force de Napoléon était dans son amour de la gloire et de la patrie, dans ses vues larges, progressives, dans ses sympathies d'ordre et d'égalité; sa faiblesse était dans son incrédulité à ses premières convictions, à ses devoirs envers la cause qui l'avait fait si grand.

Combien nous admirerions la sagesse, la profondeur, l'irrésistible prestige de sa politique, si Napo-

léon était mort le fondateur d'une ère nouvelle, si, par
une fortune sans revers, une gloire sans tache et
d'impérissables bienfaits répandus sur tous les peuples, il avait immortalisé et sanctifié sa mémoire à
travers les siècles. Napoléon, par la grandeur et l'héroïsme de son génie, était à la hauteur d'une telle
destinée; que lui a-t-il manqué pour la réaliser? rien
peut-être que de la moralité politique.

L'habileté de Louis XI ne tenait pas à sa duplicité,
mais à l'élévation, à la justesse de ses vues politiques.
Son vaste esprit, qui avait conçu l'unité de législation,
l'unité de poids et mesures, l'unité de pouvoir, entre-
vit que le peuple était la base de la puissance politique
comme de la puissance sociale. Protecteur du peuple
et de la nationalité contre la tyrannie et la rébellion
de la noblesse, Louis XI, à la tête des milices et des
armées permanentes qu'il tirait des communes affran-
chies, fut le fondateur du système politique auquel
Richelieu et l'assemblée constituante devaient mettre
la dernière main. Voilà la véritable cause de la supériorité de Louis XI sur tous les hommes d'état de son
siècle. La perfidie de ses moyens, loin de servir à sa
grandeur, fut le plus grand obstacle et le véritable
écueil de sa politique. Dans Péronne, elle le mit à deux
doigts de sa perte; à Liége, elle le couvrit de honte;
elle seule rendit impossible l'objet de sa plus ardente
ambition, la réunion des provinces flamandes, que

ces provinces et l'héritière de Bourgogne désiraient presque autant que lui-même. (Voir *Comines*.)

Les grandes qualités ne font les grands hommes d'état qu'autant qu'elles sont unies à l'intelligence des besoins sociaux. Napoléon, Frédéric II, Pierre Ier, le prince d'Orange, Richelieu, Charlemagne, Mahomet, César, Alexandre, tous n'ont été grands que comme instruments du progrès social. Si la vertu des grands hommes nous apparaît trop souvent dans l'histoire, obscurcie par l'astuce et des vues d'ambitieux égoïsme, ce n'est pas là une cause, mais un effet de la puissance qu'ils ont su conquérir; c'est aussi l'effet des passions auxquelles ils ont été dans leurs luttes plus exposés que les autres hommes. C'est un obstacle que par malheur ils ont trop rarement surmonté. Ils auraient été de bien plus grands politiques, s'ils ne s'étaient pas écartés de la pensée morale qui fut la véritable source de leur supériorité et du rôle qu'ils ont joué dans le monde.

Quel mystérieux contraste dans la fortune d'une nation! A certaines époques rien ne peut arrêter son développement : coalitions formidables, fléaux du ciel, désastres de la guerre, inhabileté des chefs, vertige des citoyens, tout vainement conspire contre elle; du sein de cette tourmente, qui semble la vouer à une destruction inévitable, cette nation sort triomphante, plus prospère, plus puissante, entraînant les peuples dans la sphère de sa civilisation. Puis, en d'autres temps, tout l'abaisse, tout l'accable; chefs et citoyens s'épuisent en vains efforts pour échapper à la décadence; les circonstances les plus propices enfantent le désastre; il suffit aux autres peuples d'être ses ennemis pour grandir, d'être ses alliés pour tomber.

Ces vicissitudes ont frappé les hommes de tous les temps. Ils y ont vu l'intervention divine châtiant ou élevant les peuples. Les livres juifs enseignent l'existence d'un peuple de Dieu qui domine ses voisins, ou en est dominé, selon sa fidélité envers son maître céleste. Suivant Bossuet, toutes les révolutions sont dirigées par le doigt de Dieu vers une fin décrétée par son immuable sagesse. Des écrivains plus modernes ne voient dans toutes les vicissitudes politiques que l'effet du hasard ou l'enchaînement fatal des circonstances. Descendons au fond des choses, et nous trouverons que la main invisible qui conduit la fortune d'un peuple à travers tous les écueils ou la précipite dans l'abîme, c'est sa moralité politique.

CHAPITRE XXIV.

MORALITÉ PRIVÉE.

Influence de la moralité privée sur la moralité politique. — Mœurs de la jeunesse. — Mariage, s'il est une institution de servitude ou de liberté. — Si la vertu doit se mesurer à la violence des passions. — Différente opinion des anciens et des modernes sur le mariage, origine de cette différence.—De l'esprit de travail et de conservation. — Du courage.— Le devoir et l'intérêt moral sont une seule et même chose. — Citations, de Jésus-Christ, de saint Paul, de saint Augustin, de Pascal, de Bossuet et de Rousseau. — Déception inévitable de l'homme qui cherche le bonheur ailleurs que dans le devoir.

La grandeur qu'une nation tire d'un mouvement d'enthousiasme est passagère. Elle n'est durable qu'autant qu'elle repose sur la moralité politique, et celle-ci ne peut exister sans moralité privée.

Parmi les hommes qui ont le plus contribué au progrès de l'humanité, il en est dont la vie a été peu morale. Il ne faut pas en conclure que les intérêts généraux de la société n'ont rien de commun avec l'observation de la morale privée; car l'immoralité des hommes supérieurs qui ont rendu de grands services au public les a empêchés d'en rendre de beaucoup plus grands, et leur exemple a été d'autant plus préjudiciable à la société qu'il exerçait une plus grande séduction. De sorte qu'à tout prendre, le bien, résultat de leur courage et de leur génie, est quelquefois effacé par la funeste influence de leurs vices.

Sur un grand théâtre où des passions élevées excitent au bien public et à la gloire, la moralité politique peut, par exception, se rencontrer avec l'immoralité de la vie privée. Dans le train ordinaire de la vie commune, une telle union est une exception bien plus rare et ne saurait jamais devenir la règle générale. Suivons l'homme à son entrée dans le monde, puis dans sa vie de famille, et nous reconnaîtrons combien il est inévitable qu'une société sans moralité dans ses actes privés soit également sans moralité dans ses actes politiques.

Il y a un noble cœur, un gage précieux d'avenir dans la jeunesse qui, passionnée pour la patrie et le progrès social, ne peut maîtriser l'indignation qu'excitent en elle l'égoïsme et la corruption : mais tous ceux qui se livrent à la manifestation de ces généreux sentiments sont-ils exempts de la corruption qu'ils poursuivent de leurs imprécations? Le devoir est un dans son principe, c'est l'observation de la règle morale. Celui qui enfreint les devoirs de son âge et de sa position ne fait pas mieux, ne fera pas mieux que les hommes qui enfreignent les devoirs d'un âge et d'une position supérieurs.

Celui-là sera-t-il rigide observateur des droits du peuple, qui dès à présent ne sait pas le respecter dans sa famille? Sera-t-il un ami ferme, persévérant du progrès humain, celui qui se hâte de tarir dans ses propres veines la source d'une postérité saine et vigoureuse? Ne criez pas à l'apostasie, vous êtes dans la voie des apostats, vous qui sacrifiez vos devoirs d'aujourd'hui à l'attrait du plaisir, car de même vous sacrifierez vos devoirs de demain à l'attrait de la richesse, de l'ambition ou du repos devenu le besoin prématuré d'une nature épuisée.

La vertu serait trop facile si elle consistait à surmonter les tentations et les passions qui ne nous assiégent pas encore. Ton devoir, jeune homme, n'est pas de garder ton incorruptibilité politique contre les séductions de l'Angleterre, de la Russie, de la cour ou des factions qui ne songent pas à toi ; ton devoir envers la société, c'est de rester pur, de développer tes facultés, ainsi que l'ascendant de ta volonté sur tes passions, et de préparer en toi un homme utile, dévoué, capable de pratiquer un jour les vertus publiques et privées.

Mais quoi, la jeunesse n'a-t-elle pas toujours été légère, dissolue, pourquoi lui prêcher des vertus impossibles? étrange langage ! lorsque la pauvreté, en face de tentations si puissantes, étouffe la voix de besoins légitimes et sacrés; lorsque faute d'une chétive nourriture placée sous sa main, comme pour exciter la faim de ses entrailles et celle de ses enfants, le

pauvre meurt victime résignée de l'ordre social,
n'est-il pas singulier d'entendre des hommes justifier
l'infraction des lois les plus saintes de la morale par
l'impossibilité de résister aux fantaisies de leurs
passions.

Ce qui est impossible, ce n'est pas que la jeunesse
soit pure, c'est qu'une jeunesse dissolue ne devienne
pas une génération d'hommes vicieux, et qu'une jeunesse pure ne devienne pas une génération probe et
libre. La jeunesse possède un moyen tout puissant de
vaincre la corruption et de briser les entraves qui sou-
lèvent son indignation, qu'elle se réforme elle-même, et
dans quelques années une génération morale, forte,
irrésistible assurera le triomphe de la justice et de la
liberté.

C'est à cette condition que la jeunesse peut préparer
un bel avenir à la société, à elle-même. Le regret si
général de la jeunesse écoulée sans retour n'est que
trop bien fondé, si la jeunesse nous laisse sans autre
élément de bonheur que des illusions qui s'évanouissent et une fraîcheur de sensation et de force que rem-
placent la souffrance et l'infirmité. Mais ce regret n'a
plus de cause, il n'existe plus, si après la jeunesse
vient un âge de force et d'intelligence, où à de vagues et incertaines espérances succède la confiance
qu'inspirent le travail accompli, la conscience d'une
vie morale et la prévision d'une fin providentielle.

Le mariage, dont le respect importe tant aux bonnes mœurs et aux vertus publiques, a été en butte à des attaques de divers genres. On l'a représenté comme une mesure d'esclavage pour les femmes; cependant hors le mariage, il n'est pas pour la femme unie à l'homme de liberté possible. Les enfants nés d'une union illégale appartiendront-ils à l'homme? Alors il est le maître en renvoyant sa femme de la priver de ses enfants. Appartiendront-ils à la femme? Alors l'homme est le maître de rejeter l'obligation d'élever ses enfants sur une femme faible et sans ressources.

Les biens existants lorsque la vie commune vient à cesser, à qui appartiendront-ils? à la femme, voilà l'homme dépouillé. Mais qui constatera le fait de la vie commune? Si la vie commune a lieu entre un homme et plusieurs femmes, ou entre une femme et plusieurs hommes, qu'adviendra-t-il? quels seront les droits des enfants de cette étrange communauté? Ainsi, sans le mariage, la propriété est incertaine et cesse d'exister, à moins que les biens ne restent en la possession de l'homme. Hors du mariage la femme unie à l'homme n'est donc qu'un domestique sans gage, sans droits, sans dignité, en un mot qu'un esclave; telle est la conséquence forcée de la nature des choses. Aussi chez tous les peuples, dès la première lueur de civilisation, la loi prend sous sa sauvegarde l'union de l'homme et de la femme, le mariage est établi comme une mesure d'affranchissement et la femme ne devient libre qu'en devenant épouse. Toutes les déclamations contre le mariage ne sont qu'une thèse ridicule, ne prouvant rien qu'une profonde ignorance des conditions de la vie sociale.

Une attaque plus générale et bien autrement dangereuse, est celle des hommes qui reconnaissent le mariage comme une nécessité de la vie sociale, mais qui ne croient pas pour cela à l'obligation de le respecter, et qui regardent son infraction comme n'affectant ni la moralité ni l'honneur.

L'honneur du joueur de profession est de mettre au jeu et d'en courir les chances. Parlez-lui d'un adversaire malheureux, dont la ruine a entraîné la perte d'une famille, il vous répondra : je pouvais perdre. C'est aussi l'honneur du voleur d'accepter bravement les revers de son métier. Beaucoup d'hommes, lorsqu'il s'agit de mariage, semblent adopter un pareil motif de justification. Représentez-leur le désordre, la ruine, l'infamie, l'homicide s'abattant sur une famille où régnaient, avant leur séduction, la paix et l'espérance d'un heureux avenir, ils vous répondront : « J'ai donné satisfaction à l'offensé. » Une telle doctrine n'est de mise qu'au tripot ou au bagne, et ne peut servir d'excuse aux yeux de tout homme qui n'a pas laissé étouffer dans son cœur le sentiment de la loi morale, qui l'oblige envers ses semblables.

Toutefois, les hommes qui sont sans scrupule dans

leur conduite en ce qui touche le mariage, sentent
bien différemment sitôt qu'ils sont lésés dans les droits
qu'ils n'ont pas respectés chez les autres. Alors les
lieux communs d'immoralité font place à une autre
manière de voir. L'ingratitude, le parjure, la trahison,
le désordre apparaissent sous leur véritable couleur :
cependant la morale ne change pas ainsi au souffle de
l'intérêt et de la fantaisie. Où donc est la vérité, dans
l'indifférence et l'absence de scrupule, ou bien dans la
réprobation que fait naître la même action chez le
même homme, selon qu'il en est l'auteur ou la victime ? Si le résultat naturel et probable de nos actions
fait leur moralité, la question n'est que trop facile à
résoudre.

Pauvre insensée créature qui, séduite par ce besoin
inquiet d'affection, destinée à ne trouver jamais en ce
monde de plein contentement, trahit l'affection véritable d'un homme à qui tout l'unit, communauté de
serments, de vie, de passé et d'avenir, communauté de
familles, d'honneur et de honte, de peines et de plaisirs, communauté d'enfants élevés, sauvés, quelquefois pleurés ensemble, pour l'affection d'un homme
qui la juge assez basse de cœur pour trahir tous ses
devoirs, assez dépourvue d'esprit pour ajouter foi à
de banales adulations, et qui l'aime assez peu pour
réclamer d'elle le sacrifice de son existence entière, de

l'existence de tout ce qui lui est cher, au caprice de sa passion, à son amour-propre, à sa fantaisie.

Pauvre insensée qui, dans l'aveuglement de sa vanité, joue ce qu'elle possède : le respect qui entoure la femme irréprochable, les bénédictions de ses enfants, contre l'infamie et la malédiction qui s'attachent à la femme complice d'une injure mortelle, d'un duel homicide, contre l'homme qui la protégeait et auquel elle avait solennellement juré une étroite et éternelle alliance.

Cependant, quel peut être le retour sur lui-même de l'homme trahi dans ses affections de famille? Il n'a plus de foi en ses enfants, en ses amis, en la société, aux lois de laquelle il a obéi, et qui, dans sa frivole légèreté, le raille au lieu de le protéger. Comment persuader la sympathie et le dévouement pour tous, à l'homme qui n'a recueilli de ses rapports avec ceux qui l'entouraient que trahison et humiliation. Désormais ce ne sont plus des pensées de devoir, mais un esprit de doute et de haine qui l'animent à l'égard de cette société, dont il se vengera en adoptant ses mœurs et en les transmettant à ses enfants.

Tout homme qui recommande les vertus publiques sans recommander les vertus privées, surtout par son exemple, donne par cela même la mesure de son jugement et de sa sincérité. On nous a montré l'hypocrisie sous la robe du prêtre qui, après avoir renoncé au monde, profite de son ministère pour satisfaire son avarice et ses passions; mais l'hypocrite revêt aussi une autre forme moins banale et plus odieuse. Écoutez-le quand il joue son rôle d'austère réformateur ou d'intrépide défenseur de l'ordre; quels traits ne lance-t-il pas contre les vices de la société, soit qu'il l'accuse de servilité, soit qu'il l'accuse d'anarchie! Avec quelle chaleur d'indignation il exprime le dégoût que lui inspirent la corruption politique et le défaut de dignité dans les mœurs privées! Lorsqu'il descend de son tréteau, osez-le suivre dans sa vie privée, qui semble une caverne où se sont donné rendez-vous toutes les corruptions et le mépris de tout ce qui est devoir ou scrupule; puis dites si la société, un instant malléable entre les mains d'un tel apôtre de vertu, se formait à son image, quel tableau elle offrirait!

Toutes les catastrophes que peut entraîner l'infraction à la loi fondamentale de la famille n'arrivent pas constamment, mais il suffit qu'elles soient fréquentes, possibles, pour que le caractère de la faute reste le même. D'ailleurs les conséquences inévitables ne sont que trop funestes. Une femme vouée à jouer au sein de sa famille un rôle perpétuel de mensonge et de dissimulation, obligée elle-même de séduire dans sa propre maison des complices et de leur confier sa honte, s'endurcissant ainsi à l'infamie et descendant chaque jour un degré de plus dans son avilissement, n'est-ce pas là le tort le plus cruel, le plus irréparable que l'on puisse commettre envers l'homme et les enfants dont cette femme est la compagne et la mère ?

Les conséquences directes de l'infidélité de la femme sont plus funestes que celles de l'infidélité du mari, mais comme l'inconduite de celui-ci est de nature à provoquer celle de la femme, il est évident que les obligations sont les mêmes.

Souvent pour se laver de trop justes reproches, des hommes mettent en avant la violence de leurs passions. Ils sont doués, disent-ils, d'une ardeur d'imagination, d'une sensibilité excessive que ne possède pas le commun des hommes, ils souffrent plus pour résister quelque temps avant de succomber à la fougue de leurs désirs, que ceux qui évitent ou surmontent la tentation ; de sorte que ce n'est plus le blâme ni le mépris, mais l'estime et l'admiration que commandent leurs vices.

Singulière théorie d'après laquelle ces prétendues organisations d'élite auraient le privilége du vice et les organisations vulgaires seraient attachées à la glèbe de la morale ; ainsi, nous qui avons conquis l'égalité devant la loi civile, nous aurions perdu l'égalité devant la loi morale proclamée par l'Évangile.

Si la supériorité avait le privilége de l'immoralité, qui se croirait assez médiocre pour rester moral ? D'ailleurs, quelque élevé que soit un homme, il est une récompense toujours au dessus de son mérite, c'est le sacrifice de la vertu du plus humble à la satisfaction de ses vices; car la moralité est le but, l'intelligence n'est que le moyen.

Si le plus vertueux était celui qui prétend avoir été fortement sollicité par ses vices avant de succomber, autant vaudrait dire que le soldat qui souffre toutes les angoisses de la terreur et fuit lâchement devant l'ennemi est plus digne d'estime que le soldat qui, sans alarmes et sans efforts, reste ferme à son poste. Le plus brave est celui qui n'hésite pas devant le danger; le plus probe, celui qui n'hésite pas à faire ce qui est équitable; comment donc, dans d'autres circonstances, le plus vertueux serait-il celui qui a beaucoup lutté avant de succomber et non celui qui est resté pur?

Chez les peuples anciens, le mariage était entouré de vénération. Le mari offensé n'encourait pas la disgrâce de l'opinion publique; c'était le coupable qui était honni comme un personnage ridicule, odieux, et qui subissait toute la rigueur de la loi. Il n'est pas sans intérêt de connaître par quelles circonstances les modernes ont été amenés à une disposition d'esprit toute contraire. Dans l'antiquité le mariage n'existait que pour les hommes libres; il n'y avait pas de mariage pour les esclaves, par une raison tirée de la loi qui ne les considérait que comme des *choses* et par plusieurs raisons de fait : la femme, l'homme et les enfants esclaves étant exposés à être vendus de différents côtés, il ne pouvait y avoir de lien légal entre eux ; d'ailleurs l'esclave qui n'avait pas de droit sur sa propre personne, pouvait bien moins encore avoir des droits sur une femme et des enfants propriété de son maitre.

Le christianisme considérant le mariage comme un sacrement de la religion l'étendit aux hommes de toutes les conditions ; mais cette grande mesure d'émancipation ne put être acceptée par les castes dominatrices qu'avec mépris et dérision, ainsi qu'elle le serait aujourd'hui par les blancs de nos colonies vis-à-vis de leurs esclaves.

Le mariage entre gens de basse condition n'avait rien de respectable, ou plutôt n'était qu'une parodie aux yeux de la haute classe. La prétention d'un serf à posséder une famille parut longtemps une téméraire ambition. Le droit féodal a laissé des monuments qui attestent quelle considération la noblesse accordait au mariage des vilains. Dans cette situation, l'intérêt, l'estime étaient pour l'offenseur qui montrait le peu de cas qu'il faisait d'une vile multitude ; le ridicule était pour l'offensé parce qu'il était d'une caste opprimée et qu'il était faible. Cependant, comme il ne peut y avoir deux morales, le mépris des oppresseurs pour la famille des opprimés atteignit leurs propres familles. Aujourd'hui plébéiens si intraitables au moindre doute élevé sur cette égalité dont nous sommes si fiers, est-ce à nous d'accepter l'hérédité d'une immoralité dont la source est le mépris de notre sang et de notre race?

Au premier rang des vertus privées, après les bonnes mœurs, vient le travail, ce grand agent de la civilisation. Dans l'échange infini des résultats de l'industrie, des arts, des sciences, des services publics, nul ne doit se dispenser de contribuer pour sa part. L'édifice social est une œuvre à laquelle on ne se relie qu'autant qu'on la sert de sa pensée ou de son bras, en y apportant sa pierre ou son grain de sable dans la mesure de ses forces. La fortune n'annulle pas cette obligation; le travail des pères libère les enfants de la nécessité, mais non de l'obligation de payer leur dette à la société.

Toutefois la puissance créatrice du travail se dissipe sans laisser de résultats si des habitudes de simplicité et de modestie ne savent en conserver les fruits et les multiplier. Le luxe dans un sens absolu exprime des superfluités tout à fait inutiles ou des raffinements qui ne peuvent qu'émousser et diminuer les facultés de ceux qui s'y livrent. Dans un sens relatif, il exprime des jouissances utiles ou agréables, disproportionnées avec la position pécuniaire de ceux qui les possèdent. Sous le rapport matériel, le luxe et le travail qu'il est censé procurer aux classes ouvrières sont une question depuis longtemps jugée en économie politique. Un capital économisé, pourvu qu'il soit placé, occupe les ouvriers et passe en salaire aussi bien que s'il était dissipé en dépenses de luxe, avec cette importante différence, que le capital économisé paie des travaux utiles qui recréent ce capital avec intérêt, tandis que la dépense de luxe paie un objet stérile qui ne reproduit rien.

Les conséquences morales du luxe sont plus fâcheuses encore que ses conséquences matérielles ; non seulement il amollit et ruine ceux qui s'y livrent, mais il change chez les autres la satisfaction qu'ils trouvaient dans leur aisance en un désir d'acquérir et de dissiper qu'ils n'auraient pas connu sans l'exemple qui est venu exciter leur convoitise ou leur vanité. Lorsque le goût du luxe est généralement répandu, il traîne forcément après lui l'amour de l'argent, le désir d'en acquérir par tous les moyens, la supériorité dans l'opinion de la richesse sur la probité; alors l'État, ne disposant que d'hommes pour lesquels la richesse est plus que l'honneur et le devoir, est obligé de payer fort cher des services qui ne valent jamais ce qu'ils lui coûtent. Il faut donc voir dans le luxe une cause et un symptôme de décadence, dans la simplicité une cause et un symptôme de force publique. Aussi l'une des circonstances qui doivent inspirer le plus de confiance dans l'avenir de la France, c'est que sa force, grâce à la division de la propriété, repose sur une démocratie habituée à la simplicité, d'une position médiocre et qui sait se contenter de peu. Cette circonstance servira la démocratie française autant que sa supériorité de courage et d'intelligence sur les aristocraties étrangères.

Le courage personnel est le complément nécessaire des vertus publiques et privées ; sans lui toutes les vertus réunies manquent de garantie, de force, et n'ont rien même qui commande le respect ; car on peut les imputer à une prudence vulgaire, capable d'assurer l'observation de la règle morale, dans les circonstances ordinaires, mais tout à fait impuissante lorsque le devoir ne peut s'accomplir qu'à travers le péril. Quelle confiance peut inspirer la vertu d'un homme qui craint la mort ou la douleur plus que tout autre chose au monde ; n'est-il pas évident que sous l'influence de cette crainte il peut être conduit de concession en concession aux actions les plus blâmables ?

Il n'est donc pas de vertu qui dispense du courage personnel, ou plutôt sans courage personnel il n'est pas de vertu réelle, à l'épreuve des dangers qui ne peuvent manquer de se rencontrer dans la vie entre l'homme et son devoir. Toutefois, aux extrémités opposées de l'échelle morale se trouvent deux catégories d'hommes auxquels le courage personnel est plus indispensable qu'à tous les autres. Ce sont les hommes d'une vertu supérieure et ceux qui se font remarquer par une corruption plus qu'ordinaire. Les premiers, par le courage, donnent la clef de toute leur vie, et font connaître que ce n'est pas à un sentiment de faiblesse, mais au contraire à un sentiment de force qu'il faut attribuer leur moralité ; les seconds n'ont que le courage pour conserver encore au milieu de leurs vices quelques traits de la dignité humaine.

Quelquefois l'on considère le courage comme une simple force, vertu ou vice, selon qu'elle est l'auxiliaire de la vertu ou du vice. Il n'en est pas ainsi, car l'homme vicieux et lâche a un vice de plus, et il nous inspire plus de dégoût que l'homme vicieux et brave ; chez celui-ci, nous découvrons une partie saine par laquelle nous sentons que nous pouvons encore entrer en contact avec lui. Le sauvage superstitieux, grossier, livré à tous les appétits physiques, nous paraîtrait un être tout à fait dégradé, si nous le voyions tremblant devant le danger ou l'injure. Mais l'énergie qu'il déploie dans sa lutte contre la nature ou contre ses ennemis le relève à nos yeux, et lorsqu'au milieu des supplices réservés aux vaincus, il répond aux insultes et aux tortures par le chant provocateur des combats, il fait naître dans notre cœur l'estime et la sympathie.

Le courage repose toujours sur la résignation à

l'immuable nécessité de la nature, sur une appréciation froide de la vie et de la mort, sur la pensée que la mort n'est pas le plus grand des inconvénients. Partout où le courage se rencontre, il y a donc un caractère commun, l'action énergique de la volonté soumettant à sa puissance l'instinct le plus grossier, le plus égoïste, la peur. Chez l'homme immoral, le courage n'excuse pas le vice, il ne le rend ni moins odieux ni moins méprisable; mais par lui-même il est un mérite, il est, pour ainsi dire, dans une âme corrompue, l'étincelle qui dort sous la cendre et conserve le germe de la flamme qu'un noble souffle peut rallumer.

Chez l'honnête homme le courage est la confirmation de la vertu. Il est la conséquence de tous ses principes, de sa vie entière. Si la fin de cette vie pouvait être celle de sa pensée; si ce monde, dont les détails et les lois physiques attestent une si admirable sagesse, était dans son ensemble dénué de toute fin intellectuelle, si ce monde n'était qu'une absurde merveille, ce monde n'est pas digne de lui, il doit le dédaigner, en sortir sans regret; mais si la sagesse que nous voyons éclater dans l'ordre physique n'est qu'un reflet de la sagesse qui gouverne l'ordre moral, la mort doit sourire à l'honnête homme.

Après tout, dans le plus grand danger, la question n'est pas de mourir ou de ne pas mourir, mais de mourir un peu plus tôt ou un peu plus tard. En

échappant à un danger, nous ne gagnons pas l'immortalité, nous ne faisons que reculer un événement inévitable et peut-être prochain. Si, selon le cours ordinaire des choses, nous étions immortels , un événement qui pourrait nous enlever notre immortalité serait de nature à nous effrayer ; mais l'événement qui
nous donne la mort ne change pas notre destinée.
Pourquoi donc refuser aujourd'hui de dévouer sa vie
à l'accomplissement de ses devoirs ; pourquoi la racheter par une bassesse ou l'avilir pour des richesses
et des honneurs, lorsque demain la fièvre, l'apoplexie,
ou la vieillesse nous prendra, au milieu des souffrances et de la débilité, cette vie que nous pouvons
avoir plaisir à donner , dans l'enthousiasme de notre
âme et avec l'estime de nous-mêmes.

Il ne peut être question de produire ici la nomen-
clature des vertus privées. Ce que l'on a voulu rendre
manifeste, c'est le lien qui rattache étroitement les vertus publiques aux vertus privées. Ainsi le défaut de
mœurs engendre une postérité sans cœur et sans force ;
le mépris des devoirs de famille amène infailliblement
le mépris des devoirs sociaux ; sans travail, la société
reste misérable et impuissante ; avec le luxe , le principe de la fortune publique est altéré, en même temps
que le désir des richesses étouffe l'estime de la probité
et l'amour du devoir ; sans courage, la société est menacée d'une servitude bien méritée.

Après avoir vu comment et à quelles conditions l'on est moral, nous avons à nous demander pourquoi l'on doit être moral. Notre moralité est dans l'harmonie de notre volonté et de nos actions soit publiques, soit privées, avec le bonheur général. Nous sentons en nous une force instinctive qui nous pousse à chercher notre bien ; où est le principe qui nous pousse à chercher celui des autres? Que nous importe l'humanité? La question n'est pas académique ; pour cela s'agite-t-elle moins dans le secret des consciences? Il est vrai que nous sommes des êtres sensibles qu'affectent le bien et le mal de leurs semblables. Nous sentons quelquefois plus vivement ce qui touche les personnes amies que ce qui nous touche directement ; toutefois, c'est là une question de sensibilité personnelle, et, à l'égard des hommes qui ne sentent rien plus vivement que ce qui les affecte personnellement, où sera le motif de leur moralité? Mais nous ne sommes pas seulement des êtres sensibles, nous sommes aussi des êtres pensants; les conditions de notre bonheur dépendent bien moins de nos sensations que de nos pensées ; or, nous ne pouvons trouver de repos ni de satisfaction d'esprit que dans la pensée d'un ordre supérieur qui fait une loi aux hommes de travailler au bonheur commun, et dans le témoignage de notre conscience que cet ordre est la règle de notre vie. Si l'intérêt matériel nous met souvent en opposition avec le bonheur de nos semblables, notre intérèt moral, notre véritable bonheur est constamment d'accord avec le devoir et le dévouement.

L'intérèt personnel cherchant satisfaction dans des résultats opposés ou seulement étrangers au bonheur des autres, c'est l'égoïsme justement flétri comme une erreur et une immoralité. La tendance au bonheur cherchant satisfaction dans la pratique du devoir et du dévouement, c'est le sacrifice de l'intérêt exclusif, c'est le désintéressement, c'est la moralité, c'est la vertu. Ceux qui prétendent attribuer l'accomplissement du devoir à des motifs étrangers à toute vue de bonheur nient le fait le plus ineffaçable de notre nature. Jésus-Christ, saint Augustin, Pascal, Bossuet, Rousseau, qui ne sont pas des prédicateurs de matérialisme ni d'égoïsme, reconnaissent la tendance au bonheur comme un sentiment constant, indestructible, et bien loin de le regarder comme inconciliable avec le devoir, c'est toujours à ce sentiment qu'ils s'adressent pour rendre l'homme docile aux prescriptions du devoir et de la religion.

Le principe fondamental de l'Evangile est d'*aimer le prochain comme soi-même*. Précepte qui suppose que l'amour de soi est un fait universel, en même temps qu'il est le plus haut degré que puisse atteindre l'affection humaine. C'est toujours en s'adressant au désir d'être heureux que l'Evangile prêche le devoir et la charité : « Et Jésus répondit : Je vous dis, en vé rité, qu'il n'y a personne qui ait quitté maison, ou père, ou mère, frères, femme, ou enfants pour le royaume de Dieu, qui ne reçoive beaucoup plus en ce siècle-ci et dans le siècle à venir la vie éternelle. » (*Evangile selon saint Luc*, chap. 18, versets 29-30.)

« Mais quand tu feras un festin convie les pauvres, les impotents, et tu seras heureux de ce qu'ils ne peuvent pas te le rendre, car tu en recevras la récompense à la résurrection des justes. » (Saint Luc, ch. xv, v. 14.) [1].

[1] Tous les apôtres de Jésus-Christ s'accordent à établir la démonstration de leurs préceptes sur le désir d'être heureux.

« Si, pour parler à la manière des hommes, j'ai combattu à Éphèse contre des bêtes farouches, quel avantage en tirerais-je si les morts ne ressuscitaient point? Mangeons et buvons puisque nous mourrons demain ». (Saint Paul, *Première épitre aux Corinthiens*, ch. XV., v. 32.)

« Ne nous lassons pas de faire le bien, car nous moissonnerons en son temps, si nous ne nous relâchons pas ». (Saint Paul aux Galathes, ch. VI, v. 9.)

« Vous savez que nous regardons comme heureux ceux qui ont souffert constamment. » (Saint Jacques. *Épitre catholique*, ch. IV, v. 11.)

« Qui est-ce qui vous fera du mal, si vous vous conformez au bien ? Que si néanmoins vous souffrez pour la justice vous êtes heureux ». (Saint Pierre. *Épitre catholique*, ch. III, v. 13 et 14.)

« Mais réjouissez-vous de ce que vous avez part aux souffrances de Christ, afin que lorsque sa gloire se manifestera vous soyez aussi comblés de joie. » (Saint Pierre. *Épitre catholique*, ch. IV, v. 13.)

Ecoutons saint Augustin : « Car vous chercher mon Dieu, c'est chercher la vie heureuse [1]. (*Confessions*, livre x, ch. 20.) Mais la vie heureuse, n'est-ce pas cet état que tous les hommes désirent, et qu'aucun d'eux ne saurait ne pas vouloir ?» [2] (Même passage.)

« Et ce n'est pas moi seul ou quelques autres en petit nombre qui voulons être heureux, tous les hommes sans exception veulent l'être. » [3] (*Confessions*, liv. x, ch. 21.)

«Et quoique les hommes prennent tous des chemins différents [4], ils n'ont tous cependant qu'un but qui est d'être heureux.» (Même chapitre.)

Pascal reconnaît en termes non moins précis notre tendance invincible au bonheur.

« Car aussitôt qu'on fait apercevoir à l'âme qu'une chose peut la conduire à ce qu'elle aime souverainement, il est inévitable qu'elle ne s'y porte avec joie. » (*Pensées de Pascal*, 1ᵉ partie, art. 3.)

« Considérons maintenant l'homme à l'égard de la félicité qu'il cherche avec tant d'ardeur en toutes ses actions, car tous les hommes désirent d'être heureux,

---

[1] Cùm enim te deum meum quæro, vitam beatam quæro.

[2] Nonne ipsa est beata vita quam omnes volunt, et omninò qui nolit nemo est.

[3] Nec ego tantùm aut cum paucis, sed beati prorsùs omnes esse volumus.

[4] Quod etsi alius hìnc assequitur, unum est tamen quò pervenire omnes nituntur, ut gaudeant.

cela est sans exception. Quelques différents moyens qu'ils y emploient, ils tendent tous à ce but. Ce qui fait que l'un va à la guerre et que l'autre n'y va pas, c'est ce même désir qui est dans tous les deux accompagné de différentes vues. La volonté ne fait jamais la moindre démarche que vers cet objet. C'est le motif de toutes les actions de tous les hommes, jusqu'à ceux qui se tuent et qui se pendent. » (*Pensées de Pascal*, 2ᵉ partie, art. 1.)

« Il y a cela de commun entre la vie ordinaire des hommes et celles des saints, qu'ils aspirent tous à la félicité, et ils ne diffèrent qu'en l'objet où ils la placent. Les uns et les autres appellent leurs ennemis ceux qui les empêchent d'y arriver. » (*Pensées de Pascal*, 2ᵉ partie, art. 17, nº 14.)

« Dieu ayant fait le ciel et la terre, qui ne sentent pas le bonheur de leur être, a voulu faire des êtres qui le connussent et qui composassent un corps de membres pensants. Tous les hommes sont membres de ce corps, et pour être heureux il faut qu'ils conforment leur volonté particulière à la volonté universelle qui gouverne le corps entier...

...... « Ainsi l'on ne doit s'aimer que pour ce corps, ou plutôt on ne doit aimer que lui, parce qu'en l'aimant on s'aime soi-même, puisqu'on n'a d'être qu'en lui et pour lui. » (*Pensées de Pascal*, art. 17, nº 70.)

Bossuet, surnommé le dernier père de l'Eglise, professe la même opinion avec non moins de force.

« L'indifférence à être heureux ou malheureux est inouie parmi les hommes. On n'a vu dans aucun auteur qu'on aimât Dieu toujours autant, quand il voudrait rendre malheureux ceux qui l'auraient aimé. » (Bossuet, *Passages éclaircis*, ch. 22, rem. III, tome 7, p. 226.)

« Saint Chrysostôme dit bien que saint Paul se dévouait aux feux éternels, si Dieu le voulait, pour sauver les juifs ; mais il n'a garde de supposer qu'il fût malheureux, puisqu'il aurait eu ce qu'il voulait, et que par la définition du bonheur on est heureux lorsqu'on a ce que l'on veut et qu'on ne veut rien de mal. » (Bossuet, même passage.)

« Tout le but de l'homme est d'être heureux : Jésus-Christ n'est venu que pour nous en donner le moyen. Mettre le bonheur où il faut, c'est la source de tout le bien ; la source de tout le mal est de le mettre où il ne faut pas. Disons donc : je veux être heureux, voyons comment : voyons la fin où consiste le bonheur : voyons les moyens pour y parvenir. » (Bossuet, *Méditations sur l'Evangile*, premier jour, tome 9, page première.)

Rousseau reconnaît que la conscience n'est que l'amour de soi appliqué à notre nature intellectuelle.

«L'homme n'est pas un être simple, il est composé

de deux substances. Cela prouvé, l'amour de soi n'est plus une passion simple ; mais elle a deux principes, savoir, l'être intelligent et l'être sensitif, dont le bien-être n'est pas le même. L'appétit des sens tend à celui du corps, et l'amour de l'ordre à celui de l'âme. Ce dernier amour développé et rendu actif porte le nom de conscience; mais la conscience ne se développe et n'agit qu'avec les lumières de l'homme.» (Rousseau, *Lettre à M. de Beaumont*, tome 6, page 252.)

Si, comme le dit Pascal d'accord avec les plus glorieux apôtres qui aient enseigné aux hommes la doctrine de la spiritualité et du dévouement, si la volonté ne fait jamais la moindre démarche que vers la félicité, si tel est le motif de toutes les actions humaines, comment donc tant d'hommes s'égarent-ils dans la recherche du bonheur? Est-ce faute d'en connaître la véritable route? Non, chacun en possède une notion assez exacte; mais trop souvent on ne veut qu'avec faiblesse un bonheur à venir, et l'on refuse de l'acquérir au prix d'un effort actuel ou du sacrifice d'une jouissance présente. Que d'hommes sentent que le bonheur est dans la modération des désirs, dans une vie honnête conforme à toutes les règles de la morale, et n'ont pas une volonté assez puissante pour agir selon les lumières de leur raison. Situation semblable à celle d'un homme que tourmente un rêve pénible; il sent qu'il n'a qu'à se mouvoir pour échapper au cauchemar qui l'oppresse; mais vainement il s'efforce d'y parvenir, sa volonté reste impuissante, comme si les liens qui l'unissaient au corps avaient été rompus par une force invisible. Ainsi l'homme reste sous l'empire de passions que sa raison condamne; un élan énergique de sa volonté peut seul le replacer dans la voie qu'il sait être conforme à son véritable bonheur.

Prêtres, philosophes, poëtes, moralistes, tout le monde répète que le bonheur est dans la vertu; presque personne n'agit en conséquence, et presque personne n'est heureux; n'est-ce pas là un motif d'essayer de la vertu? Quel risque d'agir en sens contraire du monde, c'est-à-dire de se conduire comme il parle..? Quel essai moins dangereux que celui qui est confirmé par l'expérience contraire de l'humanité entière et par le témoignage de notre propre cœur?

La sanction de la morale gît dans la nature même de l'homme. Celui qui cherche la richesse, le plaisir, ou la gloire, est exposé à ne rencontrer que ruine, douleur, humiliation. Toutefois ne nous attachons qu'à celui dont les désirs sont couronnés du plus rare succès. La richesse, le plaisir, les sens surtout par lesquels on peut en jouir, ont des bornes, et les désirs de l'homme dans cette voie sont sans limites. L'homme, corps et pensée, a des besoins physiques et des besoins intellectuels; tant qu'il ne cherche qu'à satisfaire les premiers, quelque résultat qu'il obtienne, il reste in-

quiet, tourmenté; la satisfaction à laquelle il aspire
s'éloigne sans cesse du but où elle semblait l'attendre,
parce qu'il demande une satisfaction complète à des
objets qui ne répondent qu'à la moindre partie de lui-
même. Or, l'homme qui tend invinciblement au bonheur, ne peut s'arrêter, lorsqu'il le poursuit dans une
voie où il n'est pas.

Vous avez poursuivi le plaisir avec ardeur, vos
vœux sont accomplis et vous n'êtes pas heureux ; vous
courrez donc après des plaisirs nouveaux, même déception ; c'est peut-être que la richesse est le véritable
bien ? Vous voilà riche sans que le bonheur soit atteint, il faut devenir plus riche encore et toujours
plus riche. Vains efforts, le bonheur semble vous fuir.
Alors c'est qu'il est dans le pouvoir, dans les dignités
et la grandeur; bientôt la foule vous obéit et vous
porte envie; seul vous avez le secret de vos déceptions,
de vos tourments, des amers retours de votre âme sur
elle-même. La gloire est donc l'unique région où votre
vaste génie puisse vivre satisfait : vous avez dépassé
toutes les renommées du siècle, l'histoire grave déjà
votre nom à côté des noms de César et de Napoléon ;
mais combien le culte qui vous est rendu est loin de
celui que vous croyez vous être dû; le plus comblé des
hommes est celui qui se croit et qui peut-être en est
le plus injustement traité. Cependant, par une destinée
unique dans l'histoire, vous échappez à la coupe d'A-

nitus, au poignard de Brutus, au rocher de Sainte-Hé-
lène; échapperez-vous aussi à l'exagération de vos
prétentions, à votre sensibilité excessive qui tournera
en blessure insupportable la froideur d'un seul homme
qui ne courbera pas assez bas son individualité devant
la toute-puissance de votre gloire?

Toutefois admettons que vous avez trouvé pleine satisfaction dans une recherche qui n'a jamais produit
et ne produira jamais pour les plus favorisés que sur-
excitation, déception, abattement et désespoir; ne
voyez-vous pas que plus votre prospérité sera grande, et
plus vous serez poursuivi, obsédé de l'idée de son
néant? Qu'est-ce qu'une félicité qui aboutit au tombeau
et dont chaque moment peut amener le terme fatal?
Non, il ne peut y avoir de satisfaction pour l'homme
qu'autant qu'il est fixé sur sa destinée, qu'autant qu'il
admet une explication de ses affections, de ses facultés,
de son activité et de sa vie. Plus il possède la puissance
de sentir et de penser, plus est accablante pour lui
l'absence de la seule idée qui puisse donner de la valeur à son existence.

Or, toutes les doctrines qui attribuent à l'homme
une destinée morale placée sous l'empire d'un ordre
providentiel, lui assignent des devoirs envers ses semblables, envers lui-même. Telle est la condition de
l'homme: s'il rejette les doctrines religieuses, quel
que soit l'éclat de sa fortune, il ne cesse d'être en proie

à des désirs excités par la déception même, que pour tomber dans le découragement; s'il admet ces doctrines et qu'il enfreigne leurs préceptes, à ses yeux, par ses propres croyances, il est condamné comme un être faible et inférieur; il ne peut se dérober aux remords de sa croyance qu'en s'enfonçant dans le désespoir du doute.

L'homme religieux et moral possède donc seul un but et un appui, une limite à ses désirs, une jouissance paisible. Cette sécurité il la puise dans la croyance que la destinée humaine répond à une fin morale et dans le témoignage intime que tous ses actes et toutes ses pensées, conformes à cette fin providentielle, le conduisent à son perfectionnement, à son souverain bien.

CHAPITRE XXV.

AUTORITÉ DU BON SENS.

Fondement de notre certitude. — Scepticisme. — Sensualisme. — Sentiment intellectuel. — Raison.—Le bon sens est le sentiment intellectuel contrôlé par la raison. — La foi est le contraire du sentiment intellectuel. — Impossibilité de la foi. — Réprobation exagérée du xviiie siècle et condescendance trop grande de notre époque à l'égard du culte. — Danger d'associer les vérités religieuses et morales à une mythologie.— Le véritable fondement de ces vérités c'est le bon sens.

Nous avons reconnu la réalité des devoirs et des affections qui nous relient à la famille, à la patrie, à l'humanité, ainsi que le fondement des espérances qui assignent à l'homme une destinée de perfectionnement. Mais au milieu du chaos des contradictions humaines, ce n'est pas seulement la vérité qui est mise en question, c'est la faculté même chez l'homme de connaître la vérité. Le témoignage de notre intelligence est-il un motif de croire? existe-il une règle de certitude à laquelle l'homme puisse se confier?

La question n'a pas le mérite de la nouveauté. Avant nos philosophes spiritualistes, Zénon d'Elée et Platon avaient proclamé l'autorité de la raison; avant Condillac et Locke, Epicure n'avait admis d'autres vérités que celles qui nous viennent des sens; avant nos sceptiques, Pyrrhon avait soutenu que ni nos sens ni notre raison ne peuvent nous mener à la certitude; avant nos prêtres, les augures prétendaient tenir des dieux la révélation de la vérité.

Celui qui rejette toute certitude croit en dépit de sa thèse et affirme en lui-même, ne serait-ce que son existence, sa pensée et son état de doute. Entre tous les hommes il est des certitudes communes, quelle est celle de nos facultés qui leur sert de fondement?

Condillac prétend qu'une statue, si elle pouvait être douée d'un seul de nos sens, arriverait à l'entendement humain. La statue de Condillac, quand elle possèderait tous nos sens, ne serait qu'un automate plus ou moins merveilleux, mais ne serait jamais un

homme. Entre l'impression organique et la conscience intellectuelle de cette impression l'intervalle
est immense. Accordons cependant que la statue
de Condillac est sensible au plaisir et à la douleur,
elle n'en restera pas moins tout à fait étrangère aux
principales notions et aux sentiments les plus puissants de l'esprit humain. Il n'y a pas d'effet sans
cause, l'espace est infini; voilà des vérités dont la connaissance ne repose nullement sur nos sens; et l'idéo-
logie ne nous persuadera jamais que l'amitié, l'amour
de la patrie, le dévouement, en un mot que notre être
moral se fait par les yeux, par la bouche ou par le
cerveau.

Si les sens, si le sentiment du plaisir et de la douleur physiques étaient la cause et la fin de toutes nos
pensées, de toutes nos affections, l'homme subirait
invinciblement l'attraction du plaisir et la répulsion
de la douleur, sans qu'il y eût de sa part une résistance, une hésitation possible. Puisque dans une
foule de circonstances nous voyons l'homme fuir le
plaisir et courir au devant de la douleur physique,
pour trouver une satisfaction qu'il préfère à celle des
sens, il faut bien reconnaître que la sensibilité physique n'est pas la source de la volonté humaine ni des
croyances qui déterminent cette volonté.

Cherchons donc ailleurs l'origine de notre certitude.
Nous pensons, voilà pour nous la plus grande des cer-

titudes. Comment sommes-nous certains de cette vérité? La pensée ne présente aucun phénomène sensible tel que la couleur, le goût, la chaleur ou le froid;
notre pensée ne tombe pas sous nos sens, elle échappe
complétement à leur perception. Cependant notre
pensée est l'objet de notre certitude la plus ferme.
Voilà donc une certitude qui existe en nous indépen-
damment de tout témoignage des sens et uniquement
dans notre sentiment intellectuel ou la conscience
intime de nos conceptions parfaitement claires et
distinctes.

La certitude de notre existence est du même ordre.
Je pense, donc je suis, a dit Descartes; nos sens n'in-
terviennent en rien dans le sentiment que nous avons
de notre pensée ni dans la conséquence que nous en
tirons, et cependant la certitude est complète.

Il y a plus, le témoignage même de nos sens n'est
irrécusable qu'autant qu'il est confirmé par une autorité supérieure, celle du sentiment intellectuel. Nous
voyons, nous touchons, nous entendons, nous marchons, nous en sommes certains, mais comment pou-
vons-nous l'être, puisque dans nos rêves nous croyons
fermement que nous sommes dans un état semblable;
cependant à l'état de veille nous sommes certains de
la réalité de ces sensations, parce que notre sentiment
intellectuel ne peut admettre que la vie de l'homme
soit livrée à une déception perpétuelle.

Ainsi toutes nos certitudes reposent sur notre sentiment intellectuel. « Je pris garde, dit Descartes, que
pendant que je voulais ainsi penser que tout était
faux, il fallait nécessairement que moi qui le pensais
fusse quelque chose. Et remarquant que cette vérité :
Je pense, donc je suis, était si ferme et si assurée que
toutes les plus extravagantes suppositions des sceptiques n'étaient pas capables de l'ébranler, je jugeai
que je pouvais la recevoir sans scrupule pour le premier principe de la philosophie que je cherchais. »
(*Discours sur la Méthode.*)

« Ayant remarqué qu'il n'y a rien du tout en ceci :
Je pense, donc je suis, qui m'assure que je dis la vérité, sinon que je vois très clairement que pour penser
il faut être, je jugeai que je pouvais prendre pour
règle générale que les choses que nous concevons
fort clairement et fort distinctement sont toutes
vraies.

« Les plus simples démonstrations des géomètres
ne reposent que sur le même fondement. » (Descartes,
Discours sur la Méthode.)

Cependant le sentiment intellectuel isolé de la raison pourrait se confondre avec le caprice de notre imagination. Regarder chacune de nos idées comme une
vérité, comme un sentiment qui porte avec soi sa démonstration, et repousser la raison, c'est-à-dire le
rapprochement entre nos idées, ne serait-ce pas nous

condamner à croire la foule infinie d'idées fausses qui tombent dans notre propre imagination et dans celle de tous les hommes? Le contrôle réciproque de nos sens nous sert à rectifier leurs erreurs, de même nous devons admettre le rapprochement, la comparaison de nos idées, afin que celles qui sont douteuses deviennent certaines ou soient rejetées, selon qu'elles nous apparaissent en harmonie ou en contradiction avec celles qui sont évidentes.

Entre le sentiment intellectuel et la raison il n'y a donc pas contradiction, mais corrélation intime. Le raisonnement n'est qu'une interrogation adressée au sentiment pour connaître le rapport d'une idée claire avec une idée douteuse. Voir dans le sentiment et la raison les deux principes de deux méthodes opposées, c'est tomber dans la plus complète des confusions. Le raisonnement isolé du sentiment n'aurait plus ni fondement ni conclusion possibles. Le contrôle réciproque de notre sentiment intellectuel et de notre raison, c'est le bon sens.

Les sciences physiques aux formules les plus positives ne sont, comme les sciences morales, qu'une application du bon sens. Le raisonnement n'y repose jamais au fond que sur le sentiment. Toutes les démonstrations de la géométrie, de l'algèbre découlent d'axiomes adoptés à cause de leur évidence, et que l'on ne tente même pas de démontrer, parce que aucune

démonstration ne saurait être plus manifeste que le
sentiment de leur vérité. La démonstration étant l'explication des idées obscures par les idées les plus
claires, dès que l'on arrive à ces idées les plus claires
la démonstration est impossible. La tenter dans ce
cas, ce n'est plus faire une démonstration, car c'est
obscurcir au lieu d'éclaircir. Ainsi tout raisonnement
a pour point de départ et pour conclusion le sentiment intellectuel. Le bon sens ou l'union du sentiment et de la raison se contrôlant et se confirmant
l'un l'autre, est la méthode unique et nécessaire pour
conduire l'homme à la connaissance de la vérité.

L'impossibilité d'expliquer l'homme et le monde
par la voie des sens, les limites étroites dans lesquelles se renferme cette explication lorsqu'on ne
veut pas s'écarter du bon sens, ont déterminé à la
chercher dans une révélation émanée de la divinité.
Mais à quelle faculté de notre être s'adressent les
hommes qui prétendent nous enseigner la vérité au
nom d'une révélation divine dont ils se disent les intermédiaires? le témoignage des sens les dément, le bon
sens les repousse.

Il ne nous font pas entendre la parole de Dieu, ils
ne nous rendent témoins ni des prophéties ni des miracles; pour certifier la parole de Dieu, ils ne peuvent
qu'invoquer le témoignage d'autres hommes. Ce n'est
donc pas sur la confiance en Dieu, c'est seulement sur

la confiance dans des hommes que repose la croyance
qu'ils réclament. Mais la première condition pour que
le témoignage des hommes soit un motif de croire,
c'est que le fait attesté soit possible. Nous croyons
avec Tite-Live à l'existence de Rome, à ses conquêtes ;
cependant le même Tite-Live a beau nous attester la
science prophétique des poulets sacrés, nous n'en
croyons pas un mot. La possibilité du fait ne dépend
pas du témoignage, c'est la valeur du témoignage qui
dépend avant tout de la possibilité du fait. Le témoignage humain ne peut donc établir aucune probabilité
contre le bon sens.

Les partisans de la révélation allèguent qu'en matière de religion il faut récuser la raison et se laisser
guider par la foi. La foi, selon l'acception générale, est
la croyance à la révélation divine et au sacerdoce qui
s'en dit l'interprète; il ne faut pas confondre la foi avec
le sentiment intellectuel.

Le sentiment intellectuel est la conscience de nos
conceptions les plus claires, les plus précises; confirmé par la raison, il se confond avec le bon sens, il
est l'affirmation intime accordée à l'évidence ; la foi est
le contraire du sentiment intellectuel, c'est le démenti
que nous nous efforçons de donner au témoignage manifeste de nos propres facultés, c'est la négation de
l'évidence.

Ainsi, selon la foi, il y a en Dieu trois personnes,

dont le père qui a engendré le fils, et le fils engendré du père, tous les deux éternels. Selon le bon sens, il est impossible de croire et de ne pas croire simultanément le même fait. *Père* c'est un être qui a donné l'existence à un autre être, et qui par conséquent existait déjà lorsque cet autre être n'existait pas encore, car pour communiquer l'existence il faut exister, et pour la recevoir il faut n'être pas existant. Quand on dit qu'un père et un fils sont éternels, on nie donc par le mot *éternels* l'idée d'antériorité et de génération que l'on affirme par les mots de père et de fils. Or, croire en même temps l'affirmation et la négation du même fait n'est pas seulement contraire à la raison, c'est une impossibilité absolue.

Si nous exprimons cette impossibilité, ce n'est pas pour froisser le sentiment religieux, objet de notre respect et de notre conviction, mais pour mettre en lumière la seule règle de certitude que possèdent les hommes; c'est au contraire pour dégager la religion et la morale d'une alliance qui trop souvent les fait rejeter, en les mettant en contradiction apparente avec le bon sens.

Notre langage n'est pas non plus sans un motif d'opportunité. Le 18e siècle était dans la vérité philosophique lorsqu'il portait le dernier coup au principe de 'autorité pour faire triompher le principe du libre examen. Il était dans la vérité politique lorsqu'il attaquait les pratiques et les dogmes d'un culte qui sanc-.

tifiait un pouvoir en opposition avec le développement social. Mais, dans l'entraînement de la lutte, le 18ᵉ siècle méconnaissait la vérité historique lorsqu'il appréciait l'action morale du culte sur le passé d'après les idées et les besoins de la société moderne.

Notre époque, plus impartiale, juge du mérite des institutions en se reportant à l'état social au moment de leur établissement et de leur prépondérance. Si les préoccupations du présent ont rendu le 18ᵉ siècle injuste envers le passé, notre époque subit peut-être une influence également erronée dans un sens contraire ; il semble que le juste hommage que nous rendons à l'action civilisatrice exercée autrefois par le culte nous dispose à suivre une voie de ménagement et de transaction contraire à nos croyances ainsi qu'aux idées et aux intérêts de notre temps. Comment ne voyons-nous pas que cette condescendance pour les mérites passés d'un culte que nous ne pratiquons pas et que nous croyons encore moins, tend à, un résultat complétement opposé à celui que nous nous proposons ? De toutes les manifestations la plus capable de provoquer l'incrédulité religieuse, c'est celle des hommes qui adhèrent au culte sans pouvoir persuader aux autres ni à eux-mêmes qu'ils agissent sérieusement. Ils proclament ainsi que malgré leur ardent désir et leur intime besoin d'avoir une religion, le bon sens à leurs yeux n'en admet aucune et ne leur laisse que la triste alternative de l'incrédulité ou de la superstition.

Il est une vérité religieuse et morale qui seule peut donner à la vie de l'homme un but et une loi. Les amis sincères de cette vérité ne doivent pas l'unir et la fondre avec une mythologie qui ne provoque plus qu'incrédulité. Il faut au contraire qu'ils l'isolent de tout contact compromettant, pour la placer dans une sphère d'où elle puisse surmonter les discussions téméraires.

De l'impossibilité du doute ; de l'impossibilité d'expliquer par la sensation la pensée et surtout la volonté humaine ; de la contradiction inhérente à la révélation et à la foi, tellement grande que ceux qui les proposent sont dans l'impuissance démontrée d'y croire eux-mêmes, ressort cette vérité que nous avons déjà puisée dans l'observation de nous-mêmes, c'est que la source de la certitude humaine est dans le bon sens, ou l'union du sentiment intellectuel et de la raison confirmés l'un par l'autre. Le bon sens, voilà la règle nécessaire de notre esprit ; sans lui, tout est arbitraire, caprice, incertitude, ou superstition ; avec lui, la vérité, la justice, la conviction reposent sur une réalité.

Ce n'est pas à dire que le bon sens soit pour l'homme un instrument de science universelle. Nous ne connaissons pas le terme de nos forces physiques ni celui de nos forces intellectuelles, mais nous savons qu'il est une limite qu'elles ne peuvent franchir. La première notion que nous inspire le bon sens, c'est le sentiment

de notre faiblesse. Il est des vérités hors de notre portée que nous devons savoir ignorer. Il en est d'autres
qui, tout en nous pénétrant d'une profonde conviction,
laissent toujours entre elles et nous un voile qui semble imposé par une loi providentielle, car leur complète possession excèderait la faiblesse actuelle de
notre nature. Si nous avions une connaissance précise
de notre destinée au-delà de ce monde, nous serions
enlevés aux épreuves de la vie présente par la contemplation et l'attente de la vie future ; le rapport trop
évident du devoir et du dévouement avec le bonheur ,
ferait qu'il n'y aurait plus ni effort ni abnégation , et
que l'homme perdrait son plus puissant élément de
perfectionnement moral.

L'homme a des certitudes absolues , inaltérables ,
leur source est dans le sentiment intellectuel, leur règle dans le bon sens. Avons-nous puisé à cette source
et suivi rigoureusement cette règle en adoptant sur la
destinée providentielle de l'homme la pensée qui sert
de point de départ aux principes de morale et de politique que nous avons exposés? Recueillons-nous,
et dans le silence de toute prévention reconnaissons
quelles sont sur cette question les conceptions les plus
claires, les plus distinctes de notre intelligence, et si
elles sont de nature à entraîner notre certitude.

Tous les êtres, tous les phénomènes physiques présentent une multitude de rapports qui attestent une
fin, une intention et par cela même une intelligence.

Lorsque nous voyons et saisissons dans les détails de l'univers une intelligence infinie, croirons-nous que l'intelligence n'est pas dans l'ensemble, parce qu'il échappe à nos facultés trop bornées?

Les êtres organisés naissent, grandissent et meurent après s'être propagés; mais pourquoi toutes ces générations qui naissent pour mourir et meurent pour faire place à d'autres, s'il ne reste rien d'elles? Pourquoi cette succession infinie de phénomènes, d'événements, d'existences qui se poussent, comme le flot pousse le flot, et viennent expirer sur la plage de l'éternité?

Si la vie intellectuelle n'est qu'une étincelle qui brille et s'évanouit au milieu des ténèbres, l'univers dans son ensemble n'a plus de but, d'intention, ni de sens. Les racines de la plante sont pour la soutenir contre les vents, pour puiser les sucs de la terre et les transformer en une sève nourrissante; ses feuilles pour l'abreuver des vapeurs de l'air; ses fleurs et ses fruits pour perpétuer sa reproduction. Sol, climat, saison, la terre et les corps célestes répondent aux nécessités du brin d'herbe que nous foulons aux pieds. Mais à quoi bon tant de prévoyance? Depuis la matière qui reste inerte ou qui roule resplendissante dans l'espace, jusqu'à la vie, jusqu'à la pensée, au milieu de tant de phénomènes, dont chacun est le résultat d'un abîme de combinaisons et de rapports, où est la fin qui réponde à une telle immensité de moyens? Pourquoi sommes-nous? Pourquoi tout ce qui est? L'harmonie, l'inépuisable intelligence sont dans les détails, et l'ensemble ne répondrait à aucune intention, ne tendrait à rien? L'infini serait dans les parties, le néant serait dans le tout ! Quelle contradiction révolte plus notre bon sens !

Le monde n'est dénué ni de sens ni de motif. Le but de l'univers ne peut être qu'un résultat intellectuel, puisqu'un tel résultat est le seul qui par la conscience qu'il a de lui-même soit son propre terme. Le perfectionnement de l'intelligence est la fin de toute chose, du monde physique comme du monde moral. Alors tout s'explique, tout s'enchaine. L'unité est dans l'homme, dans sa vie individuelle et sa vie politique ; dans les lois, les sciences et les arts; dans le devoir et l'insurmontable tendance au bonheur; dans les religions qui toutes reposent sur la croyance à une intelligence suprème et à la rémunération future; l'unité est partout, dans le monde entier, dont la sphère infinie est la carrière réservée à la vie et à la grandeur de tout ce qui est intelligence.

L'unité, l'harmonie, auréole de la vérité, consacrent le témoignage du bon sens. Ayons donc confiance en lui, dans notre être, dans nos facultés, dont la voix nous crie si distinctement que l'immortalité et le perfectionnement intellectuel sont notre but, notre loi, notre destinée.

FIN.

www.ingramcontent.com/pod-product-compliance
Lightning Source LLC
Chambersburg PA
CBHW050456270326
41927CB00009B/1775